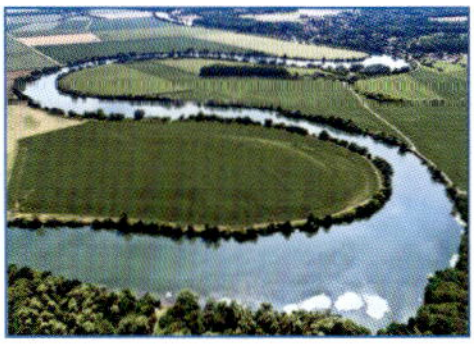

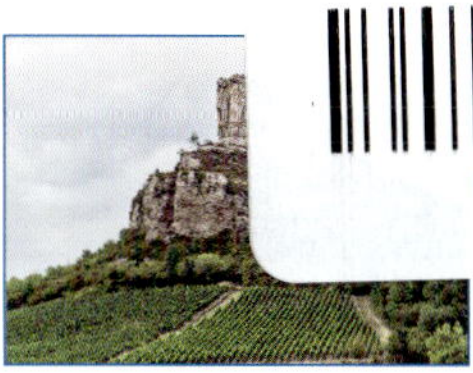

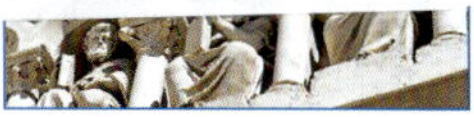

Inhalt

ALLGEMEINES

Infos und Abkürzungen 5

INFOS ZUM WASSERWEG

Fahrzeiten-Tabelle 6
Wasserweg und Schleusen 7
Das sollten Sie wissen 8
Besonderheiten Obere Saône 10
Besonderheiten Untere Saône 12
Restaurants, die Sie ausprobieren sollten 14
Wissenswertes über die Saône 16
Schleusen an der Saône 20

DIE EINZELNEN ABSCHNITTE

1. Abschnitt: Corre bis Gray **22**
2. Abschnitt: Gray bis St.-Jean-de-Losne **48**
3. Abschnitt: St.-Jean-de-Losne bis Chalon **64**
4. Abschnitt: Chalon bis Mâcon **82**
Die Seille: La Truchère bis Louhans **106**

LOGBUCH 120

Wo buchen? Ein wenig Eigenwerbung muss sein ... 119

Literaturtipps: Unser Angebot für Hausboot-Fahrer 128

Index der Orte in diesem Führer 130

Online-Update

Online-Update: Ihre Aktualisierung via Internet

Als Besitzer dieses Führers profitieren Sie von unserem **kostenlosen Update-Service.** Auf **www.hausboot-boeckl.com** finden Sie auf der Startseite eine Möglichkeit zum Download für Aktualisierungen.

Passwort: **Dson191**

Dieser Führer soll Sie während Ihres Urlaubs begleiten und Ihnen Tipps und Hinweise geben. Er ersetzt jedoch weder Wasserkarten noch Navigations-Bestimmungen. Aus Angaben in diesem Führer können keinerlei Rechtsansprüche gegenüber Verlag oder Autor abgeleitet werden. Bitte haben Sie Verständnis dafür, dass sich Rechtslage, Vorschriften und auch Preise in der Zwischenzeit geändert haben können. Alle Angaben erfolgen ohne Gewähr.

Bilder geben Ihnen einen Vorgeschmack dessen, was Sie erwartet

Tipps und besondere Hinweise finden Sie in eigenen Kästchen

Zum schnelleren Auffinden sind **die Abschnitte** unterschiedlich markiert

Deutlich hervorgehobene **Orte** und ihr PK zur schnellen Orientierung

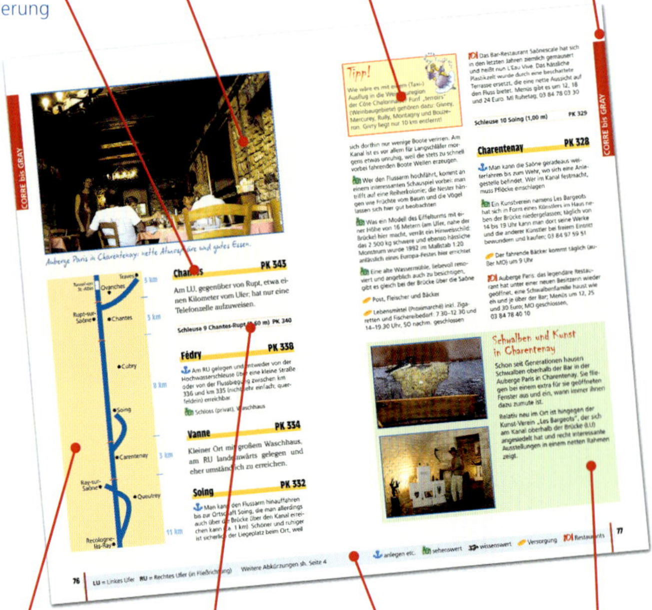

Eine übersichtliche **Karte** mit Entfernungsangaben und Schleusen hilft Ihnen, Ihre Fahrzeit schnell abzuschätzen

Ergänzende Informationen finden Sie in diesen Kästen

Schleusen sind mit Nummer, Hubhöhe und Position lt. Kilometrierung angegeben

Die wichtigsten **Symbole** stets im Blick

ABKÜRZUNGEN

OT Office de Tourisme (Fremdenverkehrsamt)

PK Kilometrierungs-Punkt (fortlaufende Entfernungsangabe in km)

LU Linkes Ufer (in Fahrtrichtung von Corre nach Mâcon)

RU rechtes Ufer

OH oberhalb (z. B. einer Schleuse, Brücke etc.); bezieht sich auf Steigung oder Gefälle des Kanals

UH unterhalb

7/7 täglich (7 Tage/Woche)

24/24 rund um die Uhr

WE Wochenende

FT Feiertag(s)

Sperrtor Sperrtor oder Portes de Garde nennt man eine Schutzschleuse, die aus nur einem einzigen Tor-Paar ohne Kammer besteht. Sie wird geschlossen, wenn der Fluss Hochwasser führt, damit der Kanal nicht beschädigt wird

Bar Bar ist in Frankreich eine andere Bezeichnung für Café

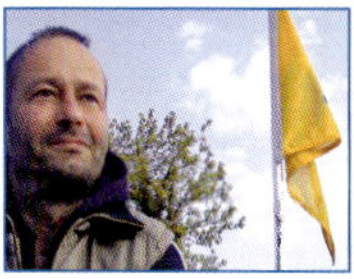

Auf meinen Bootsreisen habe ich die Möglichkeit, eine Menge zu entdecken, zu erleben und zu notieren. Aus diesen Aufzeichnungen entstehen später meine Bücher und Führer, und es freut mich, wenn ich mein Wissen mit Ihnen teilen kann.

Wenn Sie etwas bemerken, das ich übersehen habe, wenn Sie Änderungen oder Abweichungen feststellen oder zusätzliche Tipps haben, freue ich mich über Ihre Nachricht.

Dieser Führer ist KEINE Wasserkarte und ersetzt sie auch nicht – beide ergänzen einander. Ich empfehle die Wasserkarten aus der Serie Navicarte (Fluviacarte), die die beste Detaildarstellung der Wasserwege haben und Ihnen ein exaktes Navigieren ermöglichen.

Viel Spaß bei Ihrer Bootstour wünscht

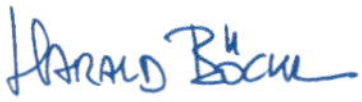

Einen Detailführer wie diesen kann man nicht ganz alleine „erschaffen", dazu benötig man viel, viel Unterstützung. Mein ganz besonderer Dank gilt diesbezüglich vor allem meiner Mutter **Elfriede Böckl**, die die mühsame Arbeit des Korrektur-Lesens auf sich genommen hat.

Und beim **Ehepaar Haschka** bedanke ich mich für die regelmäßigen Ergänzungen, Aktualisierungen und Anregungen zu diesem Führer und zu meinen anderen Büchern.

Hat sich was geändert?

Ihre Kommentare und Ergänzungen sind mir wichtig!

Bitte schreiben Sie mir, wenn sich etwas geändert hat oder wenn Sie Neues entdecken!

Edition Hausboot Böckl
hausboot@hausboot-boeckl.com

OBERE UND UNTERE SAÔNE

von \ nach		Beaulay	Port-sur-Saône	Scey-sur-Saône	Ray-sur-Saône	Gray	Pontailler	St.-Jean-de-Losne	Verdun-s-l-Doubs	Chalon-sur-Saône	Tournus	Seille-Mündung	Mâcon
Corre UH Schl.	Std.	3,5	5,5	7	10,5	15	19	22,5	26,5	29	32,5	33	35,5
	km/Schl.	27/3	41/4	51/6	69/11	105/15	133/17	167/19	202/21	227/21	257/22	263/22	289/22
Beaulay	Stunden		2	3,5	7	11,5	15,5	19	23	25,5	29	29,5	32
	km / Schl.		14/1	24/3	42/8	78/12	106/14	140/16	175/18	200/18	230/19	236/19	262/19
Port-sur-Saône	Stunden			1,5	5	9,5	13,5	17	21	23,5	27	27,5	30
	km / Schl.			10/2	28/7	64/11	92/13	126/15	161/17	186/17	216/18	222/18	248/18
Scey-s.-Saône	Stunden				3,5	8	12	15,5	19,5	22	25,5	26	28,5
	km / Schleusen				18/5	54/9	82/11	116/13	151/15	176/15	206/16	212/16	238/16
Ray-sur-Saône	Stunden					4,5	8,5	12	16	18,5	22	22,5	25
	km / Schleusen					36/4	64/6	98/8	133/10	158/10	188/11	194/11	220/11
Gray UH Schleuse	Stunden						4	7,5	11,5	14	17,5	18	20,5
	km / Schleusen						28/2	62/4	97/6	122/6	152/7	158/7	184/7
Pont_ailler	Stunden							3,5	7,5	10	13,5	14	16,5
	km / Schleusen							34/2	69/4	94/4	124/5	130/5	156/5
St.-Jean-de-L.	Stunden								4	6,5	10	10,5	13
	km / Schleusen								35/2	60/2	90/3	96/3	122/3
Verdun-s.le-D.	Stunden									2,5	6	6,5	9
	km / Schleusen									25/0	55/1	61/1	87/1
Chalon-s.-Saône	Stunden										3,5	4	6,5
	km / Schleusen										30/1	36/1	72/1
Tournus	Stunden											0,5	3
	km / Schleusen											6/0	31/0
Seille-Mündung	Stunden												2,5
	km / Schleusen												26/0

Fahrzeiten berechnet mit 10km/h gegenüber Land. Die Angaben zur Fahrzeit sind nur Näherungswerte, Abweichungen und Rundungsdifferenzen möglich. Bitte beachten Sie, dass die Strömung einen großen Einfluss auf Ihre Fahrzeit hat (sh. unten).

Obere Saône: Schleuse 12 gibt es nicht mehr, daher stimmt die Nummerierung nicht mit der Schleusenanzahl in dieser Tabelle überein. Hochwasserschleusen wurden nicht gezählt.

Berechnung Ihrer tatsächlichen Geschwindigkeit:

Boot = z. B. max. 12 km/h, Strömung = z. B. 2 km/h
Das bedeutet
flussaufwärts:12-2 = 10 km/h
flussabwärts: 12+2 = 14 km/h

SEILLE

von \ nach		Loisy	Cuisery	Saône
Louhans	Std.	3	3,5	6
	km/Schl.	21/2	26/2	39/4
Loisy	Stunden		0,5	3
	km / Schleusen		5/0	18/2
Cuisery	Stunden			2,5
	km / Schleusen			13/2

SCHLEUSENZEITEN

Obere Saône: Corre bis St.-Jean-de-Losne

- April–Okt. 9–19 Uhr (12.30 13.30 ohne
- Nov.–März: nur gegen Voranmeldung unter 06 86 42 27 43 oder 03 84 65 11 02
- geschlossen am 1.1., 1.5., 1. u. 11.11., 25.12

Untere Saône: St.-Jean-de-Losne bis Lyon

- Ende März bis Anfang November: 6–21 Uhr
- Sonstige Monate: 7–19 Uhr
- geschlossen am 1.1., 1.5., 11.11.und 25.12,

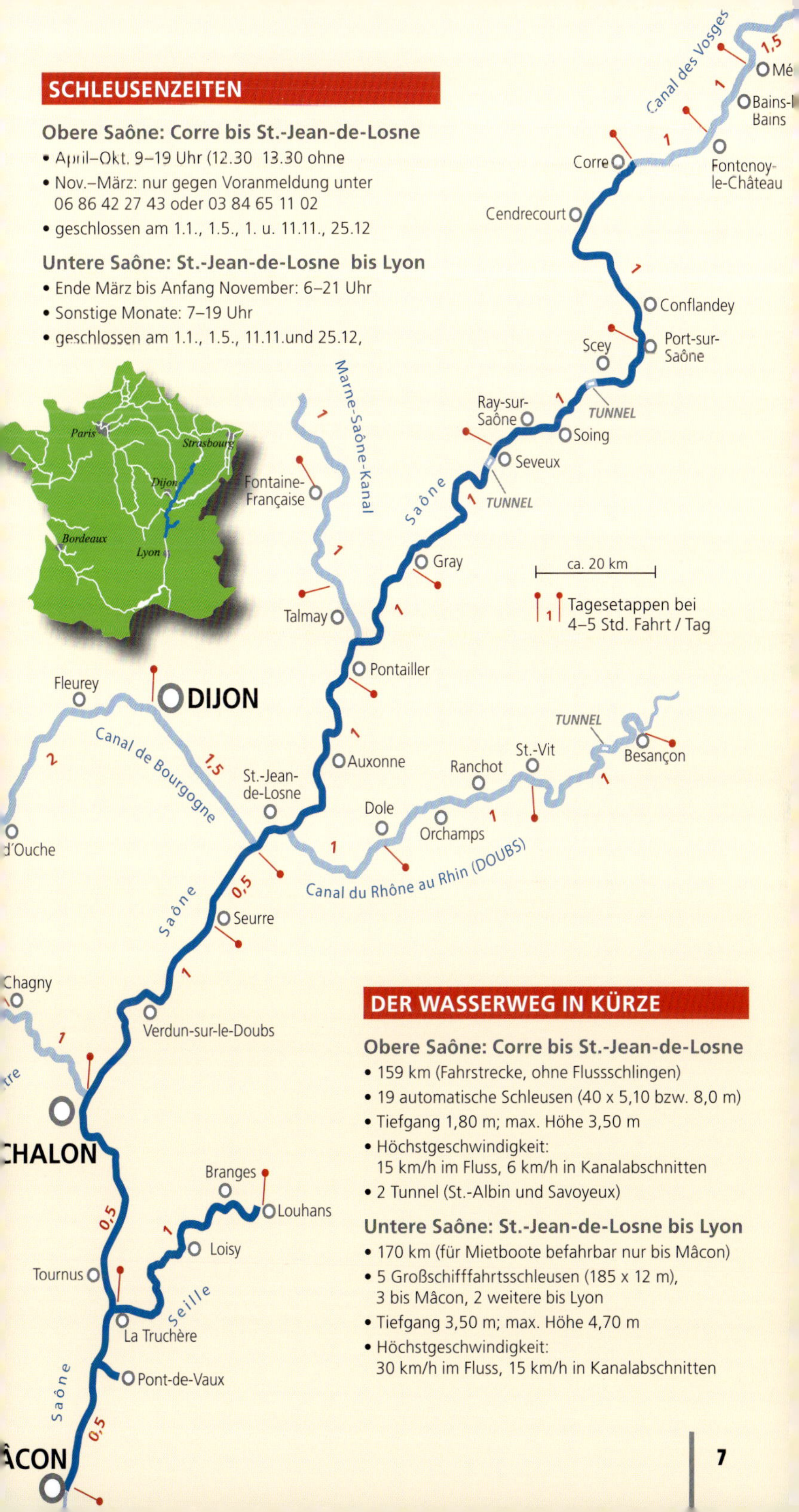

DER WASSERWEG IN KÜRZE

Obere Saône: Corre bis St.-Jean-de-Losne

- 159 km (Fahrstrecke, ohne Flussschlingen)
- 19 automatische Schleusen (40 x 5,10 bzw. 8,0 m)
- Tiefgang 1,80 m; max. Höhe 3,50 m
- Höchstgeschwindigkeit: 15 km/h im Fluss, 6 km/h in Kanalabschnitten
- 2 Tunnel (St.-Albin und Savoyeux)

Untere Saône: St.-Jean-de-Losne bis Lyon

- 170 km (für Mietboote befahrbar nur bis Mâcon)
- 5 Großschifffahrtsschleusen (185 x 12 m), 3 bis Mâcon, 2 weitere bis Lyon
- Tiefgang 3,50 m; max. Höhe 4,70 m
- Höchstgeschwindigkeit: 30 km/h im Fluss, 15 km/h in Kanalabschnitten

Das sollten Sie wissen ...

NETZABDECKUNG

Die Netzabdeckung und somit der Handyempfang entsprechen etwa der Situation in Österreich oder Deutschland: In ländlichen Gebieten manchmal schwach, im städtischen Bereich gut bis sehr gut. Abschnitte ganz ohne Empfang sind selten (am ehesten zwischen Corre und Auxonne) und in einer halben Stunde überwunden.

TAXIS

Dies ist nur eine kleine Auswahl, unterwegs und in diesem Führer finden Sie immer wieder Hinweise auf Taxis. Vor Ort (Office de Tourisme, Gemeindeamt) hilft man Ihnen gerne weiter.

Corre (PK 406): Taxi Manu 03 84 92 62 62 oder 06 83 11 20 23; in Vauvillers (etwa 5 km entfernt) gibt es Taxi Bourgogne:
03 84 92 80 81 bzw. 06 08 71 38 84

Jussey (PK 394): 06 85 20 36 93

Scey-sur-Saône (PK 356): 03 84 86 85 40

Gray (PK 283) : 03 84 64 91 91, 03 84 65 00 28, 03 84 64 96 96 und 03 84 64 91 49

Pontallier (PK 251): 03 80 36 12 00 und 03 80 47 85 97

Heuilley (PK 257): 03 80 36 10 76

Auxonne (PK 257): 03 80 31 07 29, 03 80 31 49 13, 06 80 31 19 51, 03 80 37 41 03, 03 80 37 49 37

St.-Jean-de-Losne (PK 215): 03 80 29 10 48 oder 03 80 29 08 33, 03 80 39 26 71

Seurre (PK 187): 03 80 20 37 01, 03 80 21 09 12, 03 80 20 46 21

Chalon (PK 142): 03 85 41 29 45, 03 85 48 68 63, 06 87 51 59 69

Mâcon (PK 80): 06 08 84 04 97, 06 07 19 40 64, 06 07 61 67 94, 06 85 10 73 79, 03 85 38 05 99 u. v. a.

Branges (Seille): 03 85 76 02 13

Louhans (Seille): 03 85 76 03 03

TELEFONIEREN

Für Gespräche innerhalb Frankreichs wählen Sie die gesamte 10-stellige Nummer (Vorwahlen in unserem Sinne gibt es nicht). Für Telefonate ins Ausland wählen Sie den Landescode (0043 für Österreich, 0049 für Deutschland und 0041 für die Schweiz), dann die Vorwahl des Ortes ohne 0 und dann die Rufnummer.

INTERNET

WLAN gibt es mittlerweile kostenlos in vielen Cafés, Restaurants und Tourismus-Büros entlang Ihrer Strecke.

FAHRENDER BÄCKER

Sie finden wiederholt die Angabe „fahrender Bäcker". In Orten, die über keine Geschäfte mehr verfügen, kommt ein Bäcker (oft auch Fleischer etc.) mit einem „Verkaufs-Wagen" am Vormittag und hält an prägnanten Punkten ein paar Minuten an. Infos bei jedem Bewohner, falls Sie hier keine genauen Angaben finden.

ANGELN

Angellizenzen „Urlaubs-Lizenz" mit einer Gültigkeitsdauer von 1 Woche sind in vielen Cafés und Angelgeschäften oder online unter www.cartedepeche.fr um 32 Euro erhältlich.

RUHETAGE GESCHÄFTE

MO und MI, manchmal ganztägig, manchmal nur am Nachmittag, sind beliebte Schließtage für Geschäfte (als Ausgleich für Wochenend-Öffnungszeiten). Sie sind regional unterschiedlich und gelten auch nicht überall. Bitte vor Ort fragen!

RUHETAGE RESTAURANTS

Siehe oben. Wenn an frequenzschwachen Tagen abends keine Gäste kommen, schließen Restaurants oft schon um 20 Uhr. Am besten, Sie reservieren – oder kommen zeitiger (ab etwa 19 Uhr)

WÄSCHE WASCHEN?

Auf Campingplätzen gibt es oft Waschmaschinen, die man gegen Gebühr benutzen kann. Campingplätze befinden sich oft in der Nähe des Wassers und sind meist gut beschildert.

HUNGER? DURST?

Auf Campingplätzen findet man nicht nur Waschmaschinen, sondern oft auch eine Hütte mit Snacks und Getränken.

TREIDELPFAD

Wo früher die Pferde gingen, um die Lastkähne zu ziehen, dort fahren heute Hausboot-Urlauber mit dem Fahrrad zum Einkauf: am sogenannten Treidelpfad (chemin d´halage).

WASCHHÄUSER

Relikte aus einer Zeit, als es noch keine Waschmaschinen gab, sind die in Burgund zahlreich vorhandenen Waschhäuser. Hier wurde Wäsche gewaschen und man kam auch zum Tratsch zusammen.

WICHTIGE NUMMERN

Feuerwehr:	**18**
Gendarmerie/Polizei:	**17**
Rettung:	**15**
Europa-Notruf:	**112**

LU und RU

Ich beschreibe die Saône in Fließrichtung, also von Corre nach Mâcon. Dementsprechend habe ich auch LU als Abkürzung für linkes Ufer und RU als Abkürzung für rechtes Ufer verwendet (sinngemäß auch für die Kanalabschnitte).

ZUM BESSEREN VERSTÄNDNIS

Die Bezeichnungen OH (oberhalb) und UH (unterhalb) sind tatsächlich als „Höhenangaben" zu verstehen, und zwar in Fließrichtung der Saône.

Manchmal heißt es „am oberen Ortsende". Dieses kann entweder am Hügel (oben) liegen, meist jedoch bezieht es sich auf die Richtung, in die der Kanal ansteigt. Wenn Sie bergwärts fahren, kommt zuerst das untere und dann das obere Ortsende. Fahren Sie talwärts, ist es umgekehrt: zuerst kommt das obere und dann das untere Ortsende.

Die Saône wird von Lyon nach Corre kilometriert. Ich erkläre sie trotzdem in der entgegengesetzten Richtung – von Corre nach Lyon, weil dies der Fließrichtung und der Abbildung in den Wasserkarten entspricht (von Norden nach Süden) und daher im Zusammenspiel mit der Wasserkarte leichter lesbar ist.

GEWÄSSERKARTEN

Gewässerkarten sind zur Navigation unverzichtbar und werden durch diesen Führer nicht ersetzt, sondern bloß ergänzt. Ich empfehle die hochformatigen Karten von Fluviacarte. Die dünnen Heftpläne der Edition Du Breil sind fallweise ungenau (falsche Entfernungen oder falsche/nicht existierende Straßen etc.). Aber weil sie so bequem und handlich sind, liegen die Du-Breil-Hefte auf vielen Mietbooten auf.

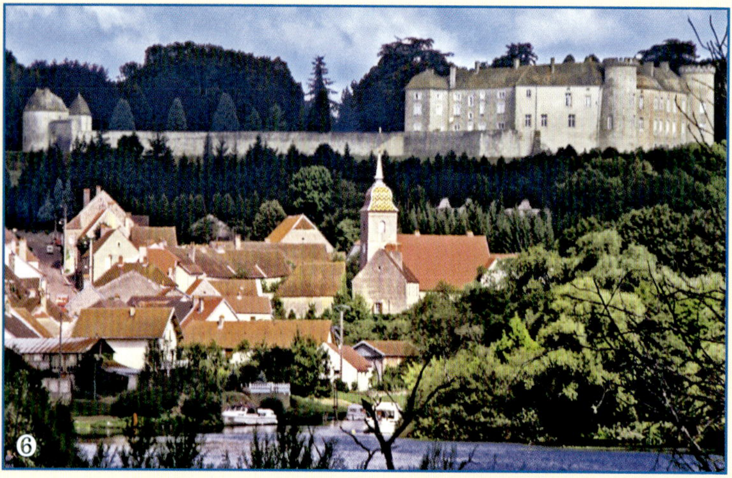
6

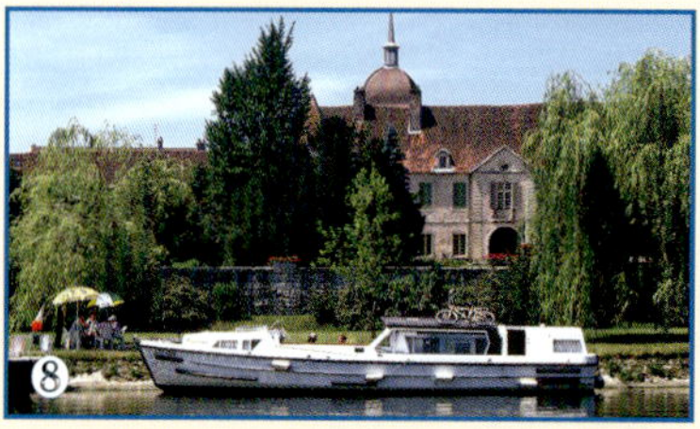
8

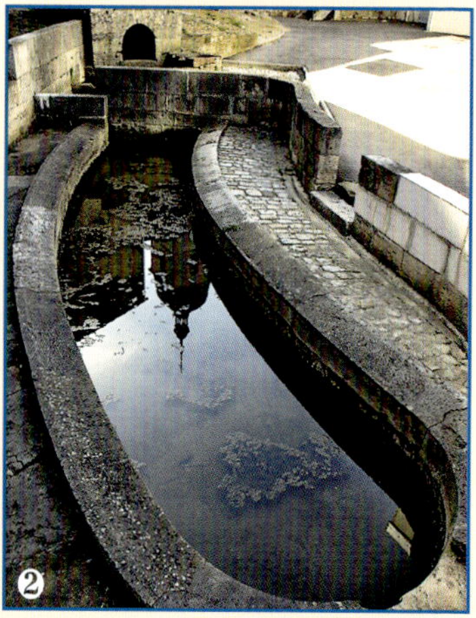
2

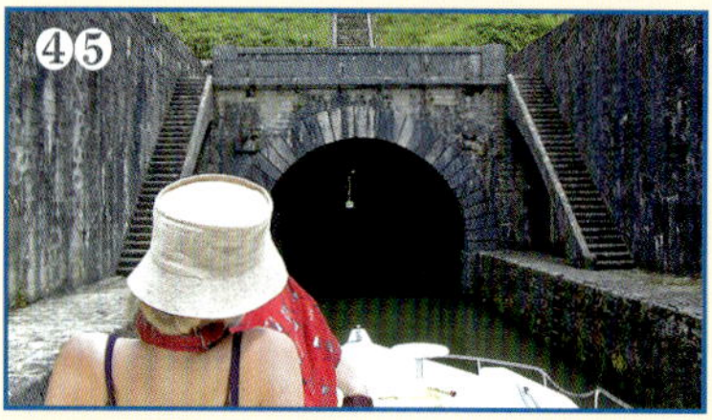
4 5

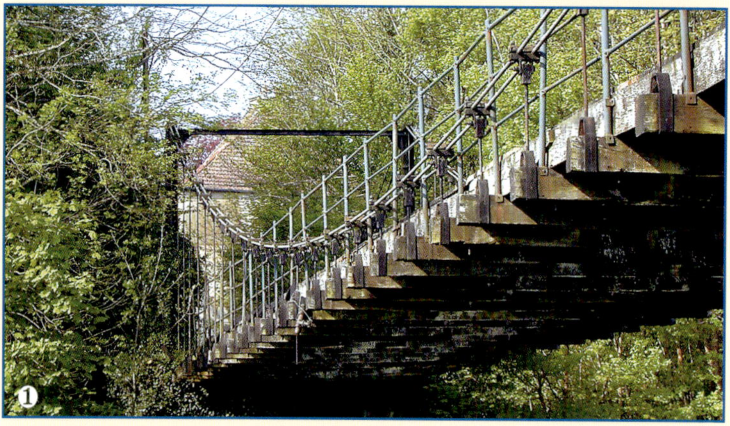
1

Obere Saône: Das müssen Sie sehen!

1. Hängebrücke von Conflandey (S. 29)
2. Waschplatz in Port-sur-Saône (S. 31)
3. Lochstein von Aroz (Seite 37)
4. 5. Tunnel St.-Albin u. Savoyeux (S. 36, 44)
6. Schloss Ray-sur-Saône (Seite 41)
7. Drehbare Geheimtreppe in Gray (S. 50)
8. Anleger beim Schloss Mantoche (S. 52)
9. Fachwerk und Holztreppen in Auxonne (S. 59)

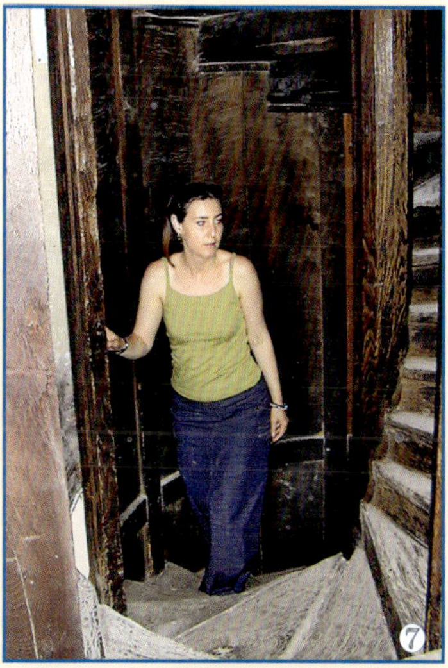

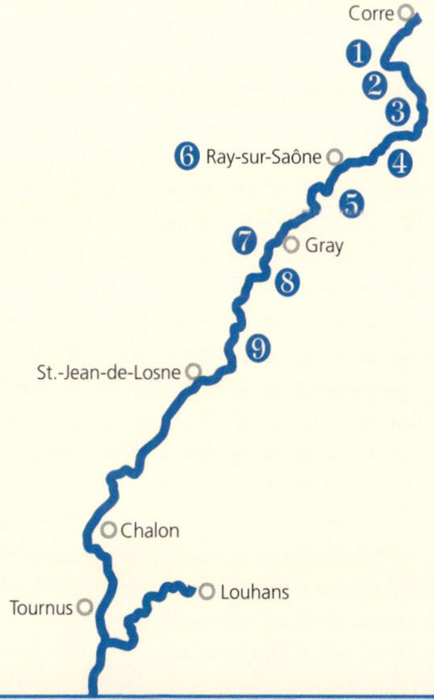

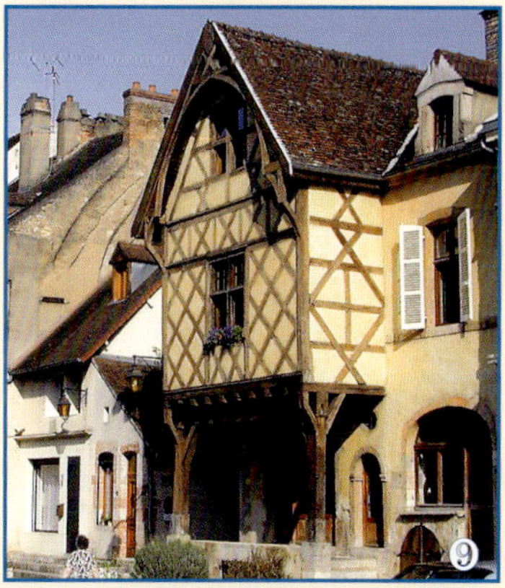

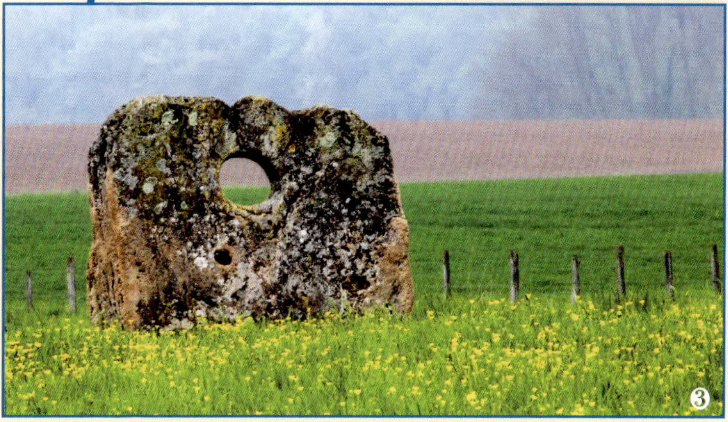

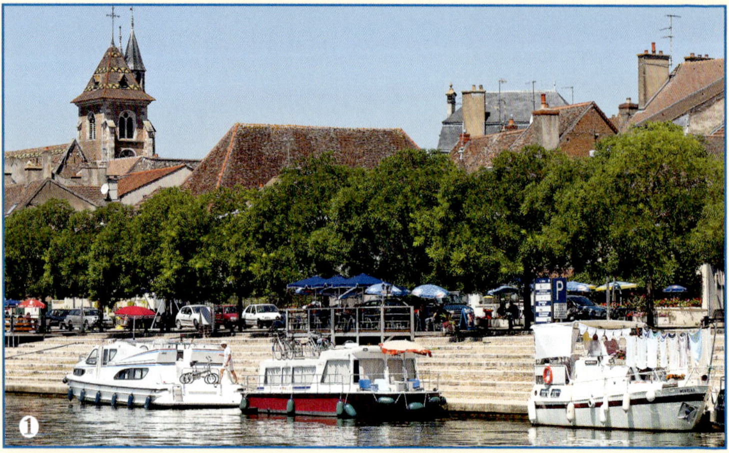

1

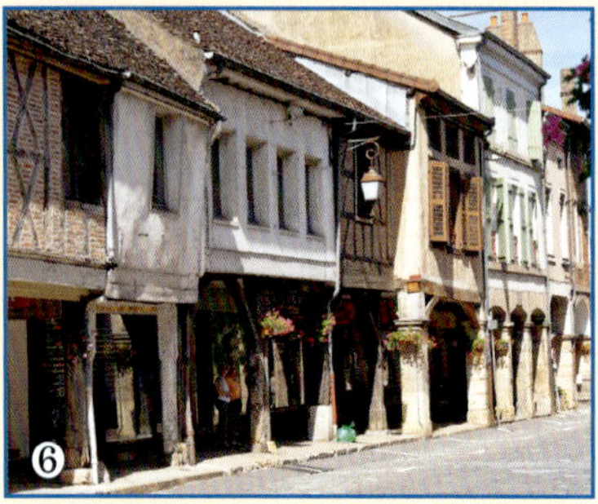

6

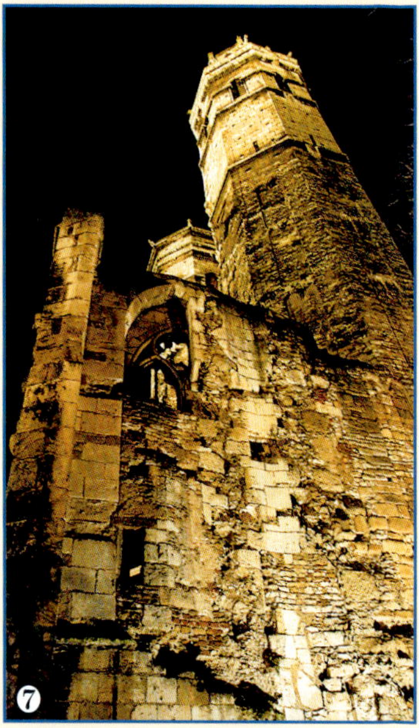

7

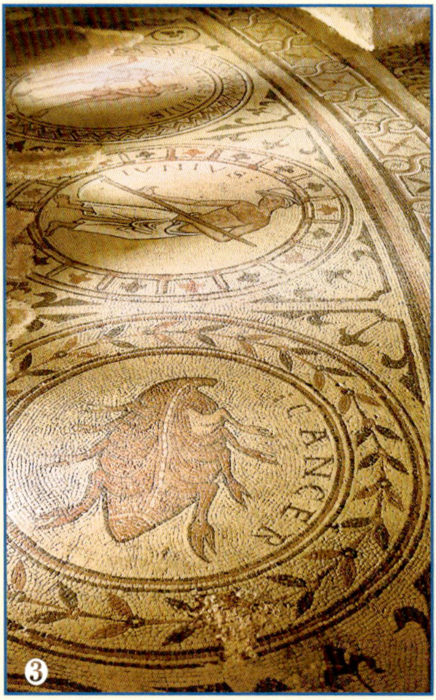

3

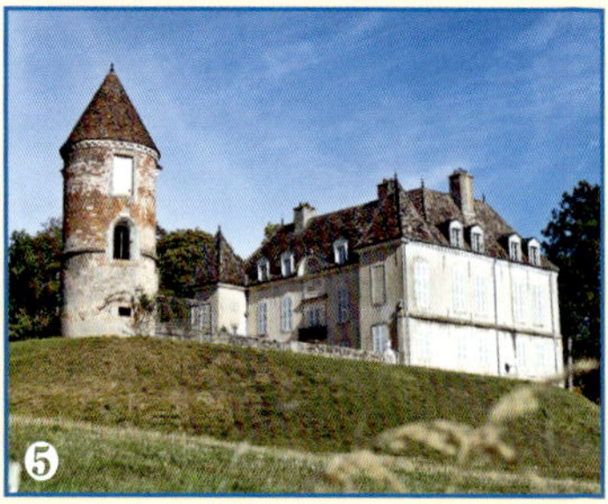

5

Untere Saône: Das müssen Sie sehen!

1 Kai von St.-Jean-de-Losne (Seite 65)

2 Kirche und Fachwerk in Chalon (S. 83)

3 Mosaik und Krypta in Tournus (S. 91)

4 Traboules in Tournus (Seiten 90, 92)

5 Schloss Loisy und die Aussicht (S. 114)

6 Arkaden in Louhans (S. 117)

7 Ruine St.-Vincent, Mâcon (S. 103)

8 Felsen von Solutre (S. 105)

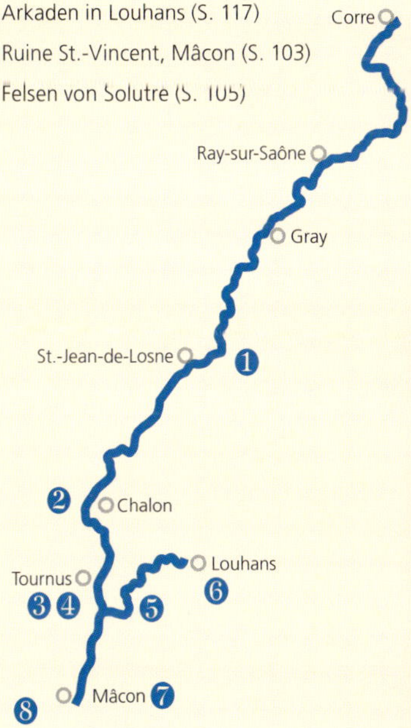

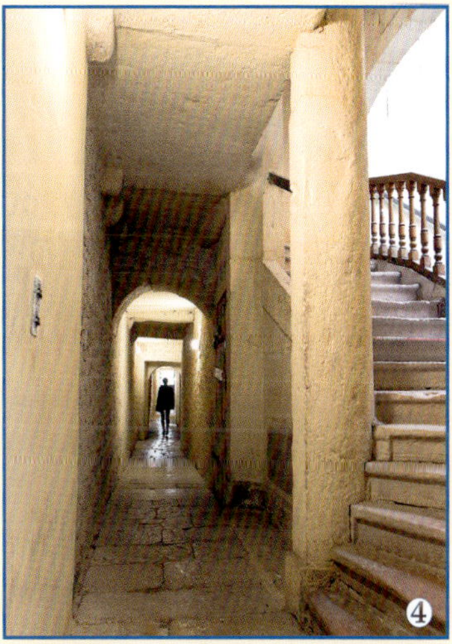

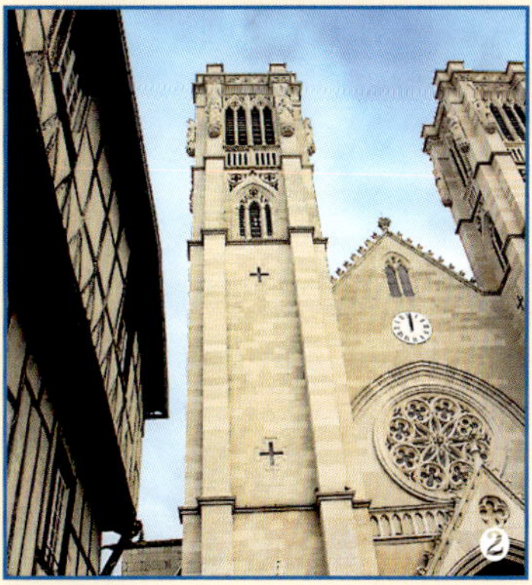

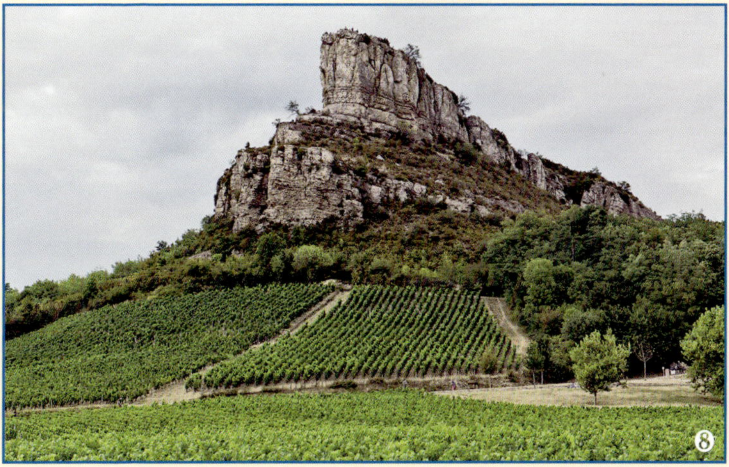

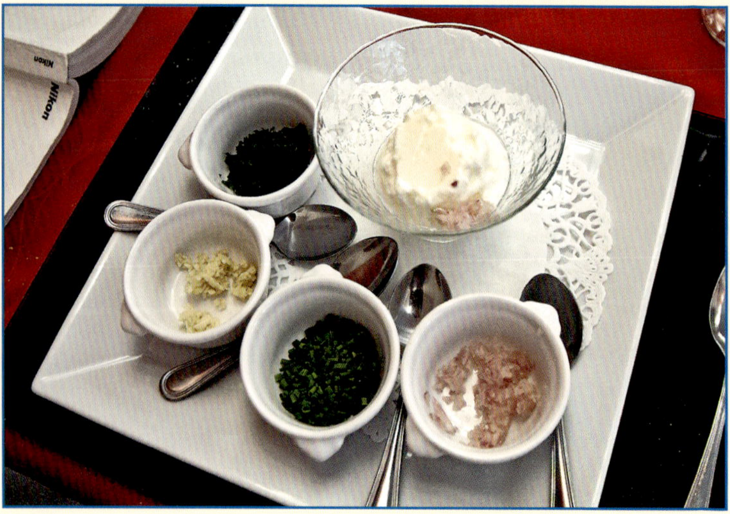

Diese Restaurants sollten Sie ausprobiert haben:

Ich empfehle diese Restaurants aus unterschiedlichen Gründen: Sie sind entweder sehr typisch oder sehr originell oder sehr gut und haben sich aus einem dieser Gründe Ihren Besuch verdient.

€ = günstig **€€** = mittel **€€€** = teuer

❶ **€€** De la Marine, Port-sur-Saône, Seite 32

❷ **€€€** Château de Vauchoux, Vauchoux, S. 33

❸ **€€** Crâto, Gray, Seite 51

❹ **€** Crêperie les Blés d'Or, Auxonne, S. 60

❺ **€** L'Ecu, St.-Jean-de-Losne, Seite 68

❻ **€€** Au bon Accueil, Seurre, Seite 75

❼ **€€** Hostellerie Bourguignonne, Verdun, S. 79

❽ **€€** Les Pieds dans l'Eau, Chatenoy, S. 81

❾ **€€€** Aux Terrasses, Tournus, Seite 91

❿ **€** Le Saxo, Tournus, Seite 92

⓫ **€€** Moulin de Bourg Château, Louhans, S. 117

⓬ **€** Les Halles, Mâcon, Seite 102

⓭ **€€€** L'O de Vignes, Fuissé, Seite 105

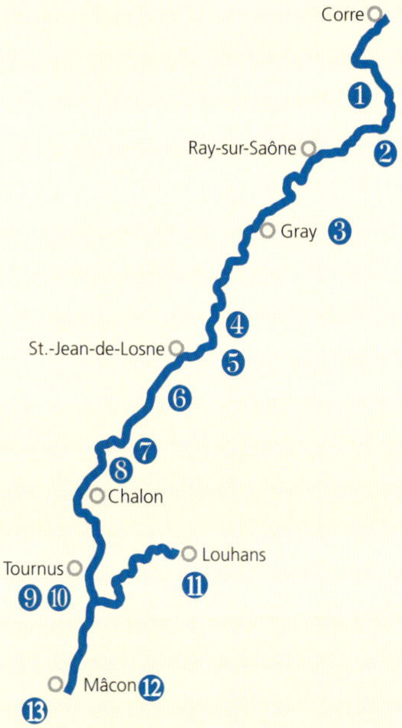

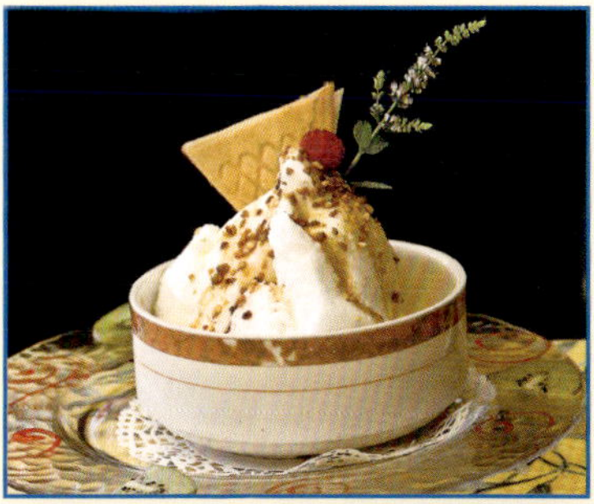

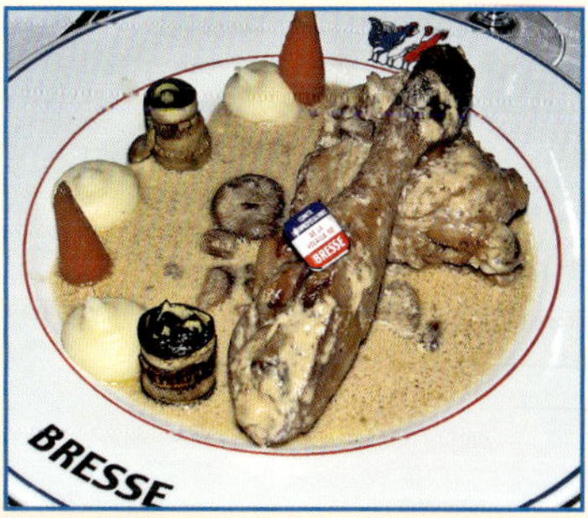
BRESSE

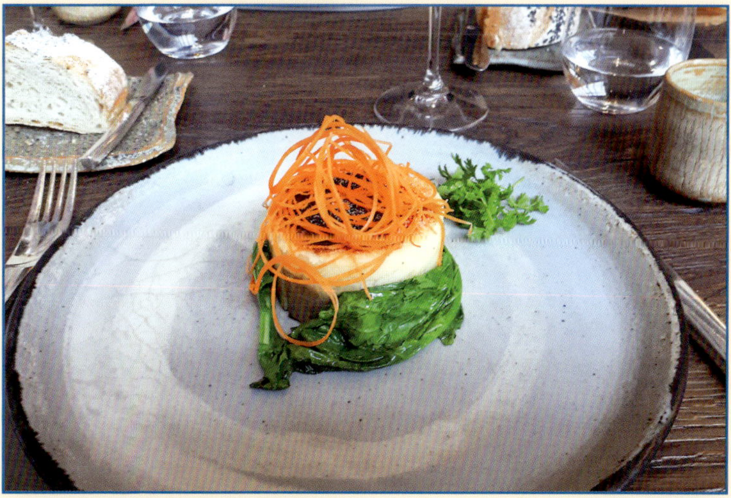

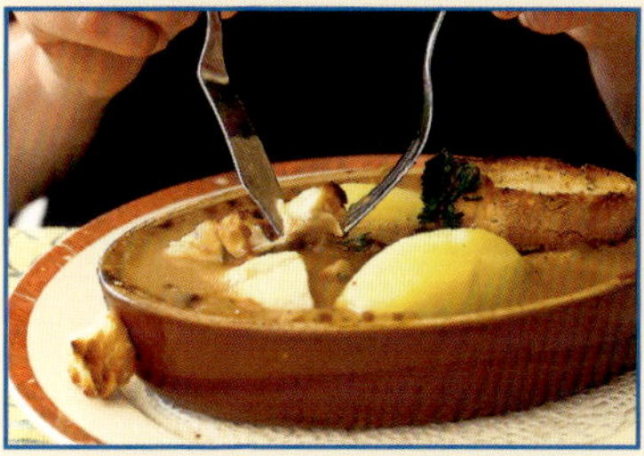

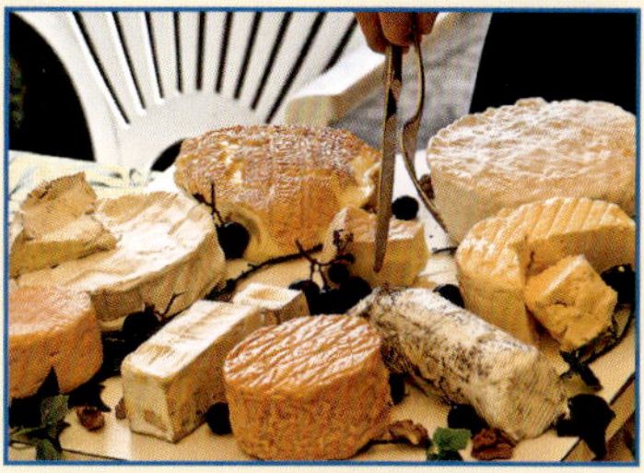

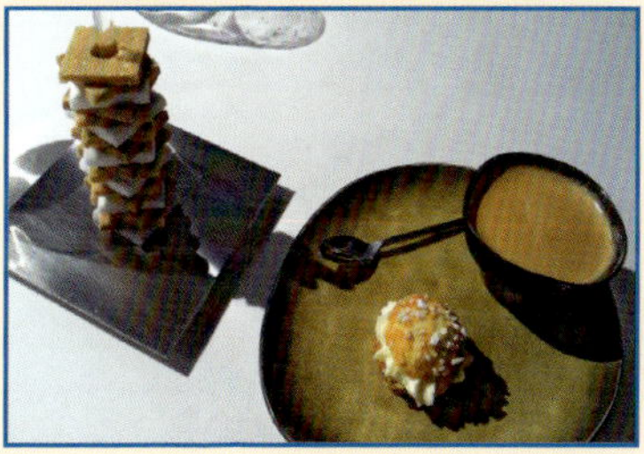

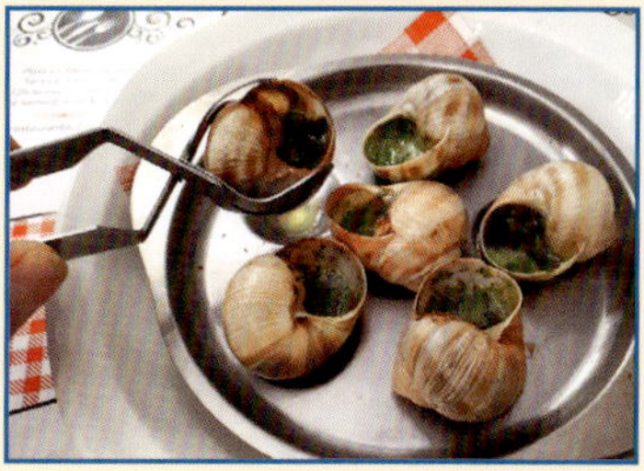

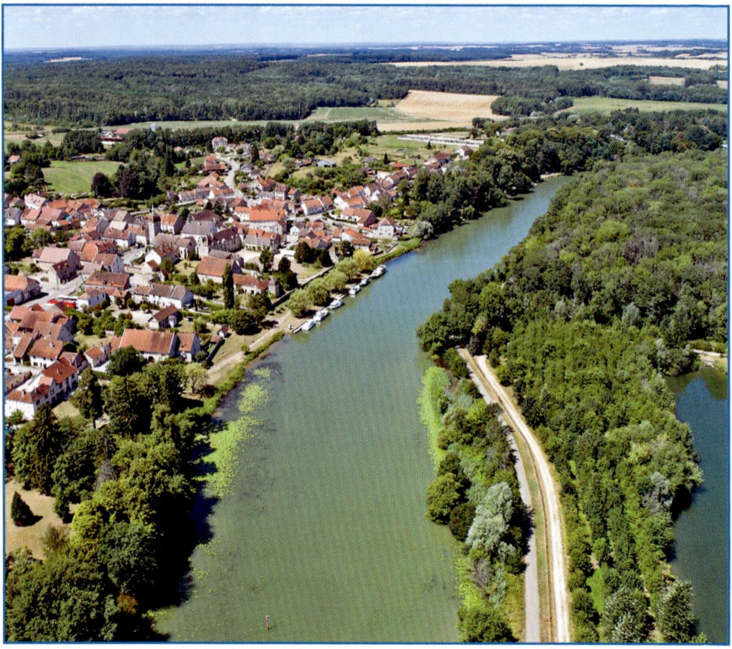

Die Saône: Oben schmal und ländlich, unten südländischer Trubel

Für eine Fahrt mit dem Hausboot ist die Saône wohl einer der geeignetsten Flüsse Frankreichs: Die **Gegensätze** der einzelnen Abschnitte machen sie, eingebettet in eine ruhige, landwirtschaftlich genutzte Umgebung, so einmalig.

Oben ist sie ein **kleines Flüsschen** mit **Dörfern**, Kleinstädten und ausgezeichneten Bademöglichkeiten. Im unteren Abschnitt stehen mit Chalon, Tournus und Mâcon drei absolut sehenswerte **Städte** auf dem Programm.

Unerwartet ist das südländische Flair, das sich besonders zwischen Tournus und Mâcon breit macht: Es wirkt sich nicht nur architektonisch aus, sondern auch bezüglich Klima und Trubel. So kommt man in die einmalige Situation, in das pulsierende Leben einer Stadt einzutauchen, um dann ein paar hundert Meter weiter einen ruhigen Flecken in einsamer Natur zu finden.

Die **Strömung ist sehr gering** (kaum 2 km/h). Im Oberlauf schmal und gewunden, ja von Corre bis Port-sur-Saône nicht breiter als viele Kanäle, ist die Saône sauber und lädt zum **Baden** ein. Man folgt meist dem natürlichen Wasserlauf, in einigen Fällen kürzt man Flussschlingen über Kanal-Abschnitte ab.

Die Orte zwischen Corre und Gray, der ersten größeren Stadt, sind malerisch und verträumt, aber wie viele ländliche Gebiete mittlerweile von der Abwanderung betroffen. In diesem Abschnitt sollten Sie ausreichend **Vorräte** für die Küche

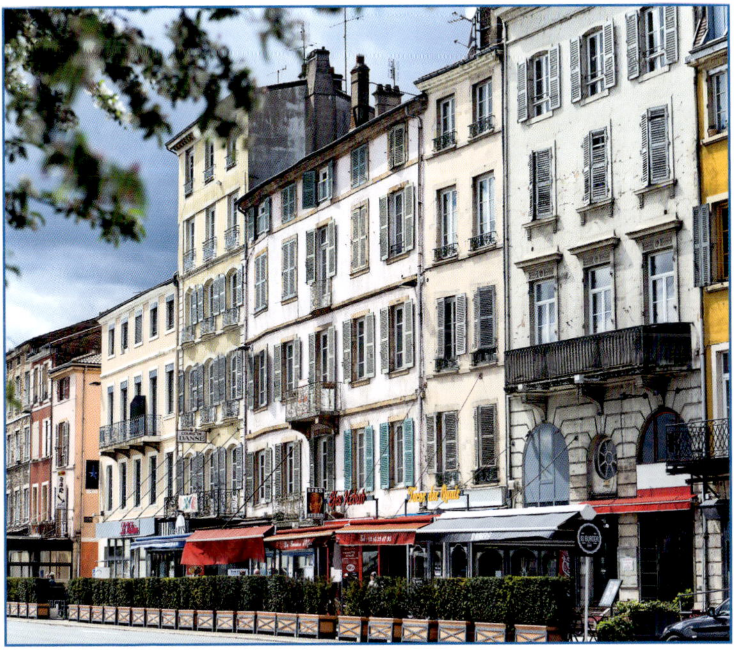

mitführen, falls das einzige Restaurant des Ortes gerade Ruhetag hat oder Sie in einem Dorf ohne Versorgung Halt machen.

Touristen verirren sich kaum hierher, obwohl eine Vielzahl von Sehenswürdigkeiten, Burgen und Schlössern darauf wartet, entdeckt zu werden. Eine typische Szene aus dieser Region: Sie gleiten mit dem Boot an saftigen Weiden entlang; weiße Rinder, die bekannten **Charollais**; im Hintergrund eine Handvoll Häuser aus grauem Stein, der Kirchturm mit einem bunt schillernden Dach.

Natur pur für alle, die wirklich Erholung und so etwas wie Einsamkeit suchen. Nur gut zu wissen, dass man auch dann, wenn schon kein Laut mehr zu hören und kein Ort zu sehen ist, nach ein paar Flussbiegungen doch wieder auf die Zivilisation stößt.

Eine Besonderheit im oberen Abschnitt sind die **zwei Tunnel** mit einer Länge von 681 (bei St,-Albain / Scey-sur-Saône) bzw. 643 Metern (bei Seveux-Savoyeux) – mit dem Boot durch einen Tunnel fährt man auch nicht alle Tage.

Ab Gray wird der Fluss etwas breiter und Sie finden in weiterer Folge eine bunte Mischung aus kleinen Dörfern und größeren Orten oder Städten. Hier gibts dann auch jene Sehenswürdigkeiten, die im Kunstführer stehen.

St.-Jean-de-Losne markiert die Grenze zwischen Oberer und Unterer Saône. Die Schleusen oberhalb sind für Boote bis 38 m Länge geeignet, es gibt daher keinen Frachtverkehr mehr. An der Unteren Saône erlauben Großschifffahrtsschleusen eine Länge bis zu 185 m, daher begegnen Sie hier (sehr selten) Kreuzfahrtschiffen und Frachtern.

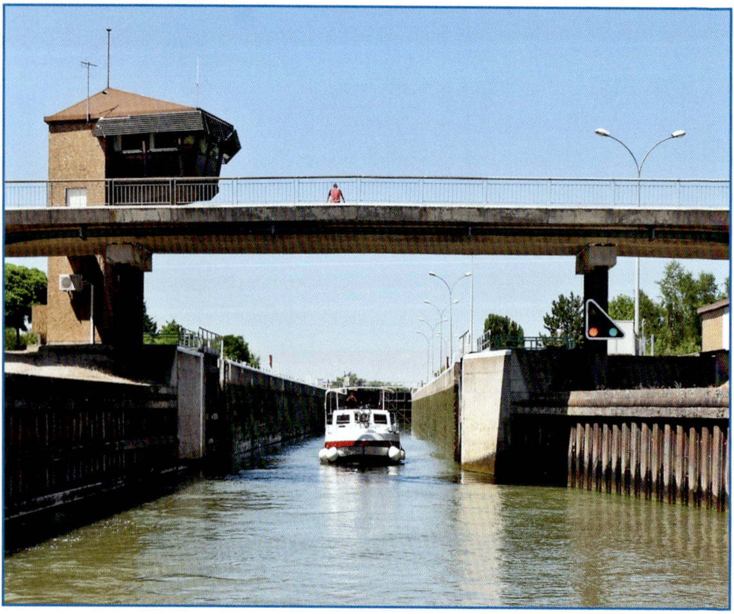

Von Römern, Schleusen und der Großschifffahrt

Zur Geschichte der Saône gibt es nicht so viel zu erzählen wie zu manchem Kanal, schließlich musste hier nicht viel gebaut werden, um sie zu befahren. Dafür kann der Fluss auf eine weit in die Vergangenheit reichende Bedeutung zurückblicken.

Bekannt ist, dass bereits unter den Römern die Nord-Süd-Verbindung über Rhône und Saône als **Handelsweg** geschätzt wurde. Im Mittelalter soll der Fluss bis Auxonne hinauf schiffbar gewesen sein. Ein geregelter und vor allem regelmäßiger Schiffsverkehr dürfte aber erst später möglich gewesen sein.

Als der **Burgund-Kanal** fertiggestellt wurde, ging man an die Regulierung der Saône, um auch dort eine Mindesttiefe von 1,60 m zu garantieren. Denn erst durch die Verbindung mit einem „ebenbürtigen" Fluss erfüllte der Kanal seinen Zweck.

Im Zuge der Regulierungen wurden Flussschlingen, an denen sich Wassermühlen samt **Wehr** befanden, durch Kanal-Abschnitte abgekürzt. Daher verfügt der Kanalabschnitt über eine Schleuse, um den Höhenunterschied zu meistern.

Ein weiterer Ausbauschritt erfolgte Ende der **1970er Jahre** am Unterlauf von St.-Jean-de-Losne bis Lyon. Dort finden Sie heute fünf große Schleusen, deren Befahren ein Kinderspiel ist (je größer, desto weniger Strömung hat sie, desto bequemer ist die Passage).

Zum Thema Schleusen: Alle Saône-Schleusen sind **automatisch**, jene unterhalb von St.-Jean-de-Losne werden von einem Schleusenwärter gesteuert.

In Schleusen herrscht Schwimmwesten-Pflicht für alle, die sich im Außenbereich des Bootes aufhalten (S. 20/21).

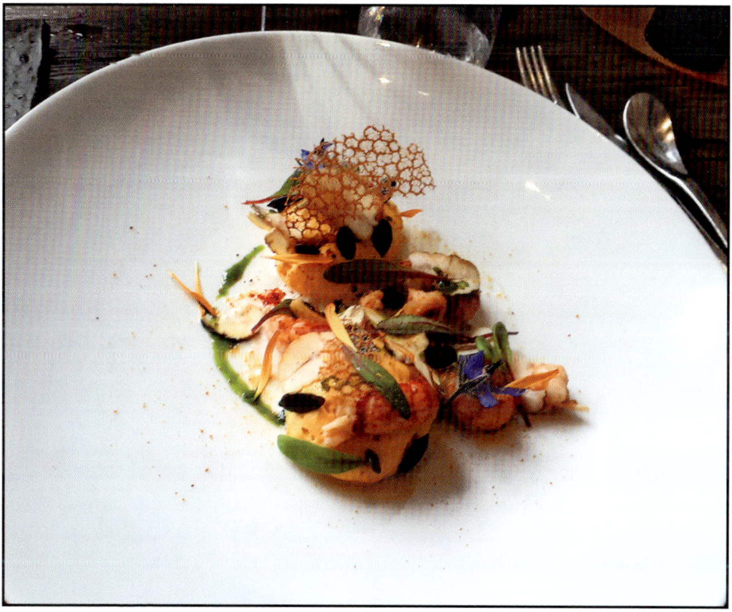

Oben Selbstverpfleger, unten Feinschmecker

Für **Feinschmecker** ist ein Hausboot-Urlaub an der Saône empfehlenswert, vor allem an der **Unteren Saône**. Die traditionelle burgundische Küche hat sich entlang der fischreichen Saône einen regionalen Anstrich gegeben, der – wie könnte es anders sein – den Fisch in allen Variationen behandelt. Prominentestes kulinarisches Produkt: die **Pochouse**, eine Suppe aus drei Arten Süßwasserfisch, gekocht in Weißwein mit Knoblauch. Viele Orte behaupten, dieses Gericht erfunden zu haben – Verdun-sur-le-Doubs tut dies am lautesten und beharrlichsten.

Das Gastronomie-Zentrum der Saône ist **Tournus**: Dort finden Sie gleich drei Restaurants der obersten Klasse und zahlreiche weitere, die zu empfehlen sind.

Obwohl Sie bei Ihrer Bootstour ganz in die Nähe der berühmtesten französischen Weinbaugebiete kommen, werden Sie Weinberge nur aus der Entfernung sehen (Ausnahme: bei Tournus und bei Mâcon). Machen Sie doch einen kleinen Landausflug oder fahren Sie den **Canal du Centre** hinauf (siehe Beschreibung bei Chalon), dann kommen Sie direkt durch die **Weinberge** der Côte d´Or!

Vor allem **Fisch**, wie beispielsweise Hecht, Zander, Barsch und Forelle, ist am Speiseplan zu finden. Die deftigere Seite wird von Würsten aller Art und Speck gebildet, beim Käse sind Comté, Epoisse und Concouillotte (wird aus fettarmer getrockneter Sauermilch hergestellt, lässt sich streichen und ist wahrlich nicht jedermanns Geschmack!) zu nennen. Und beim Wein gibt es (oberhalb von Gray) das kleine Weinbaugebiet **Champlitte** mit seinen erfrischenden und jung zu trinkenden Weinen (Tipp: Verkosten Sie einen Pinot Gris aus dieser Region).

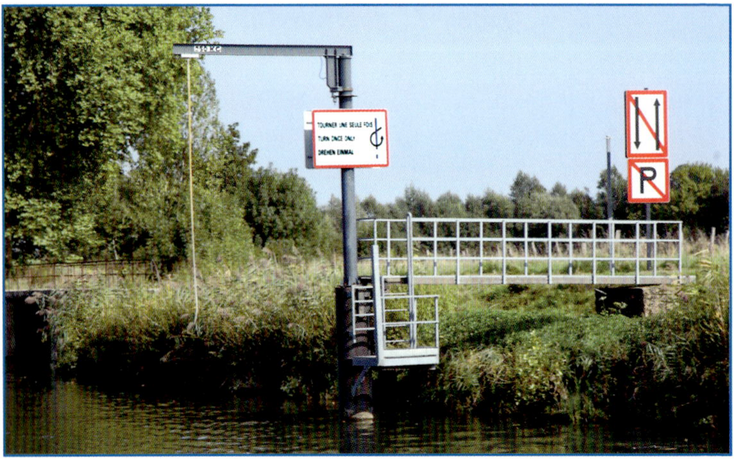

Mit einer Vierteldrehung meldet man sich bei der Schleuse an (oben).

In der Schleuse hebt man die blaue Stange, um den Mechanismus zu starten. Die rote wird im Notfall gezogen, um den Vorgang zu stoppen (rechts).

Bei Problemen drückt man den Knopf des Notrufs, ein Scheusenwärter kommt rasch.

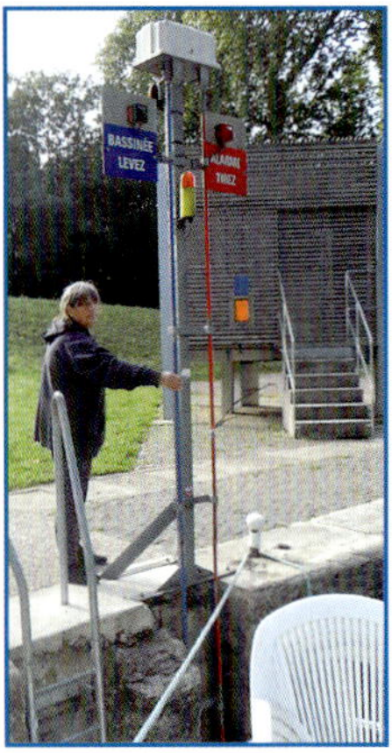

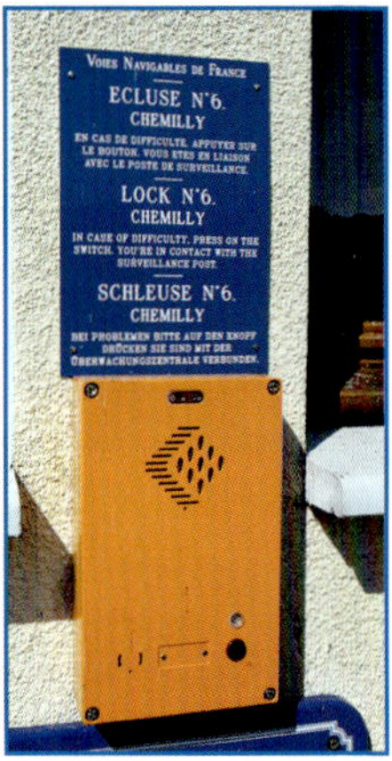

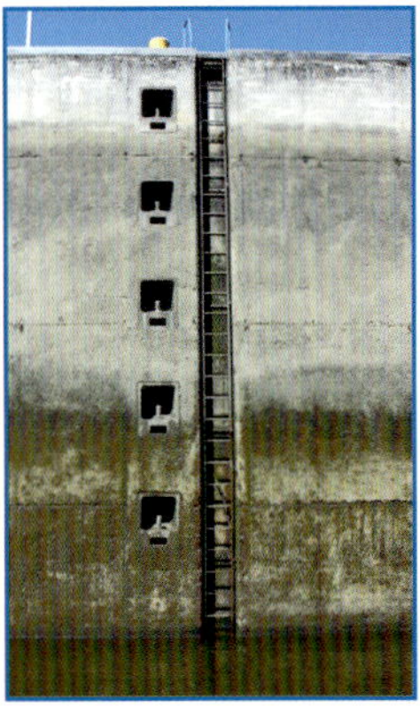

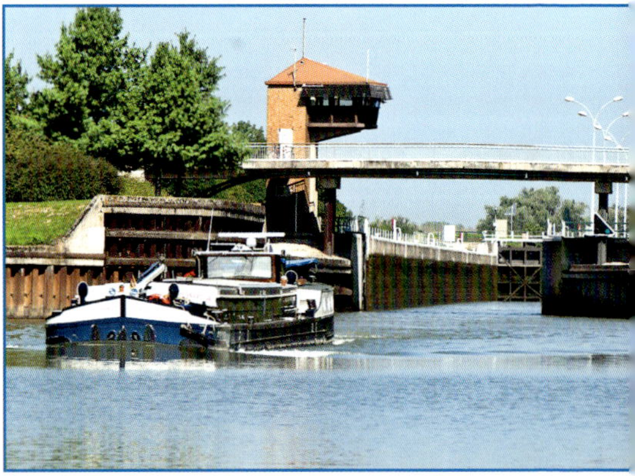

19 kleine Schleusen: Corre bis St.-Jean-de-Losne

Von einem Gestänge oder einem über den Kanal gespannten Seil hängt ein Plastikschlauch herunter, den Sie um 90 Grad drehen müssen, um sich zum Schleusen anzumelden.

Ein Blinklicht neben dem roten Licht an der Schleusenampel zeigt an, dass Sie registriert wurden. Die Ampel wechselt von Rot auf Rot-Grün. Das zeigt an, dass die Schleuse für Sie vorbereitet wird. Wenn die Tore offen sind, schaltet die Ampel auf Grün und Sie können in die Schleuse fahren.

Nachdem Ihr Boot an 2 Pollern gesichert ist, heben Sie die blaue Stange. Ein Blinklicht und ein Läuten zeigen an, dass das Schleusenmanöver beginnt.

Obwohl die Schleusen nur einen relativ geringen Hub haben (zwischen 2 und 3 Meter), sind die Wände wegen des im Fluss wechselnden Wasserspiegels hoch, was die Seilarbeit beim Aufwärtsschleusen erschwert.

Manchmal ist es nötig, dass ein Crewmitglied über die Leiter in der Schleuse hinauf klettert, um die Seile um die Poller zu legen. Wer sich das Klettern sparen will, setzt ein Crewmitglied vor der Schleuse ab.

Wenn die Ampel auf Ihre Anmeldung nicht reagiert bzw. länger auf Rot steht, geht der Hausbootfahrer einfach zum Notruf-Kästchen und drückt den Knopf. Die Schleusen werden zentral überwacht, Sie müssen Sie nicht einmal Französisch sprechen. Allein durch die Bedienung des Sprechknopfes registriert man, welche Schleuse ein Problem verursacht. Aber keine Angst: Pannen sind heute nur noch sehr selten und ein Schleusenwärter kommt rasch vorbei.

Schwimmwesten-Pflicht beim Schleusen

Alle, die sich nicht im Inneren des Bootes aufhalten, müssen während eines Schleusenmanövers eine Schwimmweste tragen (diese ist als Sicherheitsausstattung an Bord von Mietbooten vorhanden).

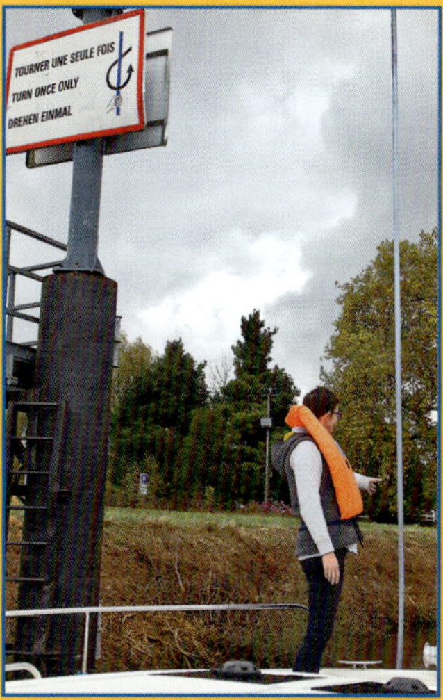

5 große Schleusen von St.-Jean-de-Losne bis Lyon

Die 5 Großschifffahrtsschleusen zwischen St.-Jean-de-Losne und Lyon sehen spektakulär aus, sind aber ganz harmlos und haben praktisch keine Strömung. Vom Turm aus öffnet der Schleusenwärter das Tor, man fährt ein und findet in den Wänden Poller, in die man die Seile je nach Wasserstand umhängt.

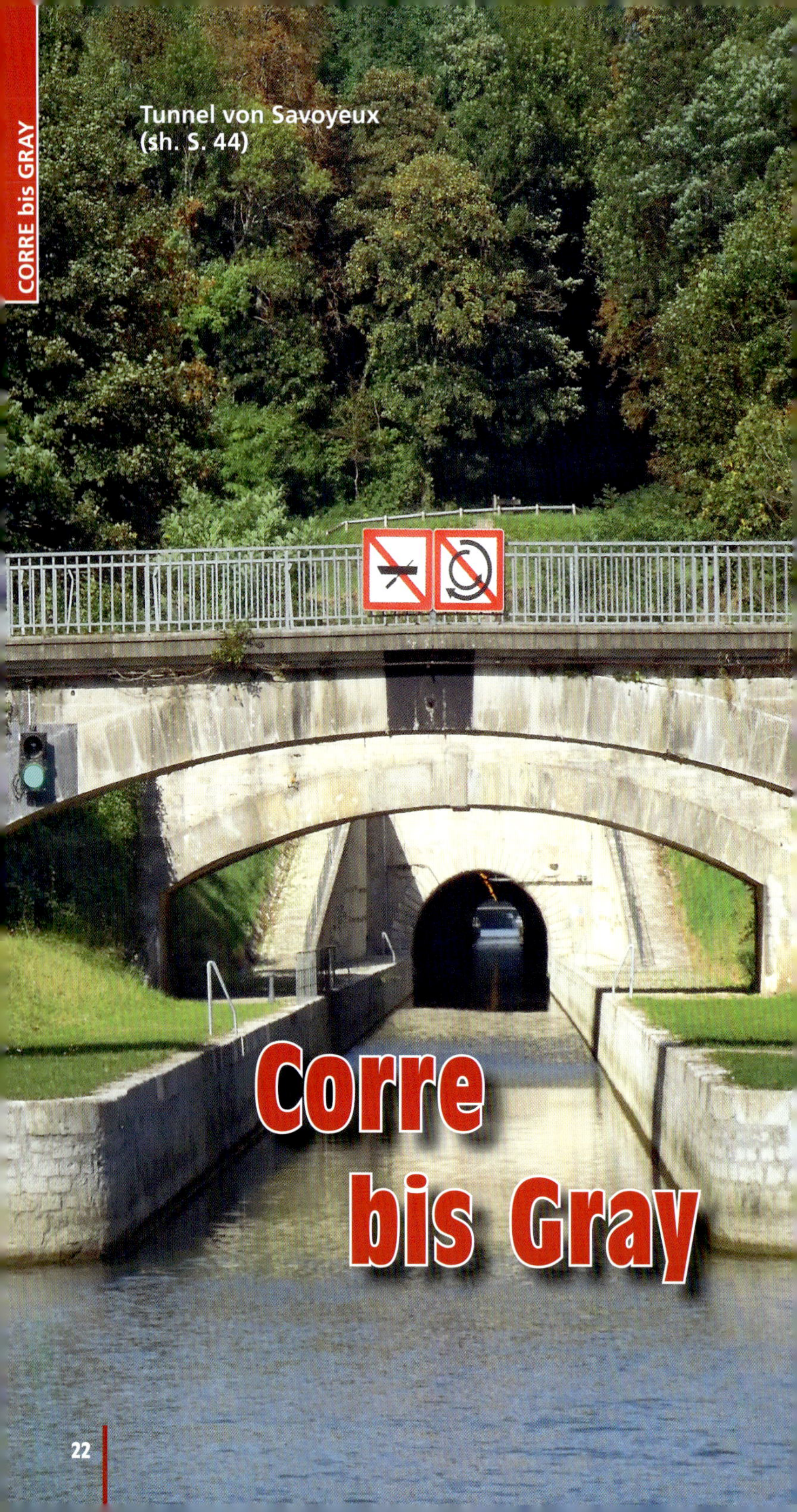

Tunnel von Savoyeux
(sh. S. 44)

Corre bis Gray

Corre PK 406

Corre ist der oberste Ort an der Saône. Er liegt eigentlich oberhalb der ersten Schleuse des Canal des Vosges. Die Saône ist unterhalb der Schleuse noch rund einhundert Meter weiter befahrbar, bis man zur Marina des Ortes kommt.

⚓ Kai und kleiner Hafen (kostenpflichtig) oberhalb der Schleuse zum Canal des Vosges.

⚓ Im Kanal findet man am ortsseitigen Ufer kostenlose Anlegemöglichkeiten (vereinzelt einige Ringe; Pflöcke einschlagen).

⚓ Marina am Ende des befahrbaren Abschnittes der Saône (UH der Schleuse, kostenpflichtig)

Erwähnenswert ist die Kirche aus dem 12. Jh. mit ihrem sehenswerten Chor; die weniger attraktive Rückseite ist vom Kanal aus gut zu sehen – inklusive Rauchfang für die Sakristei und schäbigen Nebengebäuden . . .

Das Schloss, das man gleich oberhalb der Schleuse 46 (Canal des Vosges) sieht, kann innen nicht besichtigt werden

In ganz Corre steht ein „Mausoleum 39–45" angeschrieben. Selbiges entpuppt sich dann allerdings als ganz simples Kriegerdenkmal am Friedhof, für die Widerstandskämpfer aus Corre

Am Weg dorthin überqueren Sie die ehemalige Bahntrasse. Das Bahnhofsgebäude ist noch zu sehen, ebenso ein Streckenwärterhäuschen unweit der Straße. Zwischen beiden, wo sich früher die Gleise des Bahnhofs aufgefächert haben („Gleisharfe"), wurde parzelliert, es wuchs eine kleine Siedlung, die Streckenführung ist aber noch zu erahnen

Postamt neben der Kirche, an der Straße parallel zum Kanal

Apotheke MO–FR 9–12 und 14–19.30 Uhr, SA bis 18 Uhr (in der Hauptstraße)

Bäckerei mit Tabak und Getränken die Hauptstraße entlang, oberhalb der Apotheke und der Bar Chez Max (sh. unten). 6.30–12.30 und 15–19.30 Uhr; MI nachm. und SO nachm. geschlossen; 03 84 92 50 48

Supermarkt (Intermarché) am Ortsrand (Hauptstraße Richtung Chatillon). Es gibt

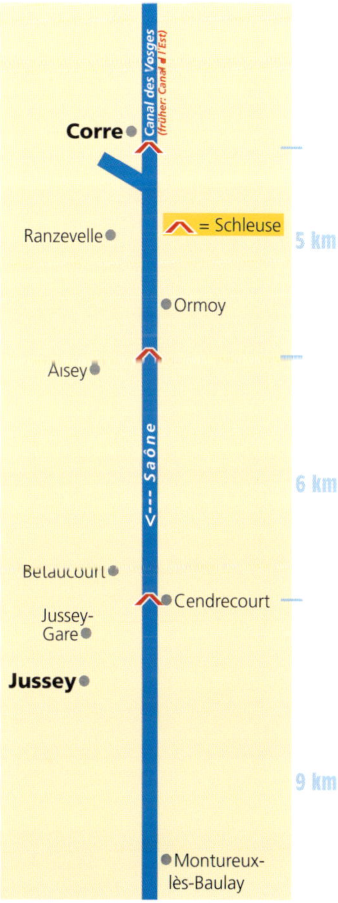

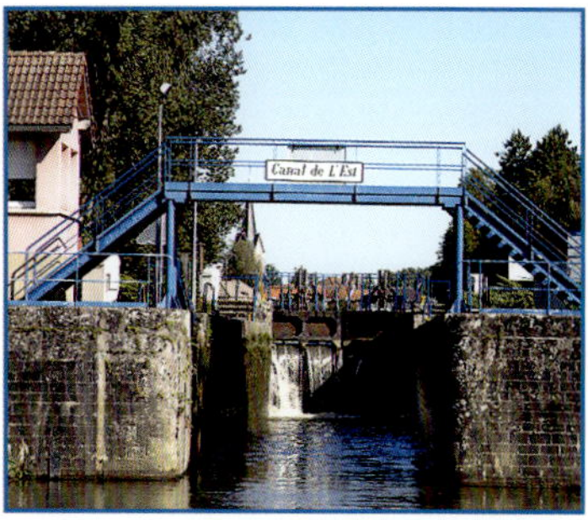

Einfahrt in die Schleuse von Corre hinauf auf den Canal des Vosges.

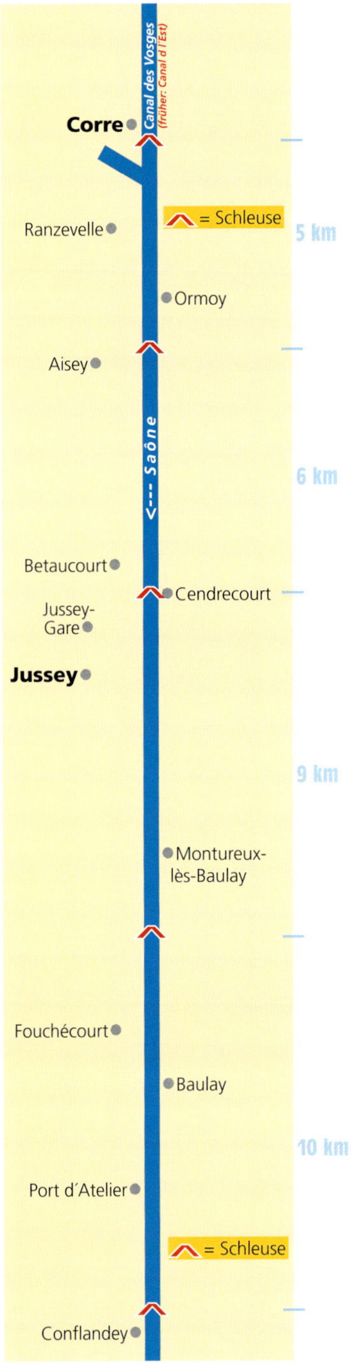

dort auch Gas. MO–FR 8.30–12.15 und 14–19.15, SA 8.30–19 und SO 9–12 Uhr

Du Centre oder auch Chez Max heißt eine Bar mit angeschlossenem einfachem Restaurant, wo man mittags (12 Euro) und abends (meist 19 Euro) speisen kann (hervorragende Kritiken von einigen Hausboot-Fahrern, allerdings auch einige massive Beschwerden!). Das Ambiente ist jedenfalls recht originell, die Einrichtung hat sich in den 30 Jahren, die ich das Lokal nun kenne, nicht geändert. SO abends und MO Ruhetag; 03 84 92 50 77

La Marina nennt sich das Restaurant im Hafen unterhalb der Schleuse. Man sitzt dort recht angenehm, wenn auch ausschließlich unter anderen Bootsfahrern – Einheimische verirren sich nicht hierher. Das Restaurant scheint unter keinem guten Stern zu stehen, wie die häufigen Besitzerwechsel mit langen Leerständen zeigen. Menü 13 Euro, à la carte nur geringe Auswahl. Ich fürchte, auch diesmal wird es das Restaurant nicht sehr lange machen. MI und DO geschlossen, 03 84 92 58 45

Taxi Manu 03 84 92 62 62 oder 06 83 11 20 23; in Vauvillers (etwa 5 km entfernt) gibt es Taxi Bourgogne: 03 84 92 80 81 bzw. 06 08 71 38 84

Jonvelle PK 406

In Jonvelle, 6 km westlich von Corre und am nicht mehr schiffbaren Teil der Saône gelegen, wurde bei Ausgrabungen ein gallo-romanisches Mosaik (2. Jh.) samt Hypokausten-Heizung und Kanalisation einer Villa entdeckt. Zu sehen im Museum am Ortsrand.

Die Kirche stammt aus dem 12. Jh.

Passavant-la-Rochère PK 406

In 10 km Entfernung von Corre (nicht am Fluss) liegt Passavant, zu dem der kleine Ort La Rochère gehört. Dort befindet sich eine Glasbläserei, die man besichtigen kann. Sie wurde 1475 gegründet und ist die älteste noch aktive in Frankreich. Bitte erwarten Sie keine romantische kleine Glashütte – die Anlage hat die Dimension einer mittleren Fabrik, die Verkaufsausstellung ist in einem Steinbau aus dem 17. Jh. untergebracht Ein Ausflug dorthin mit dem Fahrrad ist nur sehr geübten Sportlern zu empfehlen, da es ständig bergauf und bergab geht – und

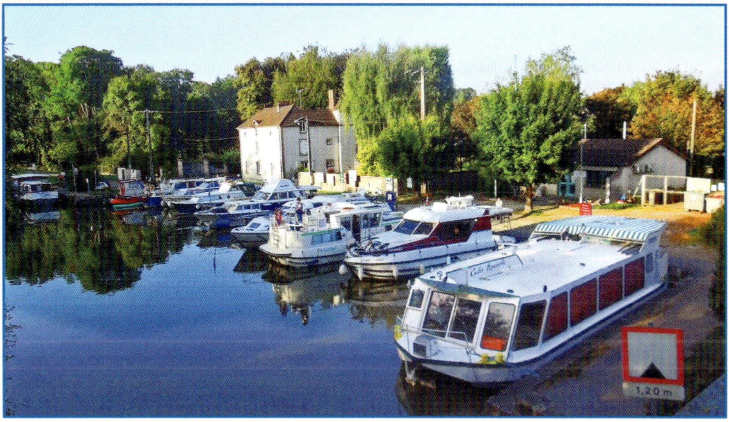

Anleger in Corre OH der Schleuse.

das nicht zu wenig. Besser also ein Taxi nehmen. Die Verkaufsausstellung kann man 1. 4. bis 1. 10. MO–SA 10–12 und 14.30–18 Uhr besuchen, sonn- und feiertags nur nachmittags. Die Glaserzeugung selbst kann man MO–SA 10–12 und 14.30–18 Uhr, außer an Sonn- und Feiertagen sehen. Ende Juli bis Ende August sind die Glasbläser allerdings auf Urlaub. Kostenlose Besichtigung, 03 84 78 61 00

☞ Wer den Canal des Vosges weiter hinauffährt, kann die Glasbläserei von Selles aus leichter erreichen als von Corre (ca. 6 km, hügelig, aber mit dem Fahrrad zu schaffen)

Ranzevelle PK 405

Befestigtes Schloss auf einer Anhöhe am RU mit ein paar Häusern, vom Fluss aus allerdings schlecht zu erreichen.

Ormoy PK 402

Ein urtümliches, wehrhaftes und ausgesprochen sehenswertes Dorf mit zwei Waschplätzen am Kanal, dazwischen eine nette Anlegestelle.

⚓ Sehr idyllischer Platz mit 2 Pollern und in der Orts-Mitte, auch beim Waschplatz am oberen und am unteren Ortsende kann man bequem anlegen

Kirche; gegenüber ein interessantes Portal (16. Jh.), der letzte Rest eines verfallenen Hauses. Schräg gegenüber befinden sich zwei befestigte Bauernhöfe mit Wehrtürmen, die wie einige andere Gebäude die weit zurückreichende Vergangenheit des Ortes belegen

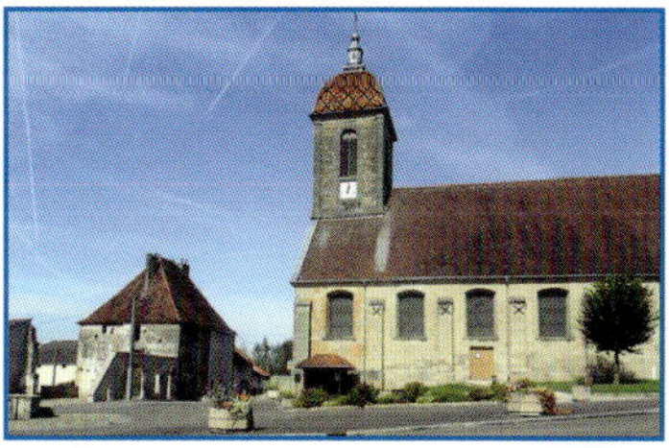

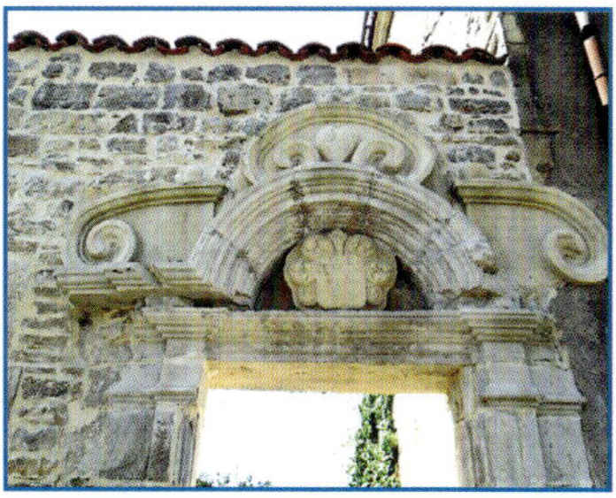

Ormoy: die Kirche und das Portal eines der stattlichen Höfe im Ort.

Weiter die Straße hinunter ist rechter Hand ein renovierter Bauernhof (Stein ohne Verputz) mit deutlichem Wehrcharakter

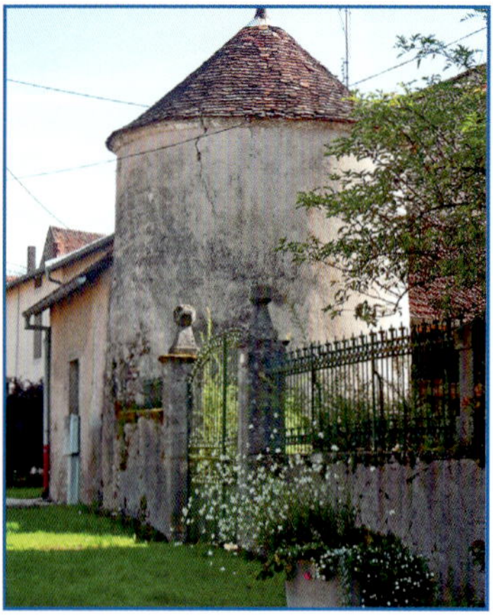

Ormoy: Taubenturm.

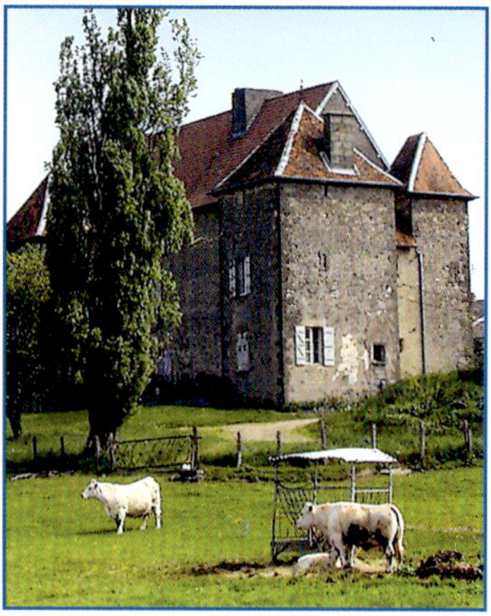

Das Schloss von Cendrecourt.

(zwei massive Türme mit quadratischem Grundriss) zu sehen. Über die kleine Straße zur Rechten gelangt man auf die Brücke über den Kanal. Beim ehemaligen Waschplatz am Kanal findet man übrigens eine gute Anlegestelle (genau auf Höhe der nicht renovierten Rückseite des oben beschriebenen Hofes), falls weiter oben kein Platz mehr ist

🍽 In einem Hof versteckt, jedoch endlich durch ein Schild an der Straße gekennzeichnet, trifft man auf eine sympathisch einfache Bar namens L'Embuscade. Geöffnet ist „wenn ich da bin", wie die 7/7 anwesende Besitzerin erklärt. Ein Kir kostet nur 1,50 Euro, Essen (12 Euro) gibt es leider nur noch gegen Reservierung am Vortag. Sollte gerade niemand anwesend sein, wenn Sie die Bar betreten: Gehen Sie ruhig nach hinten in den mit einem Vorhang abgetrennten Teil durch und läuten Sie an der Glocke, die bei der Tür hängt; es kommt dann bald jemand. 03 84 92 50 21

🍽 Unten an der Parallelgasse zum Kanal, etwas oberhalb des Anlegers, finden Sie das Maison Le Roux, ein originelles Mischmasch aus Kunst und Gastronomie. Es gibt Tee, Sandwich und abends sogar ein Menü, wenn Sie es vorab bestellen: 06 77 49 92 17

Schleuse 1 Ormoy (3,30 m) PK 401

Fahrzeiten-Tabelle Seite 6.

Aisey PK 401

Am RU auf einer Anhöhe; sieht vom Fluss zwar malerisch aus, bietet aber keine Infrastruktur.

Betaucourt PK 396

Für diesen kleinen Ort gilt leider das gleiche wie für Aisey, obendrein ist das Dorf nur sehr umständlich zu erreichen. Daher wird es Sie auch nicht interessieren, dass es hier 2 Waschhäuser gibt.

Schleuse 2 Cendrecourt (2,70 m) PK 392

⚓ Wer zur Anlegestelle (Holzsteg für 2–3 Boote) beim Campingplatz von Jussey will, biegt scharf rechts ab und fährt die Saône 100 m hinauf. Ein brauchbarer Anlegeplatz befindet sich auch im Bereich der Brücke ein wenig flussabwärts (leichterer Zugang nach Cendrecourt und Jussey-Gare)

Cendrecourt PK 392

Am einfachsten ist der Ort über die Brücke nach Jussey erreichbar. Von dort aus ist das Schloss aus dem 14. Jh. am besten zu sehen, das heute als Bauernhof Verwendung findet. Im kleinen Dorf gibt es neben einigen mittelalterlich anmutenden Bauwerken, einem Waschhaus und der obligaten Kirche (18. Jh.) nichts Wesentliches.

Der fahrende Bäcker kommt am SO gegen 12, sonst gegen 10 Uhr in den Ort

Jussey und Jussey-Gare PK 392

Am RU liegen die beiden Orte Jussey-Gare (Bahnhof mit einigen Häusern) und Jussey. Die beste Anlegestelle für Jussey-Gare ist entweder beim Campingplatz, 100 Meter den Saône-Arm aufwärts (unterhalb von Schleuse 2, siehe oben), oder bei der Brücke. Von diesen beiden Anlegeplätzen sind es bis Jussey-Gare etwas unter 2 km, bis in den eigentlichen Ort Jussey dann nochmals 2 km.

Eine gute Anlegestelle für Jussey findet man bei PK 389, wo ein aus Jussey kommender Mühlbach mündet (Seitenarm der oberhalb einmündenden Mance, der in der Du-Breil-Karte falsch eingezeichnet ist). Das Wasser ist am Ufer nicht sonderlich tief, daher mit abstehendem Heck festmachen. Über eine kleine asphaltierte Straße geht man 2 km bis zum Zentrum von Jussey

JUSSEY-GARE ist eine um die Bahnstation herum gewachsene Siedlung. Uninteressant, keine Einkaufsmöglichkeiten und seit 2009 auch keine Restaurants mehr.

JUSSEY: Sehenswertes Städtchen mit einigen netten Häusern und einer weit zurückreichenden Geschichte.

Geht man, von der Rue Gambetta („Hauptstraße") rechts neben der Kirche hinauf, kommt man in die Rue Charles Bontemps. Dort ist als „Wahrzeichen" des Ortes ein Turm mit interessanten Motiven zu sehen, an den ein Haus neueren Datums angebaut wurde (wenn Sie sich krank fühlen: dort wohnt der Arzt des Ortes). Für Architektur-Liebhaber ist Jussey überhaupt ergiebig. Der ehemals sehr wohlhabende Ort erfreut durch zahlreiche Bauwerke unterschiedlichster Stile und Epochen (15. bis 18. Jh.). Der starke italienische Einfluss erinnert an die Häuser im unweit gelegenen Scey-sur-Saône

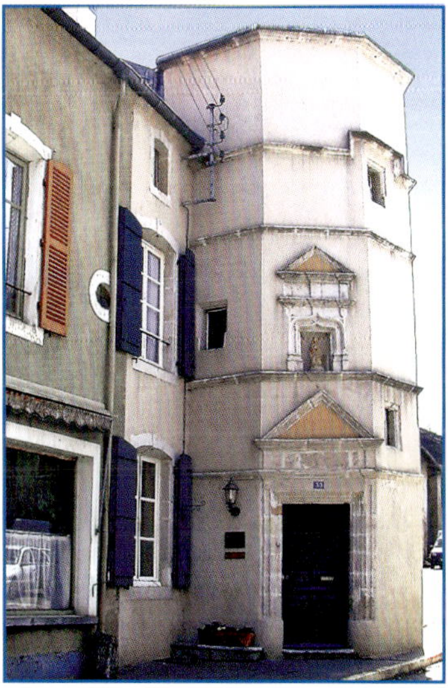

Jussey: Turm als „Wahrzeichen".

Alle Einkaufsmöglichkeiten (kleiner Supermarkt / Casino; führt auch Gas) und Bank, Post, Bankomat und Apotheke im Zentrum (so ziemlich alle in der Rue Gambetta versammelt)

Am oberen Ortsende findet man einen großen Supermarkt (Intermarché) mit Tankstelle und Gas

Einfaches Bistro L'Aigle Noir mit Menüs zwischen 13 und 21 Euro; mittags und abends, 03 84 68 10 04

Restaurant Calyptus in der Rue Gambetta (unscheinbar in der Hauptstraße gelegen, gegenüber vom Aigle Noir): Hier kocht der ehemalige Koch aus dem geschlossenen Hotel-Restaurant Christina, dem viele Stammgäste gefolgt sind. Die Menüs mit 13, 19, 24 und 29 Euro haben ein gutes Preis-Leistungs-Verhältnis; es ist das empfehlenswerteste Restaurant in Jussey. SO abends und MO geschlossen, DI, MI und DO abends zu. 03 84 91 03 16

Die Saône ist in ihrem oberen Abschnitt ein wahrlich schmales Flüsschen und **mäandriert hier heftig** – ein netter Wasserweg, der in seiner Breite oft noch an einen Kanal erinnert.

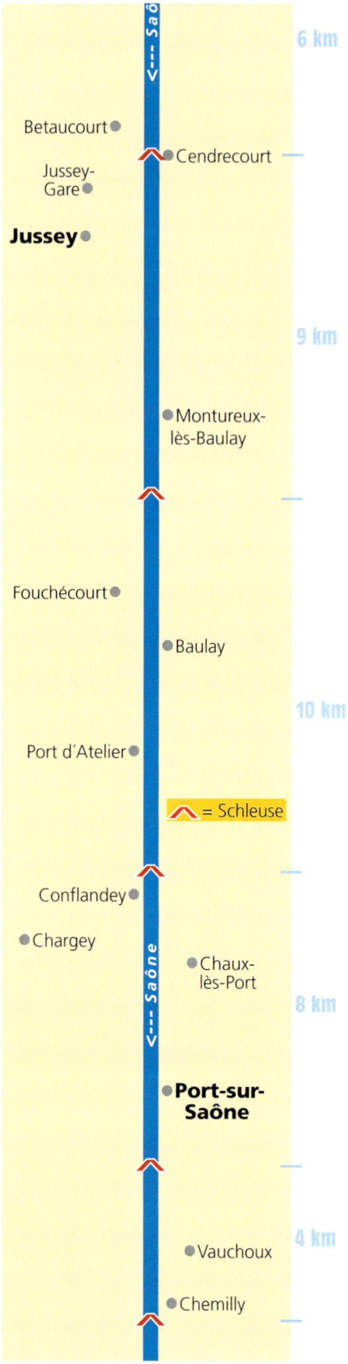

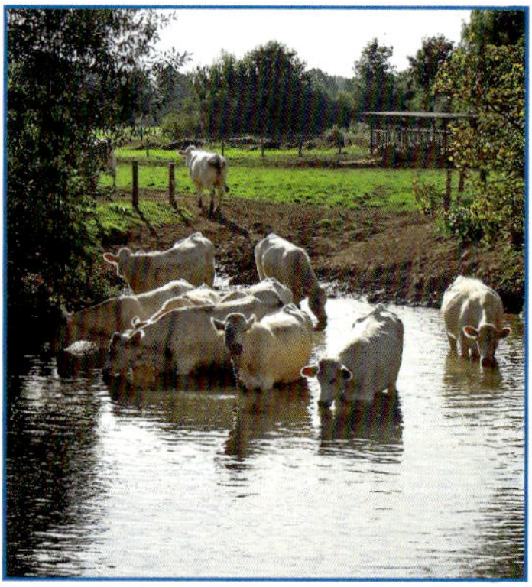

Charolais beim „Baden" im Fluss.

Bar-Brasserie Au Bon Coin, ebenfalls in der Rue Gambetta; Mittagsmenü 13 Euro; Küche am SO nur gegen Voranmeldung.; 03 84 92 22 19

Einen auch in ländlichen Orten mittlerweile unvermeidlichen Kebabladen findet man weiter oben

Taxi 06 85 20 36 93, 03 84 68 10 99

Das Fremdenverkehrsamt befindet sich in der Rue Gambetta

Montureux-lès-Baulay PK 384

Kleiner Steg am oberen Ortsende, man kann aber auch direkt am LU vor Schloss und Kapelle anlegen (Pflöcke)

Am unteren Ortsende liegen das Schloss und die kleine Kirche, die auch vom Fluss gut zu sehen sind. Angenehmer Anlegeplatz am LU, man hat dann Schloss und Kirchturm mit seinen farbenfrohen glasierten Dachziegeln vor Augen

Der Turm der Kapelle stammt aus dem 12. und 13. Jh.

Zwei Waschhäuser

Schleuse 3 Montureux (2,00 m) PK 383

Fouchécourt PK 381

Das Dorf liegt auf einer Anhöhe über der Saône (RU), hat aber außer einigen sehr alten Gebäuden nichts zu bieten.

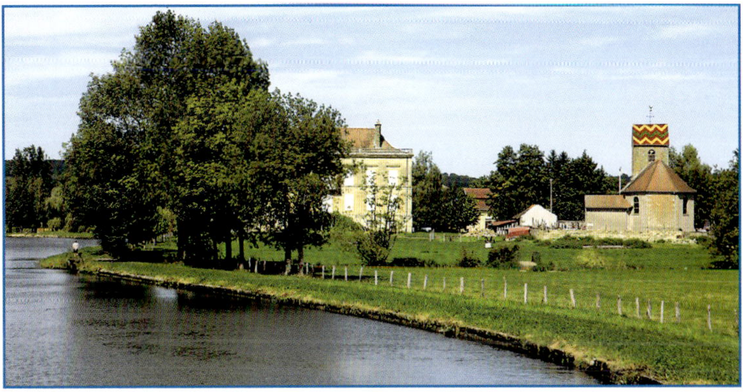

Montureux: ausgezeichnete Liegemöglichkeit vor Schloss und Kapelle.

⚓ Für Besucher gibt es einen eigenen kleinen Steg im Fluss, im Hafen ist kein Platz (Privatboote)

Die Holzstatuen der Kirche stammen aus dem 18. Jh. und sind vergoldet

Im Hafen befinden sich Waschmaschine und Trockner

Bar-Restaurant Le Petit Port: mittags und abends Menü, DI geschlossen. 03 84 68 77 74

Baulay PK 380

⚓ Bei der Brücke finden Sie einen hölzernen Steg für 2–3 Boote mit Wasser (dzt. gratis)

Etliche alte befestigte Höfe machen einen Spaziergang durch den Ort interessant

Typisches Waschhaus

Oben im Ort, beim Brunnen rechts, gibt es eine Bar-Épicerie (Lebensmittel), wo man auch Brot und Gas bekommt (MI geschlossen)

Port d'Atelier Village und Port d'Atelier PK 376

Am RU liegt Port d'Atelier Village, das keinerlei Einkaufsmöglichkeiten bietet. Der für die verschlafene Gegend unwahrscheinlich große Güterbahnhof in Port d'Atelier diente der Versorgung der Usine Conflandey, wo seit 1901 Draht hergestellt wird. Der Betrieb wurde 2006 von Saarstahl übernommen. Es wird zwar noch produziert, die Gleisanlage ist aber kaum mehr in Verwendung und von Unkraut überwuchert.

Wer etwas benötigt, muss nach Port d'Atelier am LU hinaufgehen (ca. 1 km). Dort gibt es eine Bäckerei (schräg gegenüber der Kirche), die auch Lebensmittel und Gas verkauft. DI, DO, SA jeweils nachmittags und SO ganztägig geschlossen.

Schleuse 4 Conflandey (2,00 m) PK 373

Conflandey PK 372

Der Ort auf einer steilen Anhöhe am LU ist weniger interessant (abgesehen von einigen sehr alten Höfen und seiner Aussicht auf die unten beschriebene Flusslandschaft). Interessanter sind schon die Insel mit ihrem Schloss und die Hängebrücke, die dorthin führt. Um die Insel fahren Sie herum: bergauf auf der einen, bergab auf der anderen Seite (Schilder beachten).

⚓ Eine sehr gute (schattige) Anlegestelle, findet man am RU, allerdings gehört der Steg zu einem Privathaus, das früher ein Bar-Restaurant war. Früher konnte man

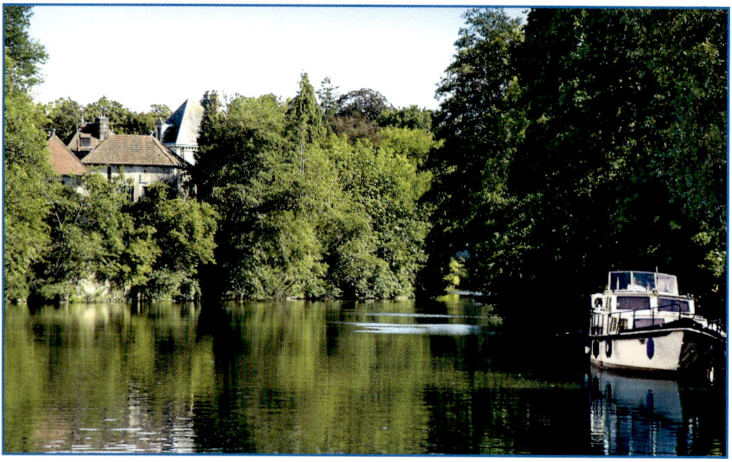

Conflandey: Das Schloss liegt auf einer Insel in der Saône.

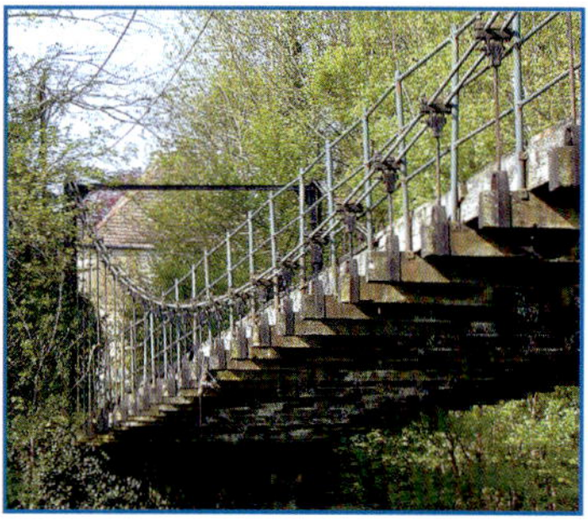

Conflandey: Die Hängebrücke zum Schloss ist eine sehenswerte Konstruktion.

durch den Gastgarten gehen, heute ist der Bereich privat und abgesperrt (wenn auch nur mit einer symbolischen Kette). Landgänge sind also nicht mehr möglich.

Auf der Insel in der Saône befindet sich ein mächtiges Schloss, das in Privatbesitz ist und nicht besichtigt werden kann. Die Insel überquert man auf einem Betonsteg auf „Stelzen": Man gelangt so zum Schloss und zur Brücke, die auf die andere Seite des Flusses führt. Es ist dies eine Hängebrücke, die beim bloßen Gehen schon recht ordentlich schwingt und auch für sich allein eine Besichtigung wert wäre. Nutzen Sie diese Möglichkeit, das Schloss und die Brücke kennen zu lernen. Die Errichtung des „Betonsteges" als Verbindung zwischen den beiden Brücken sowie die Anlage des Schlosses lassen darauf schließen, dass die Insel bei Hochwasser rund einen Meter unter Wasser stehen kann

Chargey PK 372

Rund 3 km vom RU entfernt liegt Chargey, das über Fleischer und Lebensmittel verfügt. Die Kirche mit ihrem Säulenportal ist in der Region ziemlich einzigartig (ähnliche Bauformen des 18. Jh. finden sich erst weiter flussabwärts, die meisten Kirchen in der Region sind viel älter).

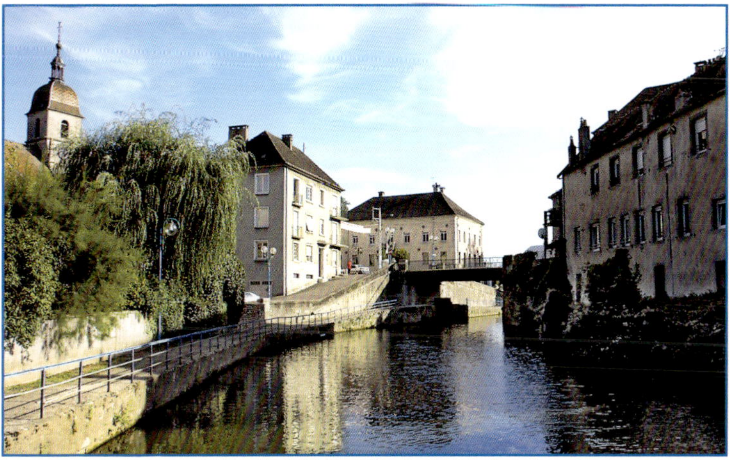

Kanalabschnitt mit kurviger Einfahrt nach Port-sur-Saône.

Chaux-lès-Port PK 370

Am RU, gegenüber von Chaux-lès-Port (ein Ort ohne Einkaufsmöglichkeiten oder sonstige Besonderheiten) soll sich angeblich eine Grotte inmitten des Waldes befinden. Ich habe sie noch nicht gefunden. Helmut Huber hat berichtet, man findet sie, wenn man bei PK 369,5 anlegt.

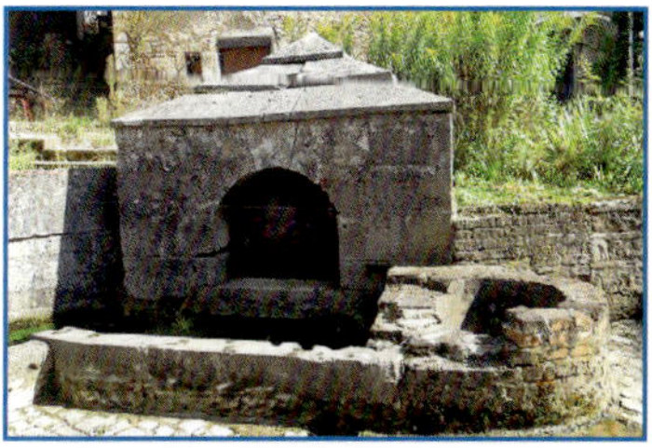

Port-sur-Saône PK 366

Ehemalige Hauptstadt der Region mit gallo-romanischem Ursprung. Eine wirklich sehenswerte Fahrsituation bietet dieses Städtchen, wenn man mit aller Ruhe die S-Kurve bei der Brücke durchfährt. Port-sur-Saône ist die erste größere Ansiedlung, wenn man die Saône abwärts fährt (hier lauert ein versteckter Hinweis für alle, die aufwärts fahren: Oberhalb gibt es nur noch kleinere Dörfer).

Im Ort selbst gibt es gleich nach der Brücke gute Anlegemöglichkeiten am Kai mit ein paar Pollern. Hier bezahlt man für keinerlei Leistung (es gibt weder Wasser noch Strom) 4 Euro Liegegebühr, weil der Betreiber des weiter unten liegenden Hafens dieses Stück Kai gemietet hat – eigentlich eine Frechheit. Der neue Hafen befindet sich unterhalb, verfügt über Schwimmpon-

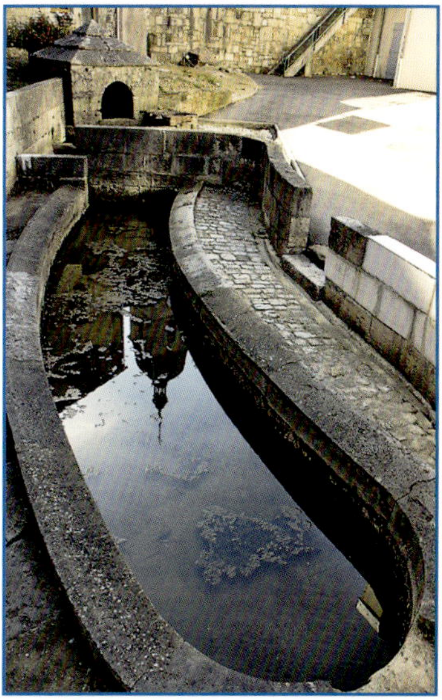

Port-sur-Saône: ehem. Waschplatz.

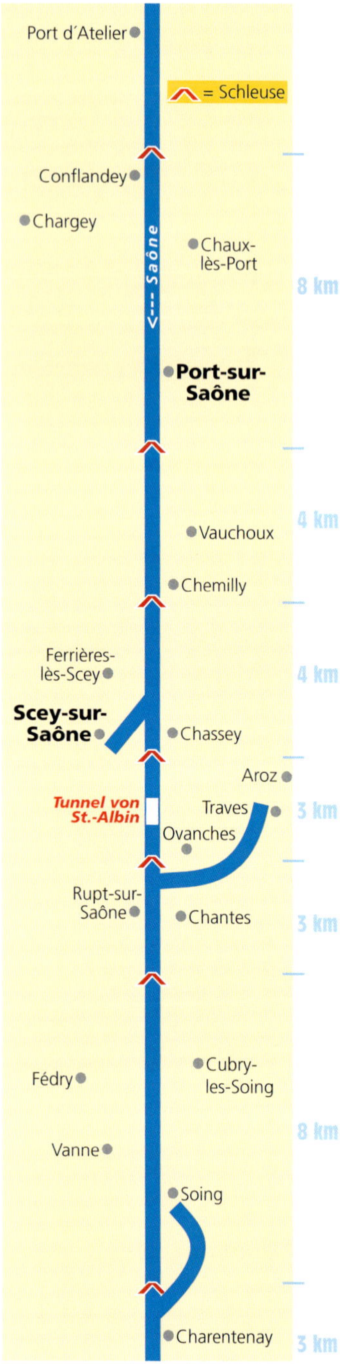

tons und liegt neben einem Campingplatz mit Tennisplatz. Wer Pflöcke einschlägt, kann am LU unterhalb der Poller und am RU unterhalb des Hafens kostenlos festmachen

Die Stephanskirche und die mächtige Petersbrücke (die Kanal, Mühlarm und den Fluss überspannt) stammen aus dem 18. Jh. Aus der alten Fabrik auf der Insel entstanden in den letzten Jahren ein Wohnhaus und ein Postamt. In der Rue Bogé gibt es ein paar interessante Häuser zu sehen. Das Waschhaus und seine Anlage unterhalb der Brücke sind einmalig

Eine Malerei auf einer Feuermauer am Kirchenplatz, an der man nur allzu leicht vorbei geht, nennt sich „Fresko der Menschenrechte"

Und wenn Ihnen eine Statue den Platz auf der Sitzbank wegnimmt: Sie ist eine von drei Bronze-Skulpturen, die Menschen aus Europa, Asien und Afrika darstellen und zur Toleranz aufrufen

Alle Einkaufsmöglichkeiten. Natürlich gibt es auch Post, Banken (mit Bankomat) und Apotheke

Einen ausgezeichneten Bäcker und einen Fleischer findet man am LU die Hauptstraße (die über die Brücke führt) hinauf

Ebenfalls in diese Straße treffen Sie auf den Tabakladen und die Apotheke

Ebenfalls am LU: die Bar Niagara, die bis 1 Uhr morgens geöffnet hat (MO geschlossen). Ganztags gibt es warme Speisen wie Chili con Carne, Coq au Vin und Pizza um rund 10 Euro

Empfehlenswert ist das (oberhalb der Brücke) direkt am Kanal gelegene Restaurant de la Marine (MI abends und DO Ruhetag), das von vielen Hausboot-Urlaubern ausgezeichnete Empfehlungen erhielt; wer von unten kommt und es daher nicht vom Vorbeifahren kennt: Folgen Sie einfach dem Treidelpfad, 300 m oberhalb der Brücke treffen Sie auf das Restaurant (Menü 13, 18, 26, 42 Euro); 03 84 91 51 00

Ein „Geheimtipp" ist das neben der Brücke am RU des Flusses gelegene Hôtel-Restaurant Pomme d'Or; Menüs um 13, 21 und 27 Euro; SO abends, MO ganztägig und DO abends geschlossen; 03 84 78 14 16

Fahrzeiten-Tabelle Seite 6.

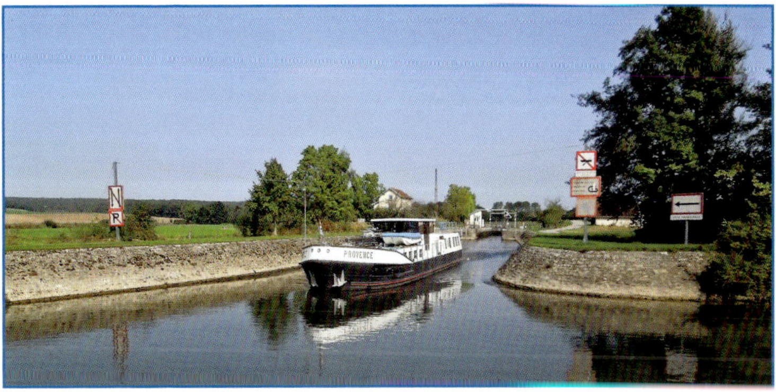

Ein Privatboot kommt aus der Schleuse unterhalb von Port-sur-Saône.

Beim Hafen, neben dem Campingplatz, finden Sie das Chalet de la Plage, MO abends und DI abends geschlossen; einfaches Ambiente Marke „Campingplatz", aber freundliches Personal; 03 84 92 06 09

Am LU die Straße hinauf finden Sie auch noch Kebab und Take-Away-Pizza

OT 03 84 78 10 66

Schleuse 5 Port-sur-Saône (1,9 m) PK 364

Vauchoux PK 362

Am besten kommen Sie nach Vauchoux, wenn Sie entweder bei Schleuse 5 oder bei Chemilly festmachen. Bequem geht es auch von Port-sur-Saône aus (ca. 3 km; Fußmarsch, Fahrrad oder Taxi). Wer es querfeldein probieren will: UH des Waldes findet man ein paar brauchbare Anlegeplätze (Pflöcke einschlagen), wo man über Wiesen in den Ort gelangt

Waschhaus, unweit der Kirche

Wer exzellent speisen will und über das nötige Kleingeld verfügt, kann einen „Landausflug" nach Vauchoux einplanen. Im Château de Vauchoux kocht Jean Michel Turin Menüs um 78 bis 240 Euro, Hauptspeisen zwischen 30 und 70 Euro. Saucen scheinen das wichtigste Thema des Kochkünstlers zu sein, durch deren kräftige Präsenz unterscheidet er sich auch von anderen Könnern in dieser Klasse (Lameloise in Chagny / Canal du Centre, Meulien oder Greuze in Tournus). „Schloss" mag für das in der dörflichen Häuserzeile integrierte Gebäude (am südlichen Ortsrand gelegen) eine Übertreibung sein, es handelt sich um einen Jagd-Pavillon von Ludwig XV. Der etwas schwülstige Speisesaal ist im Louis-Seize-Stil eingerichtet. Gäste können den Swimmingpool des Hauses benutzen. Nur DO–SO geöffnet (für Gruppen gegen Anmeldung auch MO–MI möglich), 03 84 91 53 55

Schleuse 6 Chemilly (0,7 m) PK 360

Chemilly PK 360

Im Ort steht ziemlich dominant das wahrscheinlich hässlichste Schloss entlang der Saône. Das Hauptgebäude hat ein flaches Dach, drei turmartige Baukörper werden von ihm überragt. Es ist in Privatbesitz und kann nicht besichtigt werden, man darf jedoch die Anlage betreten und bis zum zweiten Tor vorgehen. Das Schloss liegt auf einer Anhöhe.

Gleich gegenüber, auf einer kleinen Insel, sieht man ein privates Wohnhaus in Form eines Beton-Pfahlbaus aus den 1960er Jahren, das von einem Schüler von Le Corbusier geplant wurde

Hat sich was geändert?

Preise können sich ändern, Restaurants den Besitzer wechseln oder Geschäfte geschlossen werden. Bitte informieren Sie mich! (sh. Seite 5)

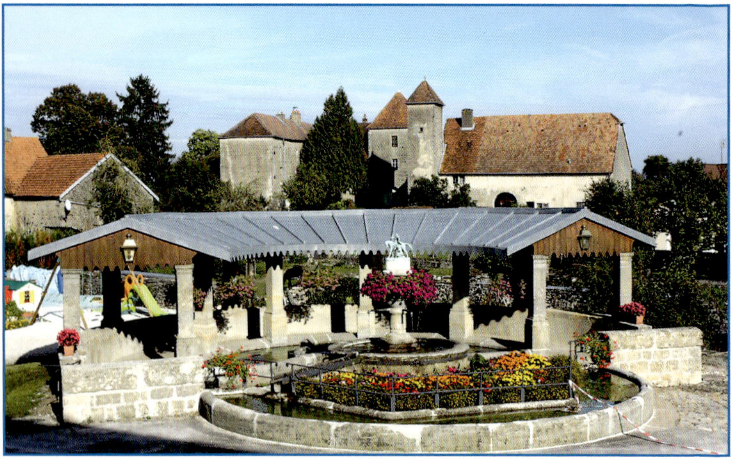

Ferrières-les-Scey: sehenswertes Waschhaus und Schloss aus dem 16. Jh.

Ferrières-lès-Scey PK 359

Der Name deutet auf die Erzvorkommen hin, die hier früher abgebaut wurden.

⚓ Der Ort ist am besten von der Brücke bei PK 361 oder von Scey aus zu erreichen

Alte Höfe, ein ebensolches Schloss (16. Jh., privat), ein gepflasterter Bach und vor allem ein sehenswertes ehemaliges Waschhaus mit halbkreisförmiger Anlage und Brunnen warten hier auf den Besucher

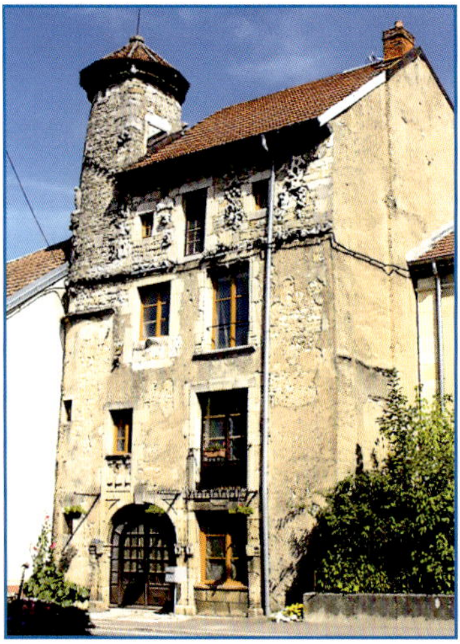

Maison Espagnol in Scey-sur-Saône.

Scey-sur-Saône PK 356

Kleines Städtchen an der Saône mit rund 1.800 Einwohnern, das schon in der Römerzeit besiedelt und für zwei salzhaltige Quellen bekannt war (daher stammt auch der Name Scey). Alle Einkaufsmöglichkeiten. Es gibt zwei Zentren: den Teil direkt am Fluss und den bei der Kirche.

⚓ Eine Anlegestelle direkt beim Ort finden Sie knapp oberhalb der Brücke; der Ponton bietet vier, fünf Booten Platz. Eine schöne Stelle, knapp neben dem Wehr; Wasser (verfügbar nur während der Öffnungszeiten des Campingplatzes = Mitte Juni bis Ende August) 3 Euro, Anlegen 4 Euro. Im Kanal, der die Flussschlinge abschneidet, befindet sich ein geräumiges Hafenbecken, auch bei den alten Ladekais kann man anlegen. Vom großen Hafenbecken im Kanal führt ein nachts beleuchteter Gehweg in den Ort

DER ORTSTEIL BEIM FLUSS

An der Hauptstraße, rechter Hand, finden Sie das „spanische Haus" (La Maison Espagnol). Es zeigt unverkennbar südländischen („spanischen") Einfluss, wie dies auch bei etlichen anderen Häusern im Ort der Fall ist, und stammt aus der Zeit der spanischen Besatzung (um 1650)

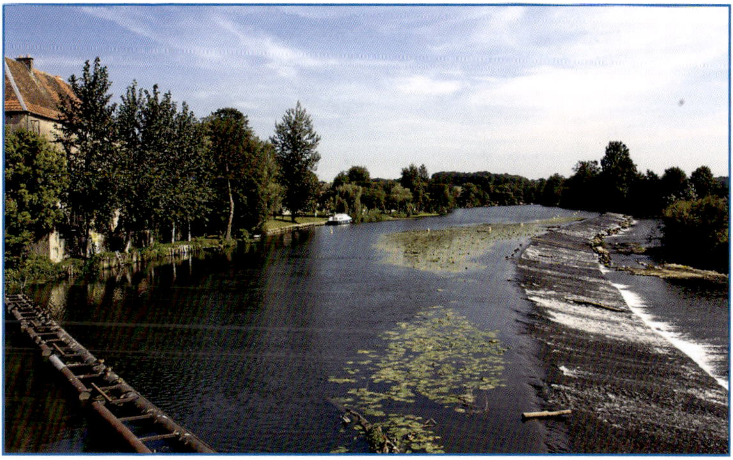

Scey-sur-Saône: Eine idyllische Anlegestelle, nur knapp neben dem Wehr.

Gewand-Museum mit Ausstellungsstücken aus allen Epochen an der Kreuzung (Kreisverkehr) weiter oben; am Wochenende und an Feiertagen geöffnet, 03 84 68 81 77

Direkt bei der Brücke gibt es eine empfehlenswerte Bäckerei, die zur Mühle gehört

Apotheke in der Hauptstraße

Ein von außen klein wirkender Carrefour Contact (Supermarkt) erweist sich als ausreichend groß für jeden Einkauf; MO–SA 8–20 und SO 9–13 Uhr geöffnet; größere Einkäufe werden auch aufs Boot zugestellt

Le Chanois nennt sich ein Bar-Restaurant, das in einem hässlichen Kasten untergebracht ist, jedoch freundliche Besitzer (Fabienne und Lionel Prochon) aufweist, viele einheimische Gäste und ganz gutes Essen hat. Es liegt in der Avenue de Verdun am oberen Ende einer Siedlung, vom Kreisverkehr die Straße hinauf (nicht die Hauptstraße nach Port-sur-Saône, sondern die andere, scharf rechts). Mittagsmenüs um 13, sonst 22 Euro; Pizza; MO, DI und MI ist jeweils abends geschlossen; dumm für Bootsfahrer, dass der jährliche Betriebsurlaub Ende Juli bis Mitte August stattfindet; 03 84 68 86 75

Direkt bei der Brücke über den Kanal (gegenüber vom großen Hafenbecken) finden Sie das Restaurant Les Deux Ports, das Menüs um 13, 24 und 32 Euro anbietet. Juli und August 7/7, sonst SO abends und MO geschlossen; 03 84 92 76 14

Pizza zum Mitnehmen gibt es in der Hauptstraße vor dem Kreisverkehr

Taxi 03 84 86 85 40

OT in der Rue Armand Paulmard (Hauptstraße); Mai bis September DI–FR 9–12.30 und 13.30–18, SA bis 16.30 Uhr, Juli und August auch MO 13.30–18 Uhr, Wintermonate reduzierte Zeiten. 03 84 68 89 04

DER ZWEITE ORTSTEIL

Wenn Sie die Hauptstraße bis zum Museum gehen und sich halblinks halten, kommen Sie zur Allée Noire, die zum Schloss St.-Albain führt, zur Kirche, zum kleinen Waschhaus und zur Grotte

Ältestes Gebäude von Scey-sur-Saône ist das Schloss St.-Albin, das in seinen Ursprüngen auf das 12. Jh. zurückgeht. Die Allée Noire, die im Gemeindeeigentum steht, führt direkt von Scey an den alten Stallungen vorbei bis zum Eingang zum immens großen Schlosspark (ca. 1,5 km entfernt). Von dort kann man einen Blick auf das herrschaftliche Gebäude werfen

Tipp!

Scey-sur-Saône ist auf jeden Fall einen Aufenthalt wert, allein wegen der idyllischen Anlegestelle im Flussarm beim Wehr.

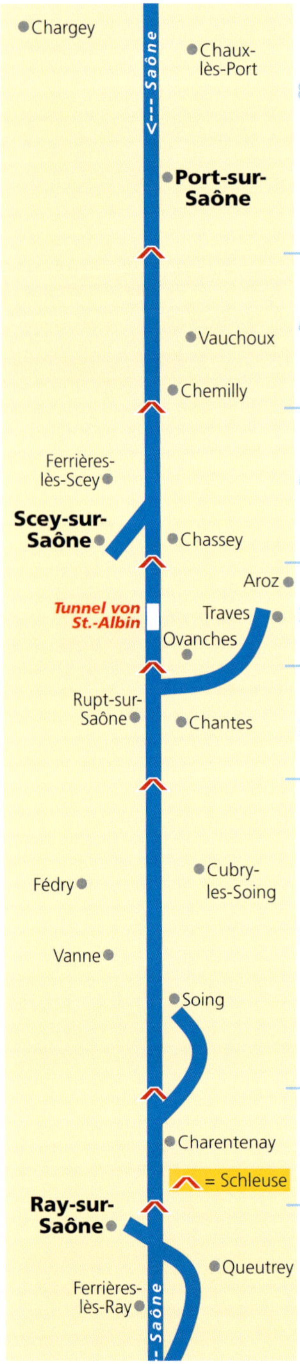

Die Kirche St.-Martin stammt aus der Mitte des 18. Jh. Die in manchen Führern eingezeichnete Fledermaus-Grotte befindet sich unter der Kirche, ist jedoch nicht sonderlich spektakulär; Einheimische berichten, dass das dort dem Fels entspringende Wasser zu einem reißenden Bach anschwellen kann – in den 1970er Jahren sind dort zwei spielende Kinder ertrunken

Von der „großen" Kreuzung an der Hauptstraße führen zwei Wege zur Kirche. An beiden befinden sich sehenswerte Waschhäuser. Das eine ist recht herrschaftlich, das andere in seiner Bescheidenheit schon beinahe rührend. In der Ruelle de Petit Moulin kommen Sie an einer ehemaligen Mühle (heute ohne Rad) vorbei

Das Bar-Restaurant du Centre mit seinem wunderschönen Tulpenbaum auf der Terrasse hat nun wieder geöffnet. Mittags gibt es ein Menü um 13 Euro

Chassey-les-Scey PK 356

Dorf am LU des Kanals, gegenüber von Scey-sur-Saône.

Schloss aus dem 15. Jh (privat)

Schleuse 7 Scey-s.-S. (1,70 m) PK 354

Tunnel von St.-Albain PK 353

Der Tunnel von St.-Albin hat eine Länge von 680 m und wird im Einbahnverkehr befahren (durch Ampel geregelt; Anhalten zwischen den Lichtsignalen verboten). Die Ausfahrt beschreibt eine sehenswerte, aber nicht besonders leicht zu befahrende S-Kurve. Im gesamten Bereich langsam fahren!

Schleuse 8 Rupt (2,70 m) PK 344

Traves PK 348

Biegt man unterhalb der Schleuse 8 links ab, kann man den Flussarm bis deutlich oberhalb der Brücke hochfahren, wo man auf das auf einem Hügel liegende Traves trifft.

Die Anlegestelle des Ortes Traves befindet sich gute 500 m oberhalb der Brücke, in

LU = Linkes Ufer **RU** = Rechtes Ufer (in Fließrichtung) Weitere Abkürzungen sh. Seite 5

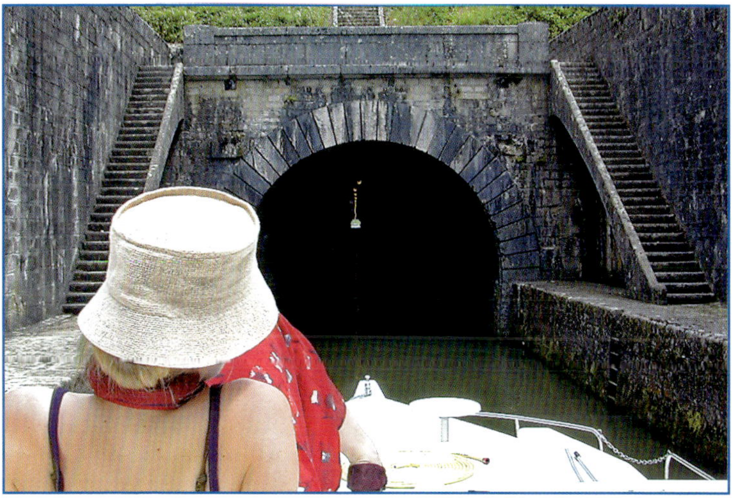

Einfahrt in den 680 Meter langen Tunnel von St.-Albain (Südportal).

einem toten Seitenarm. Die offizielle Fahrwassertiefe von 1,5 m ist nur bis zur Brücke gegeben; Boote mit bis zu 1 m Tiefgang (also alle Mietboote) können (vorsichtig) bis zum Steg von Traves hochfahren

Häuser aus dem 16. Jh., Kirche aus dem 18. Jh.

Gleich beim Anleger finden Sie ein relativ neues Bar-Restaurant namens L'Embarcadère, das vor allem auf der Terrasse ein nettes Flair bietet. Im Sommer ist DI abends und MI–SO mittags und abends geöffnet, Okt.-April meist nur mittags; die Bar sollte ganztags offen sein (was aber nicht immer der Fall ist). 06 81 85 65 85

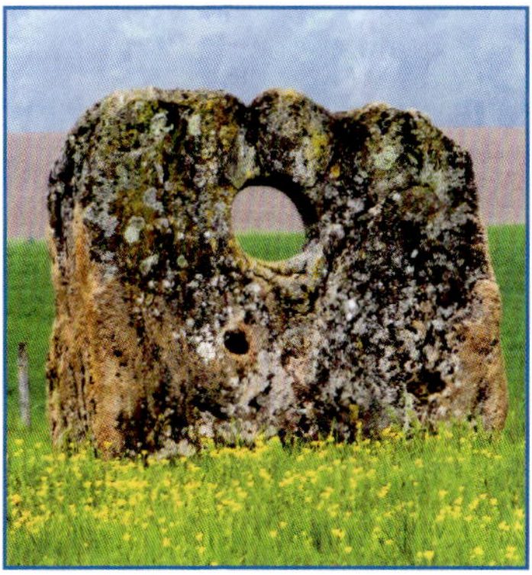

Der Lochstein von Aroz.

Bar-Restaurant „Au Trou de Cabaret": am nordwestlichen Ortsrand an der Straße nach Fretigney; vom Anleger einfach die Durchzugsstraße rund 200 m rechts gehen. MO–SA Mittagsmenü um 13 Euro (4-gängig, inkl. Kaffee und Getränk), einfache, aber gute Küche, freundliche Besitzer; 03 84 78 49 56

Beim Anleger gibt es (hinter den Ferienhäusern) einen Mingolfplatz (Info im Bar-Restaurant)

Aroz PK 348

2 km östlich (landeinwärts) von Traves trifft man auf das Dorf Aroz.

Am besten im Flussarm bei Traves anlegen. Per Fahrrad lässt sich der Ort auch von Schleuse 8 aus erreichen (ca. 5 km), oder von Scey-sur-Saône (ca. 7 km, über Chassey und Bucey)

Ein Rundturm mit gigantischem Durchmesser steht in der Ortsmitte – ein bewohnter Rest einer Burg, die um 1569 zerstört wurde. Zudem gibt es einige sehenswerte alte Stein-Häuser

Die eigentliche Sensation sind allerdings die „Pierres Percées", knapp 2 m hohe Steine mit einem Loch im oberen Teil. Sie stammen aus dem 4. bzw. 3. Jahrtausend vor Christus und sollen eine Rolle bei Begräbnis- bzw. Totenkulten gespielt haben.

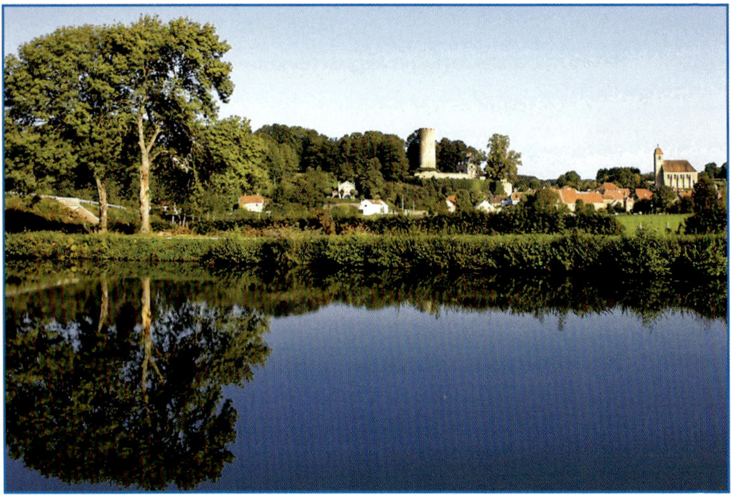

Rupt-sur-Saône: Der Turm ist der letzte Rest einer Burg aus dem 12. Jh.

Tipp!

An einigen Schleusen gibt es die Möglichkeit, Wein, Honig oder Anderes zu erstehen – meist preisgünstig und gut.

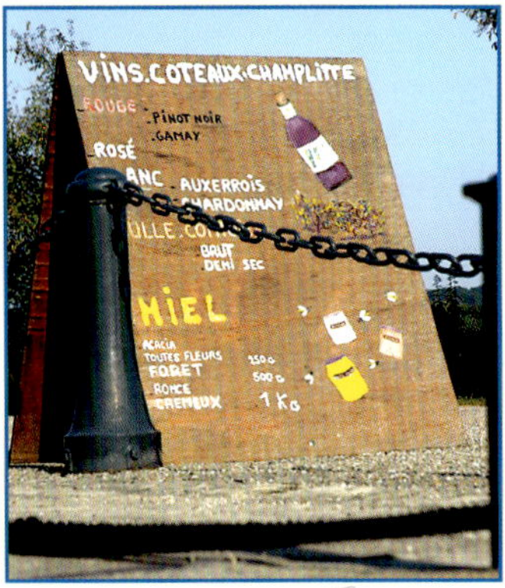

Hat sich was geändert?

Preise können sich ändern, Restaurants den Besitzer wechseln oder Geschäfte geschlossen werden. Bitte informieren Sie mich! (sh. Seite 5)

Mit dem Stein wurden Grabkammern verschlossen, das Loch diente der Seele als „Durchschlupf". Ein Stein steht 300 m außerhalb von Aroz und ist gut beschildert, den zweiten finden Sie an der Straße zwischen Aroz und Bucey-les-Traves

Die Kirche des 1089 erstmals erwähnten Ortes stammt aus dem 16. Jh.

Rupt-sur-Saône PK 343

Ansiedlung aus gallo-romanischen Zeiten mit heute 150 Einwohnern. Einst ein wichtiger Ort mit einem Archiv über die Geschichte der Franche-Comté, wurden Schloss und Unterlagen 1791 zerstört und verbrannt.

⚓ Nicht an den Spundwänden UH der Brücke anlegen, sonst blockiert man den rechten Brückenbogen, der für die Durchfahrt freigegeben ist. Wer Rupt besuchen will, muss Pflöcke einschlagen (OH der Brücke oder UH der Spundwände)

Die Burg, von der noch ein Rest (Turm) aus dem 12. Jh. vorhanden ist, wurde im 17. und 19. Jh. nachgebaut. Der Bergfried (Donjon) ist gut zu sehen, wenn man stromabwärts fährt. Der Schlosspark kann 10–12 und 14–18 Uhr besichtigt werden, und zwar zwischen 1. 4. und 30. 9. SA, SO und FT, 15.–31. 7. täglich. Der Eingang liegt am

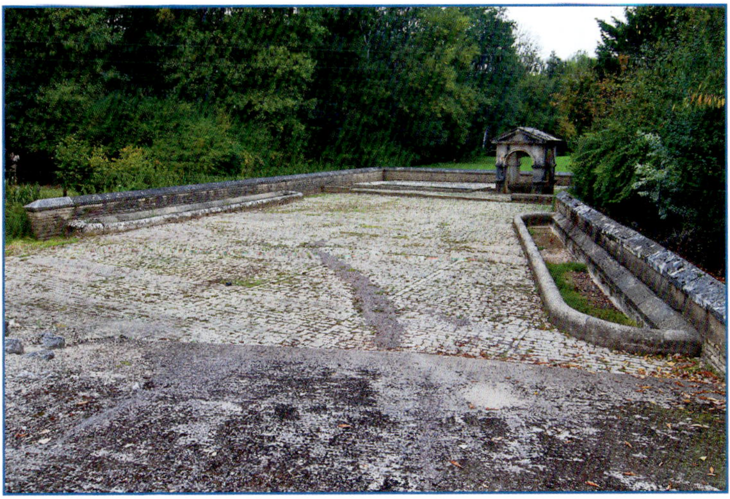

Cubry-les-Soing: Ein riesiger Waschplatz für ein sehr kleines Dorf.

oberen Ortsende (der Straße entlang den Hügel hinauf, immer um das Schloss herum)

Aber auch die zahlreichen uralten Steinhäuser lohnen einen Rundgang

Der fahrende Bäcker kommt täglich um 10 Uhr

Chantes PK 343

Am LU, gegenüber von Rupt, etwa einen Kilometer vom Ufer. Hier gibt es nichts zu entdecken.

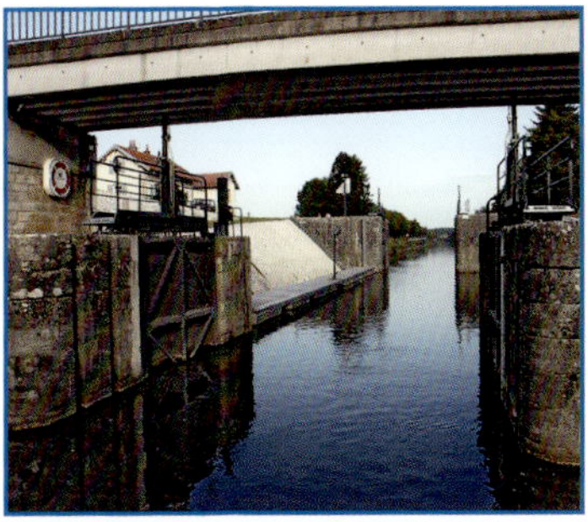

Die Hochwasserschleuse von Cubry steht meistens offen.

Schleuse 9 Chantes-Rupt (2,60 m) PK 340

Fédry PK 338

Am RU gelegen und entweder von der Hochwasserschleuse über eine kleine Straße oder von der Flussbiegung zwischen PK 336 und PK 335 (nicht sehr einfach; querfeldein) erreichbar

Schloss (privat), Waschhaus

Cubry-les-Soing PK 338

Am LU der nicht befahrbaren Flussschlinge und nur über die Straße von der Brücke bei der Hochwasserschleuse erreichbar. Keinerlei Versorgung, aber eine Besonderheit:

Hier findet man kein Waschhaus, sondern einen „Waschplatz" mit gepflasterter Fläche, 3 Becken und einem Häuschen für das Quellwasser – eine einzigartige Ausführung, wie ich sie sonst noch nirgends gesehen habe

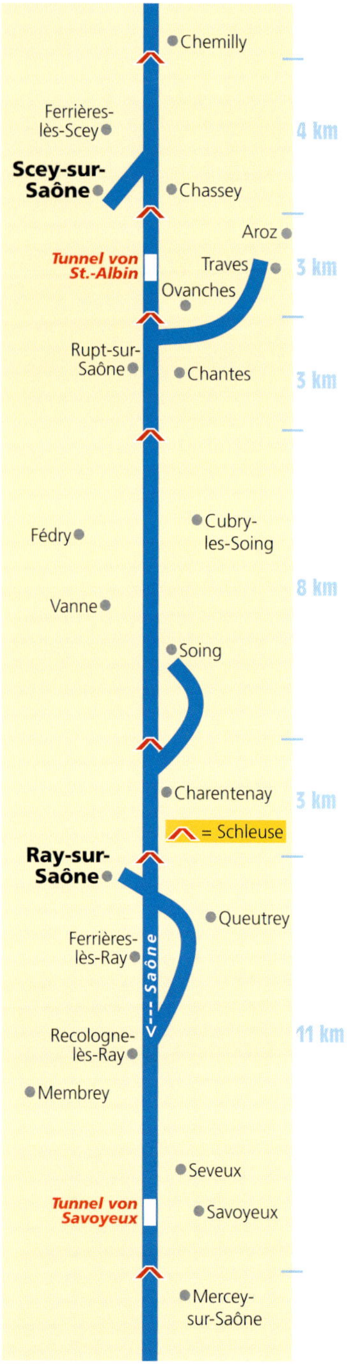

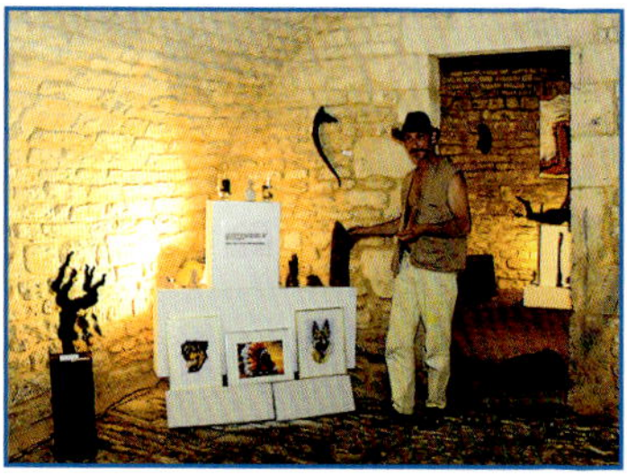

Kunst in Charentenay.

Vanne PK 334

Kleiner Ort mit großem Waschhaus, am RU landeinwärts gelegen und eher umständlich zu erreichen.

Soing PK 332

Es gibt zwei Möglichkeiten nach Soing zu gelangen: Im Kanal anlegen und über die Brücke hinüber gehen (ca. 1 km), oder den Flussarm von unten hinauf fahren, was sicher die bessere Variante ist. Dort ist nämlich der schönere und ruhigere Liegeplatz (kleiner Anleger für 2–3 Boote, alternativ etwas unterhalb unter den Bäumen). Am Kanal ist es vor allem morgens durch vorbeifahrende Boote etwas unruhig

Was ein grobschlächtiger Nachbau des Eiffelturms mit einer Höhe von 16 Metern (am Ufer, nahe der Brücke) hier macht, verrät ein Hinweisschild: das 2.500 kg schwere Monstrum wurde 1992 im Maßstab 1:20 anlässlich eines Europa-Festes errichtet

Eine alte Wassermühle, liebevoll renoviert und angeblich auch zu besichtigen, gibt es gleich bei der Brücke über die Saône

Lebensmittel inkl. Fischereibedarf: 8–12.30 und 15–19 Uhr, SO nachm. geschlossen (oben, beim Brunnen rechts)

Das ehemalige L´O Vive (direkt beim Anleger) wurde unter dem Namen Aux Rives de Saône wiedereröffnet und präsentiert sich nun gepflegt und modern. Von Hausboot-Urlaubern gibt es durchwegs positive Bewertungen, auch die Einheimischen loben es (ich selbst habe leider noch nicht dort gegessen). Menüs ab 13 Euro, DI abends und MI geschlossen, sonst mittags und abends offen. 03 84 76 81 43

LU = Linkes Ufer **RU** = Rechtes Ufer (in Fließrichtung) Weitere Abkürzungen sh. Seite 5

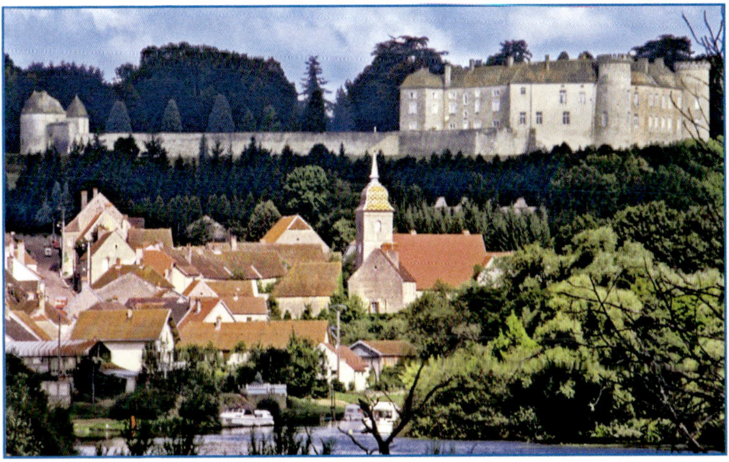

Schleuse 10 Soing (1,00 m) PK 329

Charentenay PK 328

⚓ Man kann die Saône geradeaus weiterfahren bis zum Wehr, wo sich eine Anlegestelle befindet, die jedoch meist von Privatbooten besetzt ist. Wer im Kanal festmacht, kann dies an 4 Pollern am RU OH der Brücke tun oder muss Pflöcke einschlagen

Ein Kunstverein namens Les Bargeots hat sich in Form eines Künstlers im Haus neben der Brücke niedergelassen; im Sommer kann man dort seine Werke und die anderer Künstler bei freiem Eintritt bewundern und kaufen

Der fahrende Bäcker kommt täglich (außer MO) um 9 Uhr

Die legendäre und in vielen Führern noch erwähnte „Auberge Hirondelles" hat für immer geschlossen

Schleuse 11 Charentenay (3,30 m) PK 324

Nach der Schleuse kann man rechts den Fluss hochfahren. Kommen Sie dem Badestrand am RU nicht zu nahe, er ist sehr seicht.

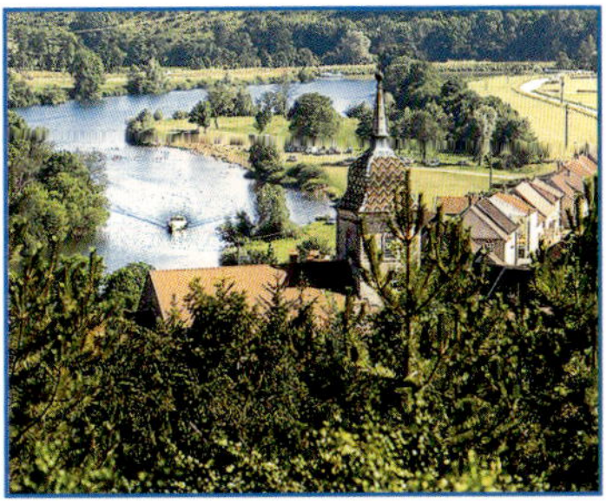

Ray-sur-Saône mit seinem Schloss ist eines der meistfotografierten Motive an der Saône. Von oben hat man übrigens einen herrlichen Ausblick auf das Dorf und seinen Badestrand.

Ray-sur-Saône PK 324

Rund 300 Einwohner. Der Ort wurde im 30-jährigen Krieg zerstört und im 18. Jh. wieder aufgebaut.

⚓ Seit einigen Jahren gibt es in Ray-sur-Saône gute kostenlose Anlegestellen mit Wasseranschluss (Münzeinwurf 2 Euro); trotzdem ist vor allem bei Niedrigwasser Vorsicht geboten: der Fluss ist extrem seicht und wir hatten schon einmal Mühe, ein direkt am Steg festgemachtes Boot wieder flott zu kriegen – über Nacht war der Wasserstand um rund 10 cm gesunken, und schon saß das Boot auf Grund

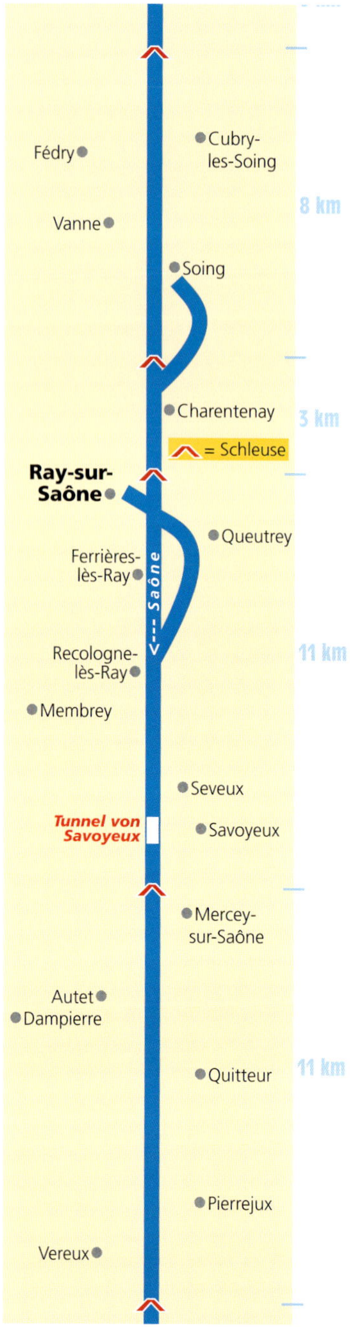

Fahrzeiten-Tabelle Seite 6.

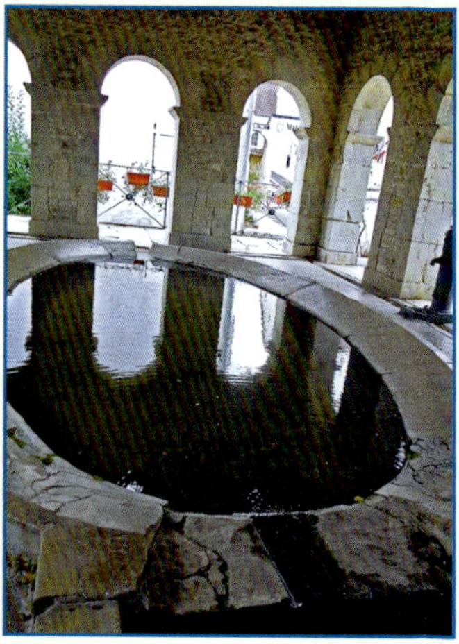

Tipp!

Versäumen Sie nicht das ungewöhnliche Waschhaus in Ray-sur-Saône!

Das Schloss ist weithin sichtbar. Man kann täglich von 8 bis 19 Uhr im Park spazieren und rund um das Schloss gehen. Von dort hat man eine gute Aussicht. Eine Besichtigung des Schlosses selbst ist von Ostern bis Allerheiligen jeden SO um 15 Uhr möglich (8 Euro Eintritt). Führungen auch zu anderen Zeiten (die allerdings ständig wechseln, also bitte vor Ort nachfragen). Um zum Schloss zu gelangen, gehen Sie einfach die Straße hinauf

Sie kommen am Weg zum Schloss auch an einem schönen Waschhaus vorbei. Die meisten übersehen es, weil sie dem Schloss zustreben. Nehmen wenigstens Sie sich Zeit und drehen Sie am Wasserrad . . .

Die Kirche stammt aus dem 13. Jh., im 16. und 18. Jh. teilweise umgebaut

Zwischen 9.00 und 9.30 Uhr kommt der fahrende Bäcker und hält auch bei Yvette (sh. unten)

Ivette (sh. unten) bietet nun auch einige Lebensmittel an, seit das Lebensmittelgeschäft geschlossen hat

Bar-Restaurant Chez Ivette: Menüs um 13, 20, 23 und 40 Euro (mittlerweile Fix-Preise, keine „individuelle" Gestaltung je nach Anzahl der Boote wie früher). Eine „Spezialität" des Hauses sind Bison-Produkte von Tieren, die in Dampierre (weiter unterhalb an der Saône) gezüchtet werden. Nach wie vor erreichen uns unterschiedliche Meinungen zu diesem Lokal; die angebotenen Menüs (die in den einzelnen Gängen keine Auswahl bieten) scheinen samt den teilweise dazu angebotenen Weinen deutlich zu teuer. Das Lokal hat keinen Ruhetag, mittags und abends gibt es täglich etwas zu essen; die Bar hat durchgehend offen. Urteilen Sie selbst; 03 84 78 41 07

Ehemalige Schleuse 12
Ecluse de garde de Ferrières-les-Ray

Mit einem Kanal-Abschnitt unterhalb von Ray-sur-Saône hat man eine Schlinge des Flusses abgekürzt. Dort gibt es eine Hochwasserschleuse mit schrägen Wänden, die meist offen steht. Ich hatte einmal das Vergnügen, sie zu benutzen: Der Hub betrug geschätzte 15 cm. Wegen der schrägen Wände ist ein Schwimmponton installiert, der das Manöver deutlich erleichtert.

Ob Sie Kanal- oder Flussabschnitt befahren, bleibt Ihnen überlassen; dass auch im Kanal mit Vollgas gefahren wird (6 km/h wäre die erlaubte Höchstgeschwindigkeit!), zeigen die durch den damit verbundenen Wellenschlag ausgewaschenen Ufer

Ferrières-lès-Ray PK 320

Ein kleines Dorf, in dem man Überreste aus gallo-romanischer Zeit fand. Wie der Name sagt, wurde hier (wie in mehreren anderen Dörfern der Region) Eisen abgebaut und verarbeitet.

Recologne-lès-Ray PK 318

Dieser kleine Ort auf einer Anhöhe am RU markiert den Zusammenfluss von Saône und Kanalabschnitt. Der Ort bietet – außer einer Kuriosität – nichts Erwähnenswertes: Kirche und Gemeindeamt sind in einem gemeinsamen Gebäude untergebracht. Bei rund 25 Einwohnern durchaus verständlich.

⚓ Das Anlegen unterhalb des Ortes ist wegen der hohen Ufer nicht einfach. Besser bei der Schleuse von Ferrières anlegen

Membrey PK 318

2,5 km landeinwärts von Recologne liegt dieses interessante Dorf mit seinen sehenswerten mächtigen Häusern.

Großes Waschhaus gegenüber des Restaurants

Restaurant Le Cactus: mexikanische und französische Küche und Pizzen, nettes Ambiente, einfach, aber sehr freundlich, Menüs 14, 19, 21 und 26 Euro; Bootsfahrer werden vom Hafen von Seveux abgeholt und zurückgebracht; DO abends bis SO abends geöffnet (mittags und abends). Wegen der wechselnden Öffnungszeiten am besten vorher anrufen. Man spricht Deutsch, Spanisch, Englisch; 03 84 67 27 16 oder 09 64 03 35 34

Seveux PK 314

Der Spaziergang in den Ort am LU lohnt sich aus mehreren Gründen. Zum einen, weil man beim Ortseingang rechter Hand ein Schloss sieht (nur von außen, privat), weil es im Ort Einkaufsmöglichkeiten und weil es „Chez Berthe" gibt. Sie sollten es keinesfalls versäumen, bei Tageslicht bei Chez Berthe noch ein paar hundert Meter weiter die Hauptstraße entlang zu gehen: Da haben Sie nämlich einen phantastischen Blick auf das nahe Schloss von Savoyeux.

⚓ Bei der zweiten Brücke befindet sich am RU ein kleines Hafenbecken (Anlegegebühr 12 Euro, Strom und Wasser je 2 Euro). Ruhiger und gratis ist es am Kanalufer davor und danach (Pflöcke einschlagen). Dass dieser nahe bei Seveux gelegene Hafen „Port de Savoyeux" heißt, sorgt gelegentlich für Verwirrung. Der „Hauptort" Savoyeux liegt an einer nicht befahrbaren Schlinge des Flusses (sh. unten)

Geht man den Ort Seveux hinauf, hat man eine gute Aussicht auf das Schloss von Savoyeux (sh. unten)

Bar im Hafengebäude

Bäckerei mit Lebensmittel und Post (unweit des Restaurants Chez Berthe)

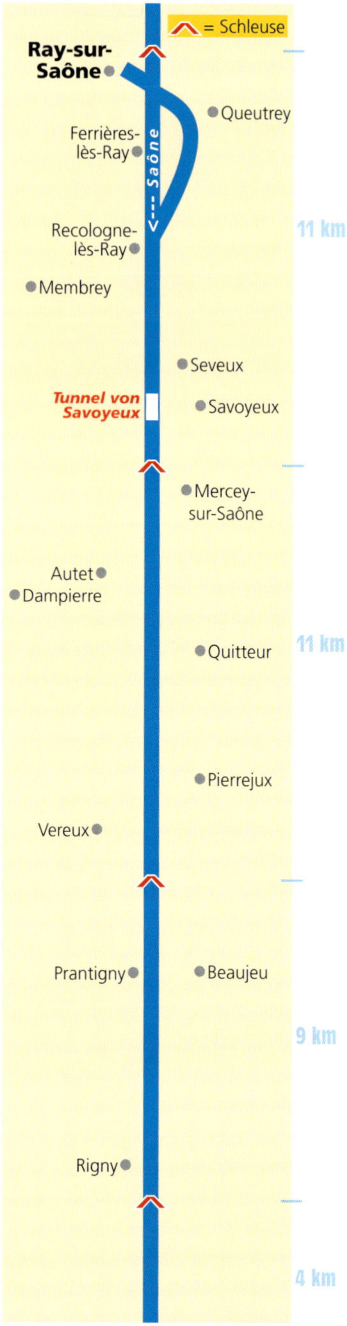

Fahrzeiten-Tabelle Seite 6.

Das bekannte „Chez Berthe" hat nach dem Großbrand wieder geöffnet. Der Charme des alten Hauses musste einem eher kahlen Neubau weichen, geblieben ist jedoch die Freundlichkeit der Besitzer-Familie. Menüs gibt es mittags ab 15 und abends ab 26 Euro, auch Fondue ist zu haben. Lediglich die Weinauswahl ist bescheiden.Von Bootsurlaubern habe ich unterschiedliche Kommentare erhalten – von „gähnende Leere" bis „völlig ausgebucht, aber trotzdem wurde noch ein Tisch für uns organisiert". Bitte weiterhin um Mitteilungen! Gäste werden vom Boot abgeholt und auch zurück geführt; MO geschlossen, für Abend und Wochenende reservieren! 03 84 67 10 07

Le Cactus: Siehe Membrey (oben), Gäste werden abgeholt

Am Ortseingang links kann man jeden SA 14–18 Uhr Ziegenkäse kaufen. Die Saboterie (Holzschuh-Herstellung) gibt es nicht mehr

Savoyeux PK 307

Savoyeux ist für Bootsfahrer nur umständlich zu erreichen (liegt an einer nicht befahrbaren Flussschlinge); am besten bei Schleuse 13 festmachen und den kleinen Weg hinauf zur Straße gehen (ca. 2 km)

Beim Ortsende, ganz oben, kommt man zum Eingang des Schlosses von Savoyeux. Man sieht einen weitläufigen Park und ein herrschaftliches Gebäude von der Rückseite. Die wahren Ausmaße des Schlosses, das auf einer steil zur Saône abfallenden Anhöhe liegt, kann man nur von Seveux aus (siehe dort) beurteilen.

Die kleine Kirche ist sehenswert und meist offen. Der ehemalige Tauben-Turm des Schlosses ist jetzt in ein Wohnhaus integriert (vom Innenhof aus zu sehen)

Tunnel von Savoyeux PK 308

Länge: 643 Meter; Einbahnverkehr durch Lichtzeichen geregelt (Anhalten zwischen den Ampeln verboten! Im gesamten Bereich langsam fahren). Die Ketten an der Wand erinnern an das Durchqueren in früheren Zeiten: Der Schiffer zog sein Boot einfach händisch durch!

Schleuse 13 Savoyeux (3,60 m) PK 307

Mercey-sur-Saône PK 307

Am LU liegt die Ortschaft Mercey-sur-Saône, die aber nur schwer zu erreichen ist, da das Ufer versandet ist (bei Hitze stehen hier meist Kühe 10, 20 Meter im Fluss, um sich abzukühlen). Erst von der Brücke bei PK 302 gelangt man einfacher in die nächste Ortschaft (Autet).

Autet PK 302

Liegt rund 1 km landeinwärts. Das Schloss ist in Privatbesitz und nicht zu besichtigen. Über das Flüsschen Salon führt eine sehenswerte alte Brücke.

☞ Leider hat die in einigen Wasserkarten noch eingezeichnete Auberge du Salon schon lange geschlossen. Auch die Auberge de la Barque am LU unterhalb der Brücke nach Quitteur gibt es schon lange nicht mehr.

Quitteur PK 302

Falls Sie etwas entdecken – lassen Sie es mich bitte wissen!

Dampierre-sur-Salon PK 302

Von Autet 2 km landeinwärts.

Die Bison-Zucht „La Marquise" kann besichtigt werden; 03 84 67 13 06

Im Zentrum kommen Sie zu einem riesigen gläsernen Hochhaus, das mit seinem städtischen Ambiente in dem ländlichen Ort relativ fremd wirkt. Es ist hier ein bescheidenes „Einkaufszentrum" untergebracht; hier findet man auch Bäckerei und Apotheke

Gegenüber: Supermarkt Colruyt und Tankstelle (mit Gas)

Bar-Restaurant La Tour: Menüs zwischen 12 und 40 Euro, MO geschlossen; die Aussicht ist besser als das Gebotene; 03 84 67 00 65

☞ OT: 03 84 67 16 94

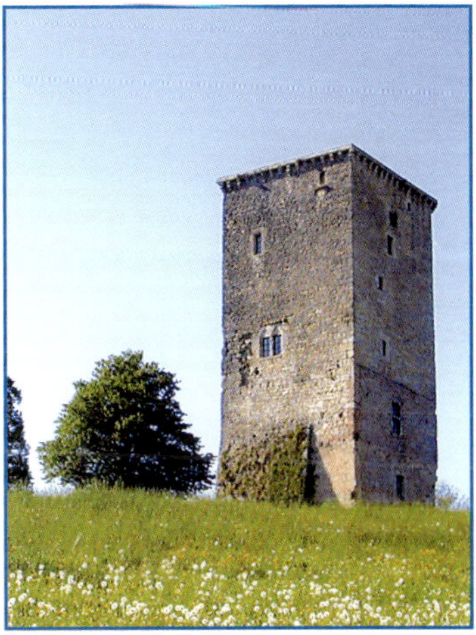

Beaujeu: Wehrturm (11. Jh.)

Pierrejux PK 298

Hier gilt dasselbe wie für Quitteur (siehe oben).

Vereux PK 298

Verschlafenes Nest am RU, vom Boot aus nur schwer zu erreichen.

Schleuse 14 Vereux (1,70 m) PK 296

Beaujeu PK 294

Am LU, rund 2 km landeinwärts gelegen. Ein kleiner Ort, der auf den ersten Blick uninteressant wirkt, aber zwei Überraschungen für uns parat hat.

⚓ Anlegen kann man OH oder UH der Brücke (Pflöcke einschlagen)

Kommt man vom Boot, wendet man sich automatisch nach links, der Kirche zu

Hat sich was geändert?

Preise können sich ändern, Restaurants den Besitzer wechseln oder Geschäfte geschlossen werden. Bitte informieren Sie mich! (sh. Seite 5)

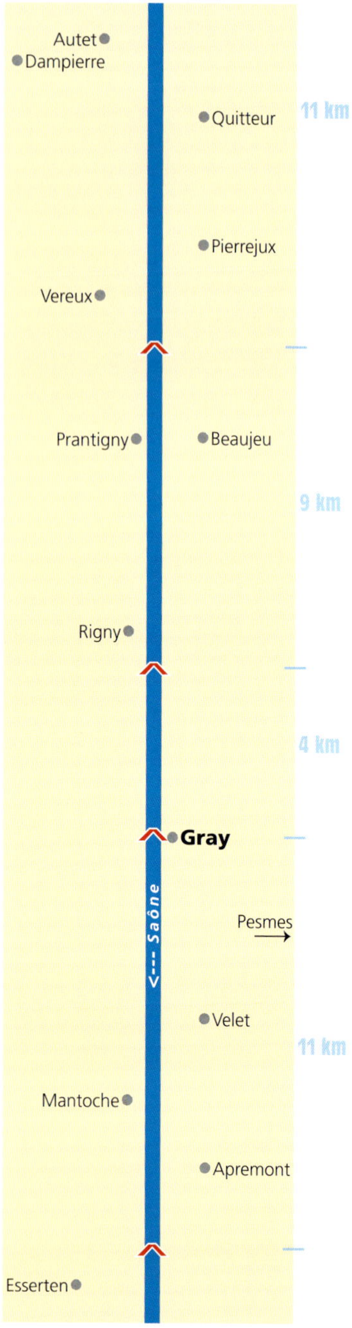

Fahrzeiten-Tabelle Seite 6.

(12. und 13. Jh. mit Ergänzungen aus dem 19. Jh.; Kirchenfenster aus dem 15. Jh.; glasierte Dachziegel) und dreht am Ende der S-förmigen Kurve um, ohne sonst etwas gesehen zu haben

Das Ortszentrum versteckt sich jedoch dahinter. Um dorthin zu gelangen, geht man einfach die von der „Hauptstraße" beim Erholungsheim bergauf führende Nebenstraße hinauf – und schon steht man vor einem Waschhaus von seltsamer Gestalt: unten zwei Becken, im ersten Stock das Gemeindeamt, über zwei geschwungene steile Treppen zu erreichen. Das seltsame Bauwerk stammt aus 1828. Hier befand sich ursprünglich eine viel größere Anlage (Reste sind noch zu erkennen), wie ein Plan an der Rückseite des Waschhauses zeigt

Am oberen Ortsende kommt man zum Wehrturm aus dem 11. Jh.: La Tour de Beaujeu ist in Privatbesitz, bewohnt, thront hoch über dem Ort und ist vom Wasser aus zu sehen. Einheimische sagen, dass die Innenausstattung wunderschön sein soll, vom phantastischen Ausblick ganz zu schweigen

Einen neuen Proximarché mit Café finden Sie 200 m vom Gemeindeamt, die Straße hinauf. MO–FR 8.30–13 und 16–19.30 Uhr, SA 9–19 und SO 9–13 Uhr

Post beim Waschhaus/Gemeindeamt, Apotheke 200 m die Straße hinauf

Prantigny PK 294

Ein paar Häuser am RU bei der Brücke, ohne jede Bedeutung.

Rigny PK 288

Legt man im Kanalabschnitt nach der Brücke an (Ponton für 1–2 Boote), kann man bequem zum Ort Rigny spazieren (die alte, baufällige Brücke ist nun durch eine neue ersetzt)

Der Bäcker hält um 8.30 und der Fleischer um 16.30 Uhr vor der Bar du Centre

Gleich an der Kreuzung mit der Hauptstraße kommen Sie zum Bar-Restaurant du Centre; SO ganztags und MO + DI jeweils abends geschlossen, Essen nur mittags, wer abends essen will, muss vorbestellen; einfache, aber gute Menüs (14 Euro, 4-gängig, inkl. Wein). 03 84 65 35 47

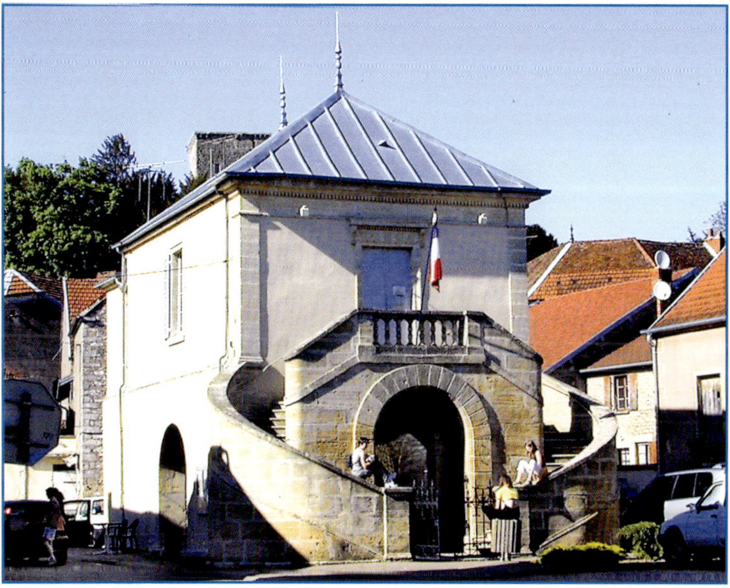

Beaujeu: Waschhaus mit Gemeindeamt im 1. Stock.

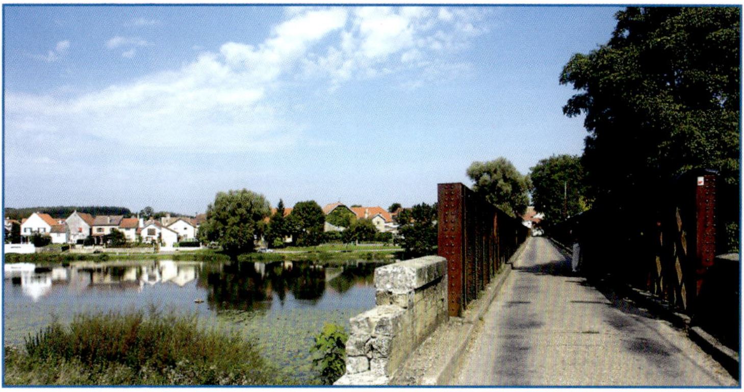

Rigny ist ein kleines Dorf mit Schloss an einer Schlinge der Saône.

Im Schloss von Rigny (18. Jh.), das man von der Straße aus ein wenig sehen kann, ist ein Hôtel-Restaurant zu finden. Menüs um 33 und 55 Euro, 7/7 mittags und abends, Reservierung empfohlen, 03 84 65 25 01

Schleuse 15 Rigny (1,90 m) **PK 288**

Den Flussarm nach Rigny sollte man nicht hinauffahren, er ist stark versandet. Außerdem bieten sich beim Ort Rigny keine brauchbaren Anlegemöglichkeiten an.

Gray bis St.-Jean-de-Losne

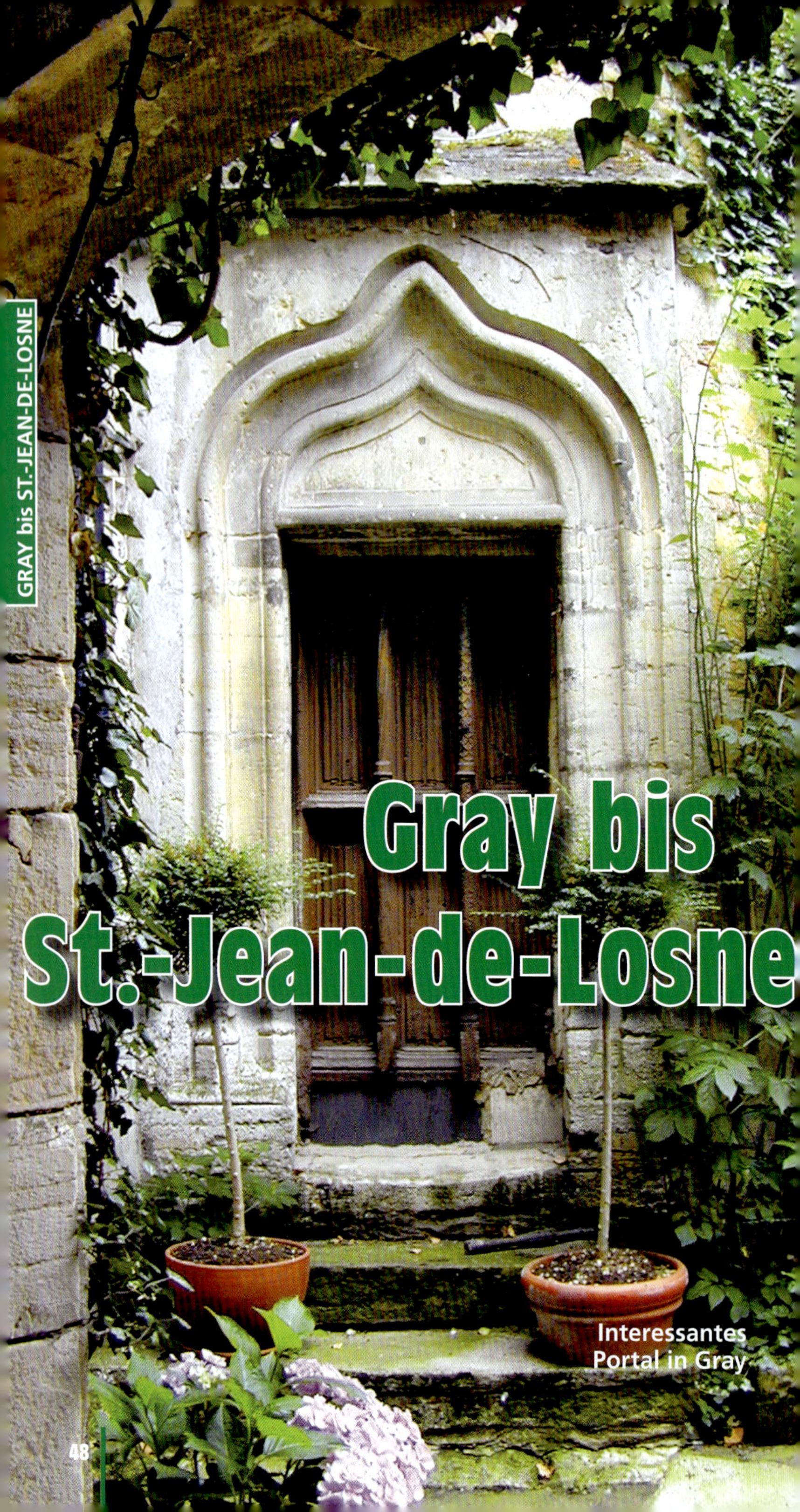

Interessantes Portal in Gray

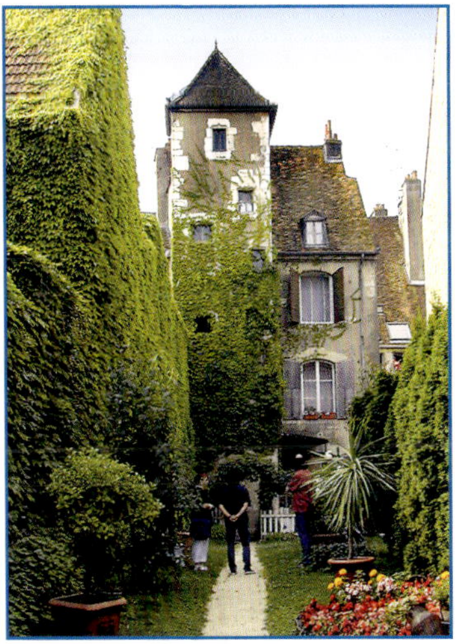

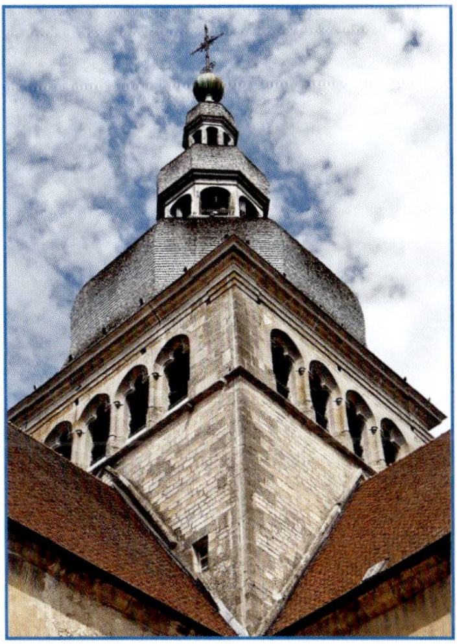

Gray hat interessante Höfe und eine sehenswerte Altstadt zu bieten.

Gray PK 283

Die erste größere Stadt im Verlauf Ihrer Reise im obersten Abschnitt der Saône und gleichzeitig ein empfehlenswerter Aufenthalt mit allen Einkaufsmöglichkeiten und zahlreichen Sehenswürdigkeiten. Siehe auch Text auf Seite 50.

Leider macht sich die Abwanderung auch hier durch zahlreiche leerstehende Geschäfte bemerkbar.

⚓ Gute Anlegestellen mit Kai und Poller gibt es im Bereich des ehemaligen Freibades am LU (neues Freibad gleich dahinter) und am RU oberhalb der Schleuse. Am Kai unterhalb der Schleuse am LU gibt es Wasser und Strom, man parkt praktisch direkt vor Supermarkt und Kino

Einen Supermarkt (Intermarché) finden Sie am LU unterhalb der Brücke (direkt beim Kai, hinter Gebäuden versteckt aber beschildert); MO–SA 8.30–19.30 Uhr

Die Bäckerei im Intermarché sperrt täglich um 7.30 Uhr auf

Einen Bio-Laden finden Sie am oberen Ende der Grande Rue, Ecke Place Fourier

Apotheke und Tabac beim Kai am LU

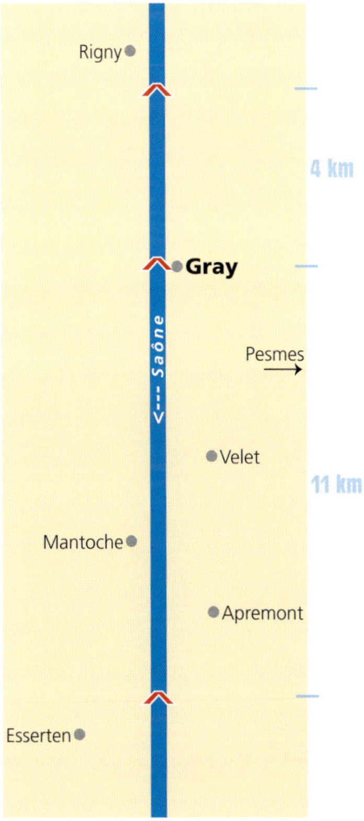

Gray: per Wendeltreppe ins Geheim-Zimmer

Gray ist eine Stadt mit heute rund 5.500 Einwohnern und einer wechselhaften Geschichte: durch Kriege dreimal zerstört (1220, 1476 und 1477), mehrmals von der Pest heimgesucht, aber doch immer wieder Zentrum der Region. Die Altstadt lässt sich leicht zu Fuß erkunden. Von der Brücke kommend gehen Sie zwischen den beiden Kreisverkehren die Grande Rue hinauf oder Sie nehmen eine der Stiegen von der Rue Vanoise aus.

Das **Rathaus** mit seinen glasierten Dachziegeln stammt aus 1568. Das **Hôtel Dieu** (Grande Rue) aus 1715–1722 mit einer Fassade aus 1854 ist heute ein Altersheim und wirkt inmitten der modernen Wohnbauten etwas deplatziert.

Ein Stück oberhalb kommen Sie zur **Ancienne Chapelle du Collège des Jesuites** (neben dem Collèg Augustin Cournot), die aus 1678 stammt; glatte Fassade, jedoch eine alte und reich verzierte Tür. Wie groß die Kapelle ist, können Sie erkennen, wenn Sie beim Schulhof zum Dach schauen. Ein paar Meter weiter oben finden Sie das Restaurant du Cratô (siehe Restaurant-Tipps).

Rue de Terraux: eine kleine gut erhaltene **Renaissance-Tür** in einem Wohnhaus.

Die spätgotische **Basilique Notre Dame** stammt aus 1560 und wurde bis 1840 erweitert. Am vorderen Ende des Platzes findet man ein Steinportal aus 1736, das zu einer Kirche gehörte und heute etwas verloren zum winzigen Hof eines Wohnhauses führt.

Hinter der Kirche gelangt man zu dem am Steilhang des Flusses liegenden **Château** (17. Jh.) mit Park und Museum Baron-Martin. Das Kunstmuseum beherbergt in 24 Sälen und Kellergewölben Ausstellungen französischer und internationaler Malerei (15.–20. Jh.), inkl. 30 Originale von Prud'hon; 1.200 Kupferstiche, Bildhauerarbeiten und Miniaturen; Zinn- und Silberschmiedearbeiten, Keramik, Mobiliar und Münzen. In der archäologischen Abteilung sind 40 griechische und etruskische Vasen zu sehen. Vom Park mit seinen interessanten Bäumen hat man einen guten Blick auf die Saône. Parkbesuch gratis, Eintritt Schloss: 6 Euro.

Ein Blick in die **Hinterhöfe** der Wohnhäuser zeigt interessante Architektur-Details.

Kurios ist die Geschichte des **Waschhauses** beim neuen Marktplatz am Ufer, oberhalb der Brücke: Es wurde 1825 in Mont-le-Franois errichtet, 1972 abgetragen und in Gray wieder aufgebaut.

Frankreichs einziges **Esperanto-Museum** in der Rue Victor Hugo: „Por viziti bonvolu telefoni al S. Junier, 03 84 65 11 73". Alles klar, was Sie tun müssen, wenn Sie es an anderen Tagen als MI oder SA von 15 bis 18 Uhr (= normale Öffnungszeiten, Eintritt frei) besichtigen wollen?

An zwei besonderen Kostbarkeiten in Gray geht man meist achtlos vorbei; um beide kümmerte sich mit größtem Engagement François Javelier, nun ist das OT dafür zuständig: In der Rue des Casernes befindet sich die **Chapelle des Carmélites** (1667). In insgesamt 6 Räumen sind sakrale Kunst- und Gebrauchsgegenstände ausgestellt (Leihgaben von kirchlichen und privaten Stellen aus acht Jahrhunderten). Ein liebenswertes, kleines und persönliches Museum, das auch „Nicht-Museums-Freunden" gefällt.

Und zum Zweiten ist da eine Einzigartigkeit, die Sie nur dann finden, wenn Sie wirklich danach suchen, und zwar im dritten Geschoß eines Hauses in der Rue du Marché (gleich neben dem Haus mit dem auffälligen gotischen Turm. Der Zugang wurde allerdings kürzlich auf die Gartenseite verlegt, in die Rue des Ursules: **Tour St.-Pierre Fourier** heißt eine aus 1550 stammende Wendeltreppe (aus Eichenholz), die drehbar ist und so den Zugang zu einem „Geheimraum" im Zwischengeschoß verschließt oder freigibt. Hier versteckte sich der aus religiösen Motiven verfolgte Priester Pierre Fourier. Unbedingt ansehen! Besichtigung nur mit Führung (OT).

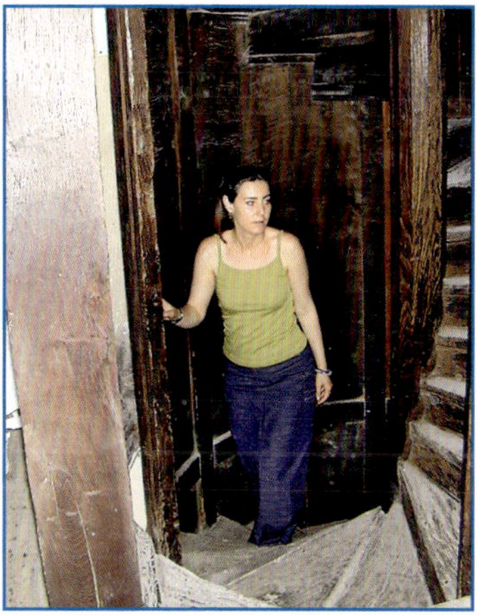

Gray: die drehbare Wendeltreppe „Tour St.-Pierre Fourier"

Für späte Einkäufe: Le Petit Market, Grand Rue 65, MO–DO 17–23, FR + SA 17–01 und SO 11–23 Uhr

Alle weiteren Einkaufsmöglichkeiten im Zentrum

Am RU, 100 m von der Brücke: Bäckerei und daneben ein Pizza-Automat, wo man sich (rund um die Uhr) die Pizza selbst zusammenstellt und nach 3 Minuten mitnehmen kann

Musée Baron Matin im Château (siehe S. 50): Beide haben vom 2. 5. bis 30. 9. täglich (außer DI) 10–12.00 und 14–18 Uhr geöffnet; in den anderen Monaten ist nur 14–17 Uhr offen; letztes Wochenende im Monat geschlossen.

Chapelle des Carmélites, Rue des Casernes: Juli und August MI–MO 14–18 Uhr (Eintritt frei), sh. auch S. 50

Geheime Wendeltreppe namens Tour St.-Pierre Fourier: Besichtigung nur mit OT, siehe S. 50

Weitere wichtige Sehenswürdigkeiten sind auf S. 50 beschrieben

Le Cratô: Mein Tipp für traditionelle französische Küche mit guter Qualität zu einem fairen Preis. Pascale und Maryline Raget haben dem Restaurant nun auch eine schattige Terrasse im Hof hinzugefügt. Zu finden ist das Cratô in der Grande Rue 65, (die Grad Rue beginnt zwischen den beiden Kreisverkehren, UH der Brücke, und führt den Hügel hinauf); Menüs 16, 30 32 und 38 Euro. SO abends, MO ganztags, DI und MI abends geschlossen; 03 84 65 11 75

Relais de Prévôté: oben, in der Rue du Marché, in einem gotischen Haus mit viel Atmosphäre. Nicht ganz so gut wie im Cratô, aber durch das Gewölbe stimmungsvoller. SO und MO geschlossen, Menüs zwischen 20 und 45 Euro; 03 84 65 10 08

Das Hôtel-Restaurant Au Mastroquet findet man gleich bei Kreisverkehr neben der Brücke. Menüs 16, 25, 38 und 45 Euro, mehrsprachige Karte, DO geschlossen; 03 84 64 53 50

Brasserie les 2 Terrasses UH der Brücke, 7/7, und gegenüber eine Bar

Gute Tagesteller (nur zu Mittag) gibt es in der Bar La Terrasse bei der Brücke (10 bis 15 Euro) und im Café du Centre in der Fußgängerzone

Im Zentrum gibt es 3 Kebab- und 2 Pizza-Läden

Am RU, nur 100 m von der Brücke entfernt, finden Sie die Brasserie L'Aurore. MO zu, 03 84 31 27 83

Am unteren Ortsende, am Kai nahe bei der unteren Brücke, gibt es das Restaurant La Petit Fontaine – bitte um Berichte!

OT im roten Gebäude beim Kai (am LU UH Brücke), MO–FR 9–12 und 13.30–17.30 Uhr, Juli und August auch SA geöffnet

Kino beim Kai (im großen roten Gebäude)

Eine Außenstelle des OT hat Juni–September täglich 10–13 und 15–18 Uhr nahe der Schleuse geöffnet

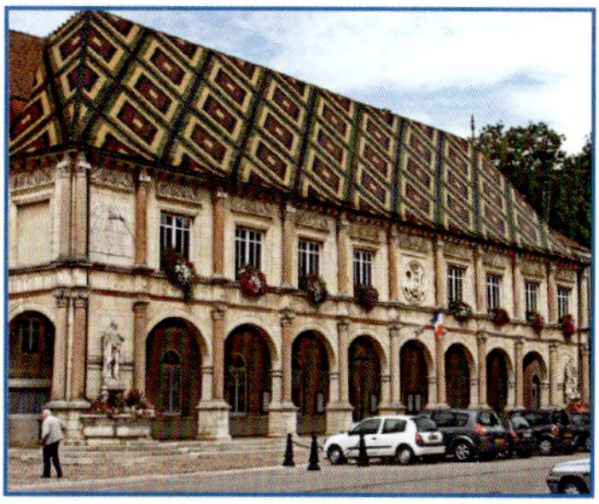

Das Rathaus von Gray mit seinen glasierten Dachziegeln.

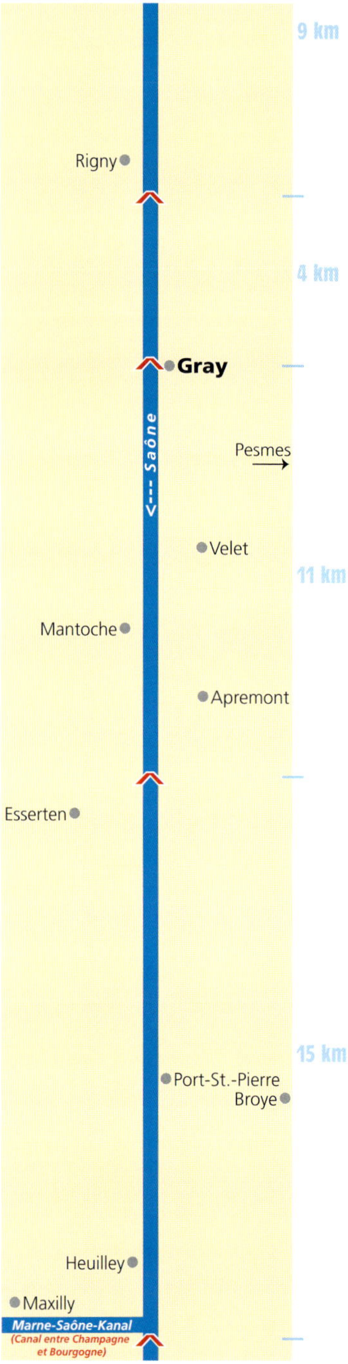

Das Museum de Gray bei der Basilika Notre Dame kann kostenlos besucht werden; 03 84 65 06 15

Taxi 03 84 64 91 91, 03 84 65 00 28, 03 84 64 96 96 und 03 84 64 91 49

Am letzten Wochenende im Juli findet alljährlich ein großes Straßenfest entlang des Flusses statt, mit Verpflegung und Unterhaltung; abends gibt es dann ein Licht- und Ton-Spektakel samt Feuerwerk

Am 2. Wochenende im Mai findet ein Musik-Festival (Rock) statt

SA vormittags ist Markt in Gray (am LU OH der Brücke, beim neuen Flugdach direkt am Fluss)

Schleuse 16 Gray (1,70 m) PK 283

Unterhalb von Gray, in der scharfen Biegung des Flusses, gibt es einen stets leeren öffentlichen Schwimmponton. Wasser und Strom funktionieren nicht mehr. Das nahe Restaurant hat für immer geschlossen

Pesmes PK 283

Mittelalterliche Stadt mit einer dominanten Burg, 19 km von Gray entfernt (landeinwärts) und eine der baukulturell wichtigsten Stationen im Departement Haute Saône. Wer gerne interessante Bauwerke besichtigt: ein Besuch lohnt sich, Angaben finden Sie in jedem Kunstreiseführer. Siehe auch Port St.-Pierre (unten).

Velet PK 279

Idyllischer Anleger ohne Versorgung zwischen PK 278 und 279. Das Dorf ist rund 1 km entfernt

Bäckerei und Apotheke

Mantoche PK 276

Dorf mit einer der schönsten Anlegestellen an der Saône, direkt vor dem Schloss; nachmittags schattig; Wasser (Jetons zu 1,50 Euro im Lebensmittelladen und am Gemeindeamt)

Schloss (16.–18. Jh.), Privatbesitz

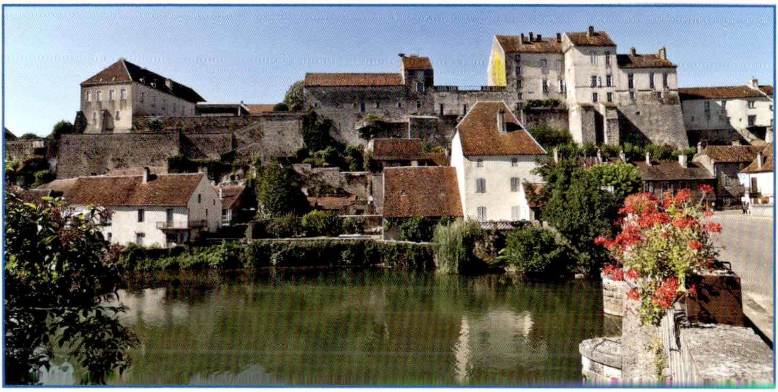

Das Festungsstädtchen Pesmes lädt zum (Taxi-)Ausflug ein.

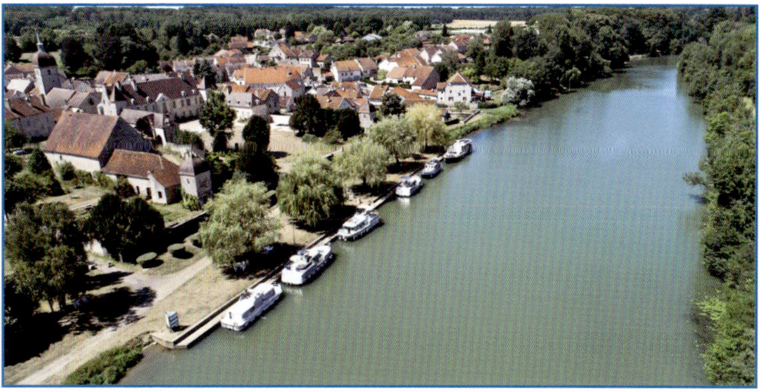

Mantoche: Hier finden Sie einen Liegeplatz direkt vor dem Schloss.

Lebensmittel (mit Brot und Gas) neben der Kirche: 8–12 und 16–19.30 Uhr, SO nachm. und DI zu

Das in Führern noch erwähnte und beim Anleger beschilderte Restaurant Les 2 Virages hat geschlossen, ebenso die urige Bar

Apremont PK 273

An der nicht befahrbaren Flussschlinge der Saône gelegen und von der Brücke über den Kanal zu erreichen.

Keinerlei Versorgung

Schleuse 17 Apremont (2,20 m) PK 270

Schleuse 17 hat 2 in die Wand eingelassene Poller, was beim Aufwärtsschleusen sehr hilfreich ist

Im Schleusenwärterhaus findet man neuerdings ein Bistro mit Tagesteller und einer sehr netten Besitzerin

Esserten PK 270

In Esserten (1,5 km vom RU) gibt es nichts Bemerkenswertes.

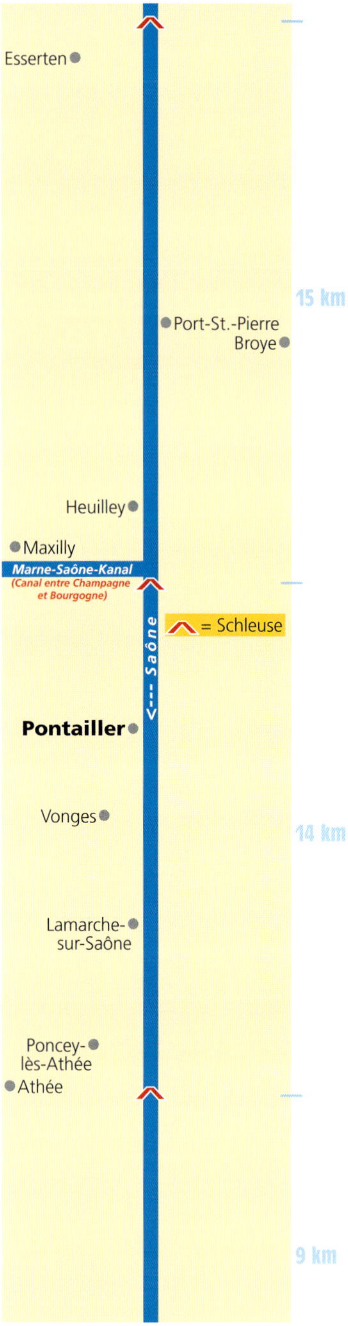

Fahrzeiten-Tabelle Seite 6.

Port St.-Pierre PK 260

⚓ Am LU; ein etwas hochtrabender Name für einen kleinen Anleger (max. 2 Boote) mitten im Nichts (früher einmal wurde hier Schotter verladen, daher die Bezeichnung „Hafen"). Von hier kommen Sie nach Broye (2 km) und Pesmes (9 km)

☞ Sehr gute Bademöglichkeiten gleich neben dem Anleger

☞ Wem der Weg zu Fuß oder per Fahrrad zu mühsam ist, bestellt Taxi Tallo (aus Pesmes): 03 81 31 25 12

☞ Die berühmte Auberge du Vieux Moulin, die man von hier erreichen konnte, hat für immer geschlossen und ist nun ein privates Wohnhaus

Broye PK 260

⚓ Anlegen bei Port St.-Pierre. Broye liegt 2 km landeinwärts, zuerst dem Schotterweg und dann der asphaltierten Straße folgen

Die Auberge du Pont (sh. unten) hat auch Lebensmittel, Brot und Tabak

In Broye, nahe der Kirche, finden Sie das Bar-Restaurant Auberge du Pont; mittags und abends Menü, einfach, aber nett; MO geschlossen; 03 84 31 60 61

Heuilley PK 257

Eine Ferienhaussiedlung mit einem langgestreckten „Zentrum".

⚓ Kleiner Anleger (1 Boot) UH der Brücke

Haus des Wassers und der Fischerei: bei der Brücke; Ausstellung über Technik und Entwicklung des Angelns. In Aquarien kann man unterschiedliche Fische der Region sehen; MO–FR 14–17.30 Uhr; 03 80 47 80 94

☞ Keinerlei Versorgung mehr (einst gab es hier 3 Bars)

☞ Taxi: 03 80 36 10 76

Schleuse 18 Heuilley (2,0 m) PK 255

Schleuse 18 hat 2 in die Wand eingelassene Poller, was beim Aufwärtsschleusen sehr hilfreich ist

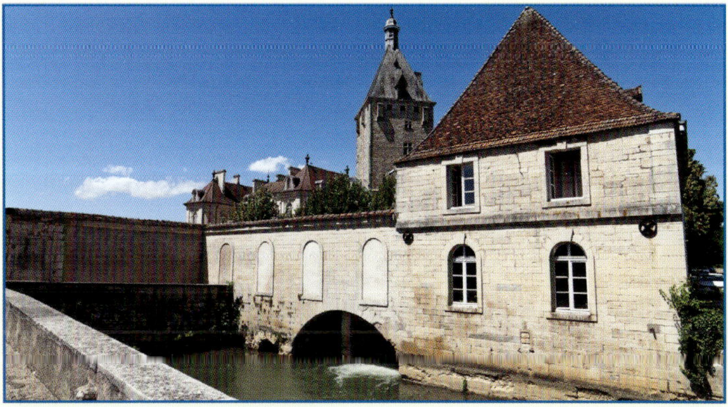

TIPP: Ausflug auf den Marne-Saône-Kanal

Unterhalb von Heuilley zweigt der Marne-Saône-Kanal ab, der offiziell den sperrigen Namen **„Canal entre Champagne et Bourgogne"** (Kanal zwischen Champagne und Burgund) trägt.

Talmay

2 km landeinwärts von Heuilley bzw. Maxilly liegt Talmay.

Der bewohnte Teil des Schlosses stammt aus dem 18. Jh. und steht in starkem Kontrast zum Festungsturm, der das letzte Überbleibsel einer aus dem 13. Jh. stammenden und 1760 fast völlig zerstörten Festung ist. Das Bauwerk gilt als eines der schönsten seiner Epoche in ganz Burgund. Sehenswert sind auch die Renaissance-Möbel im Bergfried sowie die Bibliothek, der Kamin und reich verzierte Decken. Der 46 Meter hohe Turm bietet eine schöne Aussicht über die Region. Besichtigung August bis Mitte September täglich außer MO 15–18 Uhr (6 Euro). Beim Tor läuten und in den 1. Hof (rechts) eintreten und dort warten. 03 80 36 13 64 oder 03 80 36 13 09

Eine Bäckerei mit Lebensmitteln finden Sie in der Rue St.-Laurent (neben der Kirche hinauf). MO–SO 6.30–13 Uhr, MI zu

Bei der Kirche findet man das Bar-Restaurant de la Place mit einfachem Menü, 13 Euro (MO–FR mittags)

Noch eine Besonderheit hat der kleine Ort aufzuweisen: Ein Schild an einem Haus an der Straße nach Heuilley erklärt, dass hier Marie Theres Figueur geboren wurde, die als Madame Sens-Gêne in Frankreich bekannt ist. Sie war Freiwillige bei der Kavallerie in napoleonischen Zeiten, hat in mehreren Schlachten mitgekämpft und war das erste weibliche Mitglied der Ehrenlegion. Ihr Spitzname „La Petite Sans-Gêne" wurde durch ein Theaterstück und mehrere Filme bekannt, in denen es allerdings um eine andere Frau geht (Catherine Hübscher, Frau von General Lefèbvre). Der Autor hatte sich den populären Namen einfach „ausgeborgt".

Maxilly

Liegt am Marne-Saône-Kanal und bietet sich (genau wie Heuilley) für einen Ausflug nach Talmay ins Landesinnere an.

Anleger OH der 2. Schleuse mit Wasser und Strom (Jetons am Gemeindeamt)

Keinerlei Versorgung mehr

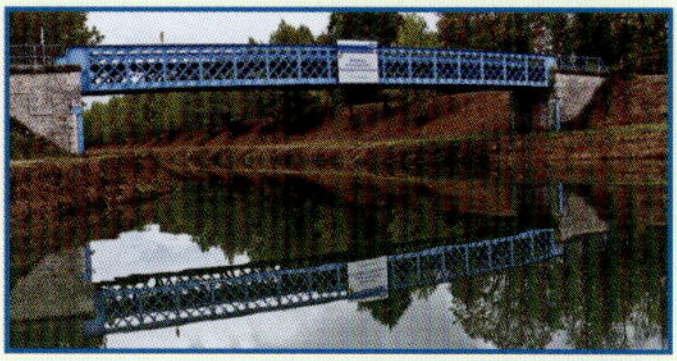

Ganz oben: Schloss Talmay
Oben: Abzweigung zum Canal entre Champagne et Bourgogne.

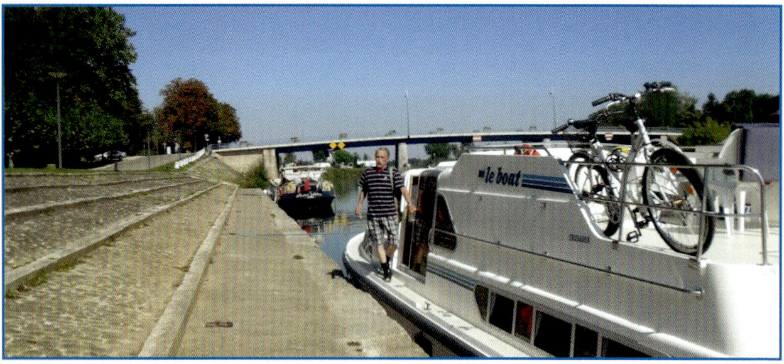

Pontailler-sur-Saône: gute Anlegemöglichkeiten am Stufenkai.

Pontailler-sur-Saône PK 251

Ein sympathischer Ort mit allen Einkaufsmöglichkeiten, zwischen der Saône und einem alten Arm der Saône gelegen, mit etwa 1.500 Einwohnern.

Anlegemöglichkeit für kleine Boote bis 15 m im Hafenbecken (kostenpflichtig, sehr eng und seicht), am Schwimmsteg an der Zufahrt zum Hafen (gratis, ohne Versorgung) oder am Stufenkai in der Saône, wo es durch Motorboote (Wasserski) am Wochenende unter Umständen unruhig ist

Wem soll man glauben?

Pontailler lässt sich mit entsprechender Vorsicht auch über die Vieille Saône (Alte Saône) erreichen, die Mündung liegt etwas stromabwärts (Höhe Vonges). Der alte Arm ist einer der idyllischsten Abschnitte, die die Saône zu bieten hat.

Die Techniker und Basis-Manager der Abfahrtsorte für Mietboote behaupten felsenfest, dass dieser Arm nicht befahrbar sei für ihre Boote; Fischer vor Ort sagen genau das Gegenteil: „3 Meter tief, mindestens!" Ich habe mich selbst einmal im Zeitlupentempo bis zur Brücke hinauf gewagt; mit langen Stangen konnte ich niemals Grund finden. Wenden ist allerdings mit Booten über 15 Metern kaum möglich.

Fest steht jedenfalls: Anlegen kann man (außer mit Ruderbooten) hier nirgends. Fest steht auch, dass Sie mit Mietbooten dort nicht fahren sollten (Versicherung).

Die früher innen wie außen unglaublich düstere Kirche wurde renoviert und strahlt beinahe freundlich, trotz ihrer vier strengen Säulen beim Eingang. Sie ist dem Hl. Maurice gewidmet, wurde zwischen 1834 und 1839 errichtet und entspricht, wie das Baujahr vermuten lässt, dem neoklassizistischen Stil

An der Vieille Saône finden Sie zwei renovierte Waschhäuser aus dem 19. Jh.

Alle Einkaufsmöglichkeiten, Geldautomat, Post und Apotheke (SO zu) im Ort

Minimarkt 9–12.30 und 15–19 Uhr an der Hauptstraße

Bäckerei nahe bei der Brücke 6.30–12 und 15.30–20 Uhr, SO nachmittags und MO geschlossen

Bäckerei neben Kirche 5.30–19 Uhr, SO bis 13 Uhr, MI geschlossen

Fleischer MO ganztags und DO und SO jeweils nachmittags geschlossen

Tabac-Presse mit Anglerbedarf

Supermarkt ATAC am oberen Ortsende in der Rue de la Gare (Hauptstraße vom Kreisverkehr Richtung Norden), rund 1,3 km vom Stufenkai; MO–SA 8.30–19 Uhr, SO bis 12.30 Uhr

Die Hostellerie des Marroniers liegt direkt beim Hafen. 3-sprachige Karte mit vielen Fischgerichten; neuerdings gibt´s auch Pizza. Menüs um 13, 16, 21, 27 und 39 Euro, MO geschlossen. 03 80 36 12 76

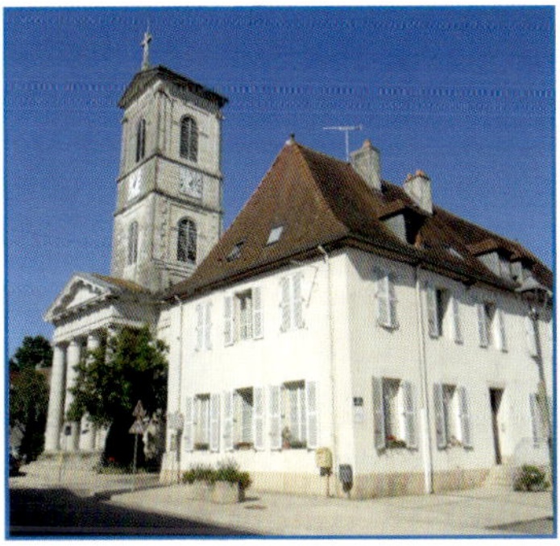

Kirche und Rathaus von Pontailler.

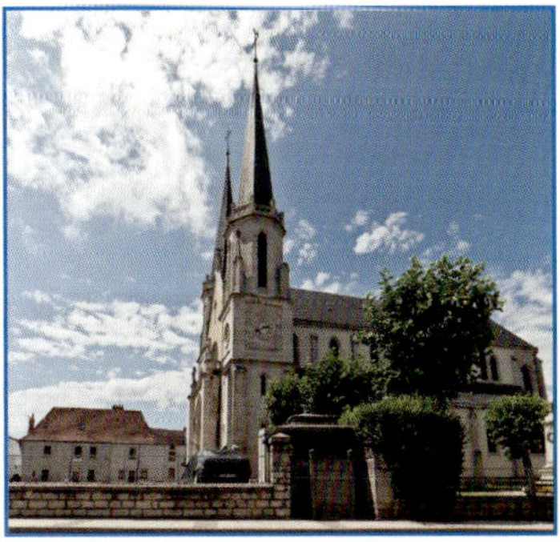

Lamarche: Kirche mit Pissoir davor.

In der Hauptstraße finden Sie das unscheinbare La Taverne (MI geschlossen). Pizzen und französische Hausmannskost (und keine griechischen Speisen, wie der Namen vermuten lässt). 03 80 47 49 87

Kebab beim Kreisverkehr (bei der Vieille Saône, 300 m vom Fluss), DO–SO 18–22 Uhr

Snack-Bar du Centre (nahe der Kirche), MO und MI 17–21 Uhr, DI, DO, FR 10–13 und 17–21 Uhr, SA 7–13 und 17–21 Uhr

Café du Commerce SO und MO 8–14 Uhr, sonst bis 20 Uhr

Vom Mont Ardoux, einem Hügel, der die Stadt beherrscht, haben Sie eine gute Aussicht über das Tal der Saône. Gehen Sie dazu von der Brücke geradeaus über die Place Saint-Jean bis zum Wasserspeicher hinauf

Badestrand beim Campingplatz (LU, OH des Ortes)

Bis Pesmes sind es von hier nur 15 km landeinwärts (siehe Seite 52)

Taxi 03 80 36 12 00 und 03 80 47 85 97

Vonges PK 249

Bei Vonges ist ein großer Abschnitt am RU militärisches Sperrgebiet. Anlegen und Betreten sind daher strengstens verboten.

Kleines Dorf mit Fleischer, Bäcker und einem einfachen Bar-Restaurant namens Le Berceau; gegenüber Weinverkauf in einem Privathaus. Groß ist jedoch die Pudrerie, eine Sprengstofffabrik. Sie ist es, die den Ort auf der Karte so groß macht – das Dorf selbst besteht nämlich nur aus ein paar Häusern entlang einer Straße. Der Rest ist Sperrgebiet. Erreichen können Sie das Dorf lediglich über Pontailler oder Lamarche.

Lamarche-sur-Saône PK 245

Auf einer Anhöhe am RU gelegen.

Oberhalb der Brücke gibt es am RU einen Kai mit Pollern, Wasser und Strom (nur 1 Säule, Jetons; Automat daneben, Jetons auch in der Pizzeria). Am LU befinden sich UH der Brücke 4 Poller.

Am oberen Ortsende Steg für Besucher des Restaurants Le Nymphéa

Bei der Kirche: Bäckerei: 7–13 und 15.30–19 Uhr; Fleischer: 8–13 und 15–19 Uhr, Apotheke (alle MO geschlossen)

Am Ufer (oberes Ortsende) liegt das Le Nymphéa (Kai für 2 Boote), ein hässliches Gebäude aus den 1960er Jahren; Menüs ab 17 Euro (mittags); MO geschlossen, mittags DI–SO, abends nur DO–SA geöffnet. Der Gestank der Fritteuse weht bis zum Anleger und verleidet das Sitzen auf der an sich netten Terrasse (und das Essen sowieso). 03 80 32 02 50

Hat sich was geändert?

Preise können sich ändern, Restaurants den Besitzer wechseln oder Geschäfte geschlossen werden. Bitte informieren Sie mich! (sh. Seite 5)

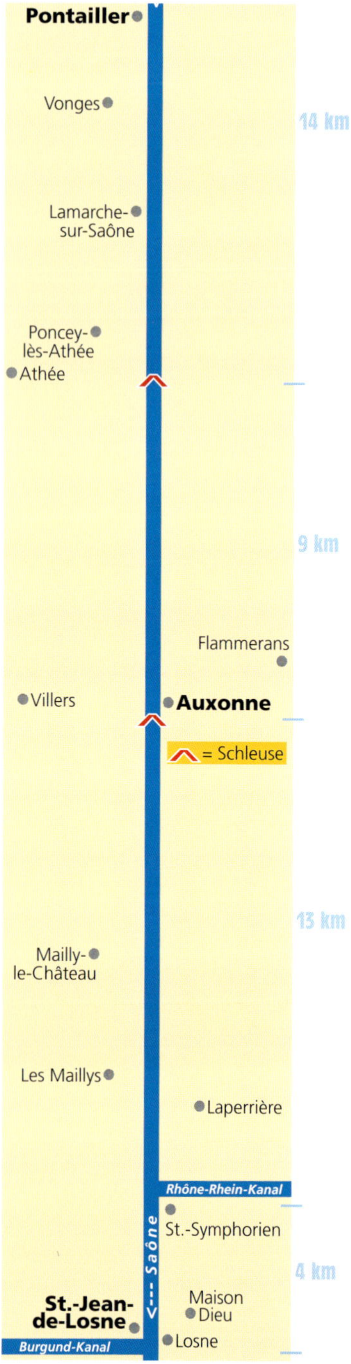

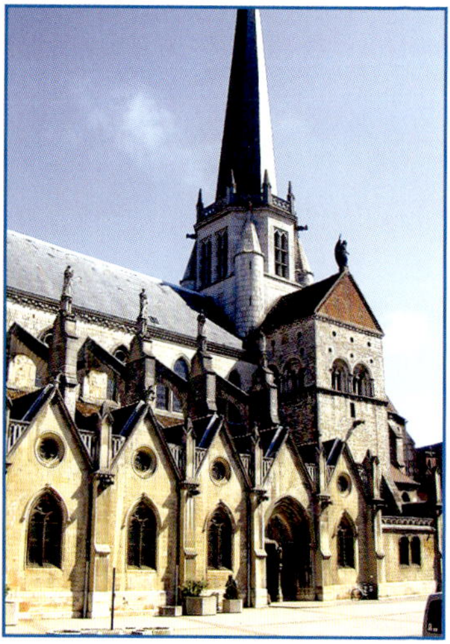

Notre-Dame: weicher Untergrund.

Diabolic Pizza (zum Mitnehmen) befindet sich nach der S-Kurve an der Straße Richtung Pontailler

Die vielfach noch erwähnte Hostellerie St.-Antoine ist nur noch Hotel (kein Restaurant mehr)

Café du Centre bei der Kirche (PMU, Tabac)

Ende Juni bzw. im Juli findet alljährlich ein lokales Fest statt (Info am OT)

Poncey-lès-Athée PK 241

Am nicht befahrbaren Flussabschnitt gelegen und vom Kanal schwer zu erreichen

Schleuse 19 Poncey-l.-A. (1,90 m) PK 240

Athée PK 241

Rund 3 km landeinwärts; Bäcker

Villers PK 233

Am RU, 3 km landeinwärts; das in Führern erwähnte Restaurant Cheval Rouge hat geschlossen

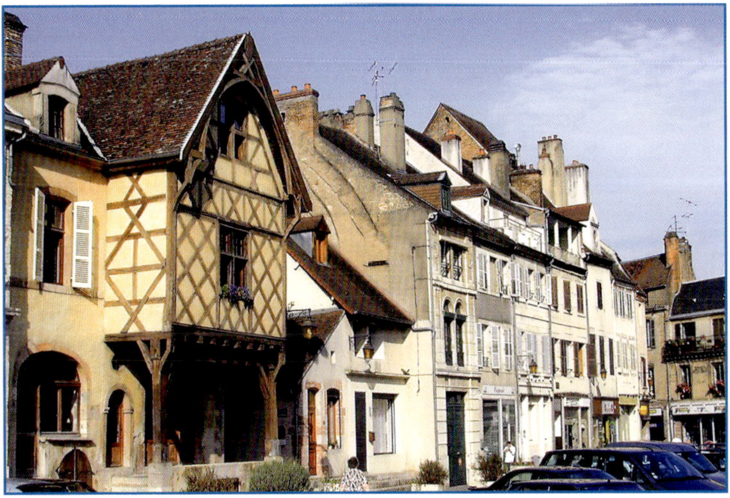

Auxonne: Fachwerkhaus mit Galerie aus dem 16. Jh. (bei der Kirche).

Auxonne PK 233

Ehemalige Festungsstadt am linken Saône-Ufer: 7.000 Einwohner, einige historisch fundierte Geschichten und Anekdoten und eine interessante Altstadt. Schon aus dem 9. Jh. ist hier, am kürzesten Weg von Dole nach Dijon, ein Flussübergang nachzuweisen, die erste urkundliche Erwähnung einer Burg stammt aus 1170.

⚓ Anlegemöglichkeit bei den Schwimmpontons vor dem Wohnblock oder weiter unten am Stufenkai vor der Burg (ohne Gebühren); am Wochenende leider durch die Wasserski-Schule unruhig. Der Hafen am oberen Ortsende namens Port Royal ist ruhiger (ca. 12 Euro, Wasser und Strom 2 Euro)

Die Befestigungen von Auxonne sind, wenn auch nur mehr zu etwa zwei Drittel erhalten, sehr auffällig. Dominant ist das „Schloss", das direkt am Ufer steht (unterhalb der Brücke) und von dem sie vom Wasser aus nur die meterdicken Mauern zu sehen bekommen. Es stammt in seinen Grundzügen aus 1493 und wurde von Louis XI. nach der Angliederung Burgunds erbaut. Das Schloss sowie die Stadtmauern wurden nach dem System Vaubans, dem großen Festungsbaumeister Frankreichs, im 17. Jh. zu einem Bollwerk mit Wassergräben ausgebaut. Die dicken Mauern und Anlagen sind Zeugen für den Festungsbau zur Zeit der aufkommenden Artillerie

Das Musèe Bonaparte ist im „Château d'Auxonne" (die Festung am Ufer ist damit gemeint) untergebracht und hat vom 2. 5. bis 15. 10. täglich außer Dienstag 10–12 und 15–18 Uhr geöffnet. Dort sind auch archäologische Funde aus gallo-romanischer Zeit zu sehen. Insgesamt eine kleine und eher bescheidene Ausstellung, aber das Gebäude ist mehr als sehenswert

Porte de Comté heißt das einsam in der Gegend stehende Stadttor, das Sie am oberen Ende der Hauptstraße finden. Es wurde 1503 errichtet und beim Bau der Vauban-Festung im 17. Jh. einbezogen. Die Mauern in diesem Bereich wurden um 1900 abgetragen, nun steht das Tor als interessanter Rest in einem Park-Garten

Bei der Kirche trifft man auf „Les Halles", den Markt des Ortes. Wo heute fahrende Händler Unterschlupf finden, wenn sie ihre Waren anpreisen, wurden früher Kanonen-Lafetten gebaut. Vauban errichtete das Arsenal 1689

LU und RU

Ich beschreibe die Saône in Fließrichtung, also von Corre nach Mâcon. Dementsprechend habe ich auch LU als Abkürzung für linkes Ufer und RU als Abkürzung für rechtes Ufer verwendet (sinngemäß auch für die Kanalabschnitte). Siehe auch „Abkürzungen" auf Seite 5.

Auxonne, Napoleon und sein „Hund"

Schon 1229 erhielt Auxonne das Stadtrecht, später war es sogar Münzstätte, was seine Bedeutung im mittelalterlichen Burgund unterstreicht. Besonders stolz ist man auf die Tatsache, dass Napoleon in jungen Jahren in der ehemaligen Garnisonsstadt stationiert war (1787–1791). Hier hat er auch eine seiner ersten politischen Schriften verfasst, die er angeblich zu Fuß nach Dole brachte, um sie dort drucken zu lassen.

Während Napoleon Bonaparte in militärischen und politischen Angelegenheiten schon mit seinen damals 20 Jahren als ungemein tüchtig und begabt galt, ging ein amouröses Abenteuer für ihn weniger gut aus. Einem wohlhabenden Holzhändler war der Habenichts Leutnant Bonaparte zu minder, und er untersagte dessen Beziehung zu seiner Tochter. Der (vielleicht auch deswegen) kurze Aufenthalt Napoleons war den Stadtvätern von Auxonne trotzdem Grund genug, ihm ein Denkmal zu setzen. Übrigens: unweit des Denkmals befindet sich das Wohnhaus eines gewissen Monsieur Noisot, der Napoleon derart bewunderte, dass er ihm wie ein Hund überall hin folgte – sogar in die Verbannung auf Elba.

Auxonne hat eine Vielzahl kostbarer Holzarbeiten zu bieten, an denen man oft achtlos vorbei geht. Zwei besonders eindrucksvolle Stiegenkonstruktionen finden Sie in der Rue de la Paix Nr. 4 und am Place d'Armes Nr. 41 (beide bei der Kirche)

Unübersehbar ist das Fachwerkhaus am Place d'Armes (bei der Kirche); es stammt aus dem 16. Jh.

Wer sich für Details interessiert: Am OT erhält man (mit Glück auch deutschsprachig) einen Plan mit Beschreibung eines Rundganges

Die Kirche im Zentrum heißt Notre-Dame und stammt aus dem 13. und 14. Jh. (errichtet auf Resten aus dem 12. Jh.). Die seitlichen Kapellen folgten 100 Jahre später und erst im 16. Jh. schuf man das Portal mit den zwei Türmen. Diese wurden übrigens deswegen ungleich ausgeführt, weil der Untergrund nachgab und man den linken (nördlichen) nicht noch schwerer machen wollte oder konnte

Hinter der Kirche findet man das Rathaus, ein gotisches Bauwerk aus Ziegeln mit einer Fassade aus dem 19. Jh.

Am Ende der Hauptstraße (die bei der Brücke beginnt) befindet sich 300 m rechts ein großer Supermarkt (Intermarché, MO–SA 8.30–19.30, SO 9–12.30 Uhr).

Zwei sehr gute Bäcker finden Sie am oberen Ende der Hauptstraße. Besonders empfehlen kann ich Ihnen die Boulangerie und Patisserie von Agnès und Oliver Simon (MO–SO 5–19.45 Uhr, MI geschlossen)

Fleischer, Gemüse, Apotheke, Geldautomat in der Hauptstraße

Restaurant du Corbeau (bei der Kirche: Hier finden Sie das beste Essen in Auxonne in einem schicken Ambiente. Auch die Weinauswahl ist ganz gut. Dass die Zubereitung und die Präsentation vor allem der teureren Menüs heutigen Erwartungen hinterher hinken, wird von der Freundlichkeit und Umsicht der Besitzerin wieder wett gemacht (aber vielleicht sollte sie trotzdem bald daran denken, ihren Koch zu wechseln, damit das Restaurant auch diesbezüglich in der heutigen Zeit ankommt). Trotzdem meine eindeutige Empfehlung für einen angenehmen Abend. Menüs 14, 18, 25, 32 und 38 Euro, MO–SA mittags und abends; 03 80 40 06 15

Crêperie les Blés d'Or, Rue du Bourg Nr. 7 (eine kleine Gasse, die von der Hauptstraße zur Kirche führt): 11.30 bis 14.30 und 18.30 bis 23.30 Uhr. MO geschlossen. Schönes Ambiente (auch das Haus gegenüber sollten Sie gesehen haben!) 03 80 37 40 87

In der Hauptstraße gibt es u. a. die Bar-Pizzeria „Pari's Café" mit ausgezeichneten Pizzen vom Holzofen und einem freundlichen Besitzer, der Ihnen gerne Musikvideos (sein Lieblingsthema: Tenöre) vorspielt. 03 80 28 36 92

Weiters in der Hauptstraße: ein Vietnamese, 2 Bistros und 2 Schnellimbisse

Am oberen Ende der Hauptstraße wendet man sich rechts (Boulevard Pasteur) und gelangt zum l'Aquarium. SO abends geschlossen; Menü um 14, 18, 20, 28 Euro, einfache Hausmannskost, auch Pizza; 03 80 27 01 55

Kebab in der Hauptstraße und bei der Kirche (gegenüber vom Restaurant Corbeau)

Am RU: Restaurant „Le Barrage" (genau: es befindet sich dem Namen gemäß neben dem Wehr). Mittags und abends Menü um 13 Euro mit Vor- und Nachspeisen-Buffet. Holzkohlengrill, Fischspezialitäten; MO ganztägig und DI abends geschlossen; 13, 21 und 28 Euro. 03 90 37 43 50

Ebenfalls am RU befindet sich beim Campingplatz die Brasserie Pinocchio

Auxonne wirkt auf den ersten Blick etwas schäbig (man könnte meinen, man feiere das 20-jährige Bestehen einer Fassadenerneuerungsverbotsaktion). Aber hinter diesem Mantel sind wahre Schätze verborgen: die hölzernen Treppen mit ihren reichen Verzierungen in den Hinterhöfen – werfen Sie unbedingt einen Blick darauf. Oder alte Häuser, an deren detailreichen Fassaden man achtlos vorbei geht.

Wer ausreichend gut französisch kann: Hinter dem Rathaus gibt es ein Kino

Taxi 03 80 31 07 29, 03 80 31 49 13, 06 80 31 19 51, 03 80 37 41 03, 03 80 37 49 37

OT bei der Kirche; dort erhalten Sie einen Plan mit (französischsprachigen) Beschreibungen der Befestigungsanlagen – diesen Rundgang sollten Sie nicht versäumen! Im Sommer hat auch ein Info-Stand beim Anleger geöffnet

Markt ist jeden FR bei der Kirche

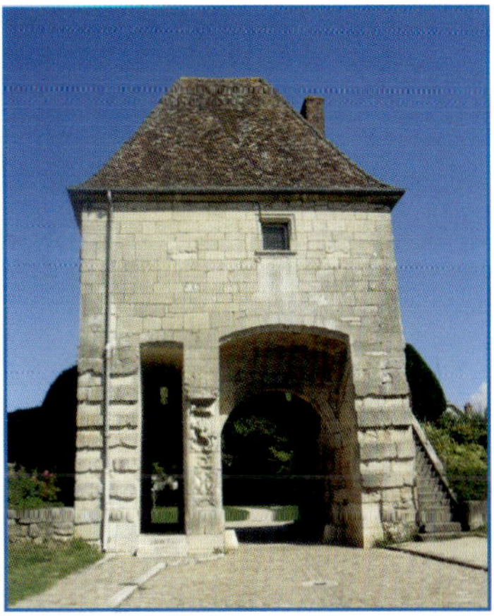

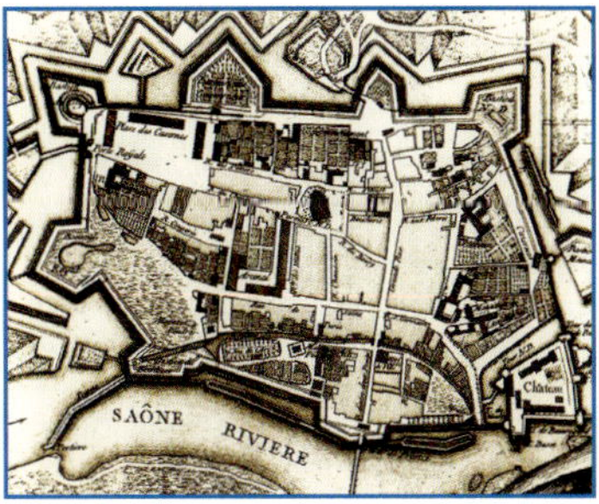

Von der ehemaligen Befestigung in und rund um Auxonne sind ansehnliche Reste vorhanden.

Flammerans PK 233

3,5 km außerhalb von Auxonne, am LU, kann man im Château de Flammerans DO–SA abends und SO mittags (gegen Voranmeldung) essen; ein nettes und familiäres Ambiente in einem schön renovierten Gebäude. 03 80 27 05 70

Schleuse 20 Auxonne (1,90 m)

UH der Schleuse Pylon mit Brücke zum Ufer. Falls man (flussaufwärts fahrend) zu spät zur Schleuse kommt, kann man dort übernachten, zur Not auch bei der Leiter an der hohen Mauer vor der Schleuse. Bis nach Auxonne sind es zu Fuß allerdings 2 km

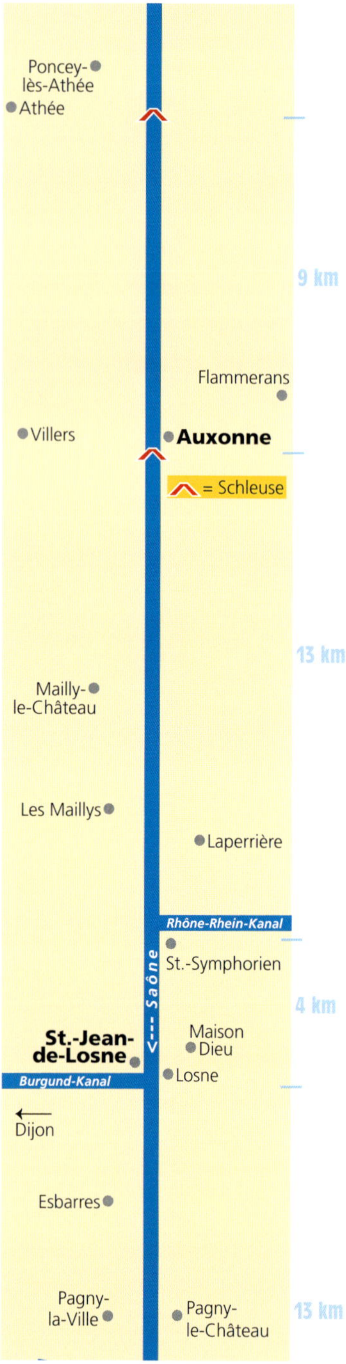

Les Maillys PK 223

Les Maillys mit den Orten Mailly-le-Château, Mailly-la-Ville und Mailly-le-Port ist nicht mit den gleichnamigen Mailly-la-Ville und Mailly-le-Château am Nivernais zu verwechseln (na, endgültig verwirrt?)! Denn im Gegensatz zu Letzterem hat der Ort an der Saône kein Schloss, sondern nur den Namen. Ein Schloss befindet sich im Hauptort Les Maillys, und zwar am nördlichen Ortsende (Allee du Château). Man sieht allerdings nicht viel, das Gebäude ist teilweise abgebrannt und der Hund des Nachbarn hat Besucher gar nicht gern.

Kleiner Anleger (Spundwände) für 2 Boote. Falls kein Platz mehr, ev. an der hohen Kaimauer (ehemaliger Verladekai) anlegen. 1 km in den Ort

Bäcker gegenüber der Kirche

Bar-Brasserie de la Tille bei der Kreuzung; mittags gibt es ein Menü (14 Euro); MO geschlossen

Bei **St.-Symphorien** mündet der Canal du Rhone au Rhin in die Saône. Hier gelangen Sie nach Dole oder Besançon. Siehe Seite 63.

St.-Symphorien PK 219

Eigentlich ein unwichtiger Ort, der für die Schifffahrt nur deshalb von Bedeutung ist, weil hier der Canal du Rhône au Rhin in die Saône mündet. Der Ort hat nichts zu bieten.

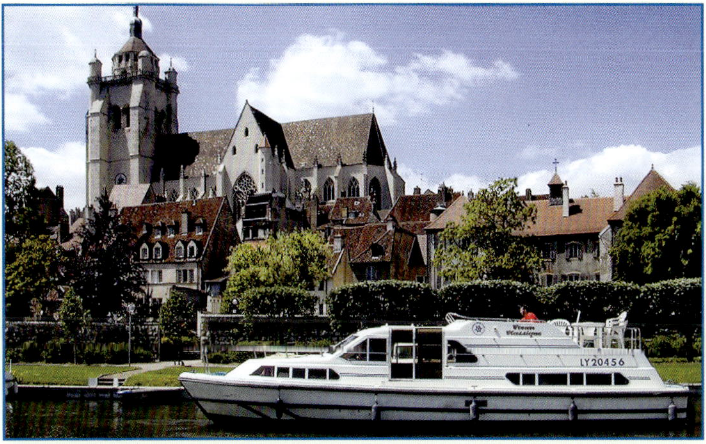

Dole, die Geburtsstadt Pasteurs, hat ein sehenswertes Zentrum.

Ein Ausflug auf den Canal du Rhône au Rhin

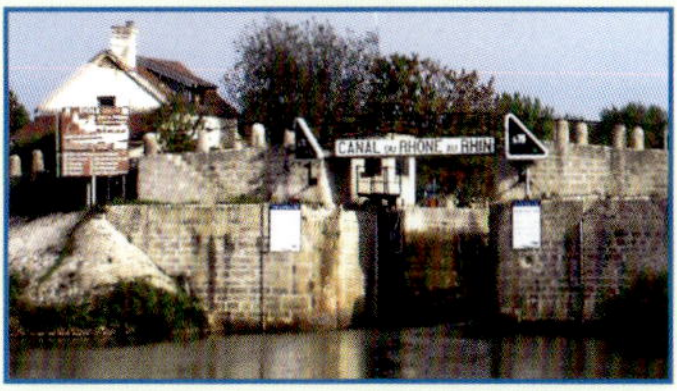

Canal du Rhône au Rhin (Zufahrt).

Oberhalb von St.-Jean-de-Losne (bei St.-Symphorien) mündet der Canal du Rhône au Rhin in die Saône. Von der Saône bis Dole sind es 20 km mit 8 automatischen Schleusen (gesamt rund 3,5 Std.); die Fernbedienung erhalten Sie bei der ersten Schleuse, am Beginn des Kanals. Wenn Sie bei der Einfahrt in den Kanal länger warten müssen, bis Sie ein Lebenszeichen vom Schleusenwärter sehen: Nur Geduld, er hat Sie meistens schon registriert, bevor Sie ihn sehen. Bei allzu langer Wartezeit können Sie am Schwimmsteg rechts vor der Schleuse festmachen.

Die alte Mühle bei der zweiten Schleuse sollten Sie aufgrund ihrer ungewöhnlichen „Wasserspiele" (Kaskaden, Wehr) nicht versäumen (bei der Schleuse aussteigen). Auch bei der folgenden Schleuse finden Sie eine Mühle.

In Tauvaux-Cité fährt man rund 1 km lang an einer Fabrik (Usine de Solvay) vorbei, deren gigantische Rohrleitungen vor allem in der Abendsonne futuristisch und unwirklich erscheinen.

Dole

Stadt mit 30.000 Einwohnern mit Liegeplatz direkt beim Zentrum. Einen ruhigeren Liegeplatz finden Sie, wenn Sie daran geradeaus vorbei in den Kanalabschnitt fahren. Alle Einkaufsmöglichkeiten, sehenswerte Bauwerke, Hospital Louis Pasteur. Die Altstadt mit ihren engen und steilen Gassen ist einen Besuch wert. Es gibt zahlreiche Restaurants in unterschiedlichen Preisklassen sowie alle Einkaufsmöglichkeiten in Dole.

Restaurant-Tipp: Das Le Romanée ist das beste Restaurant von Dole. 11 Rue Vieilles Boucheries, 03 84 79 19 05

Wein-Tipp: Dole gehört bereits zum Jura, daher erhalten Sie auch überall Jura-Weine. Nutzen Sie die Gelegenheit, diese ganz eigen (und kräftig) schmeckenden Weißweine zu verkosten.

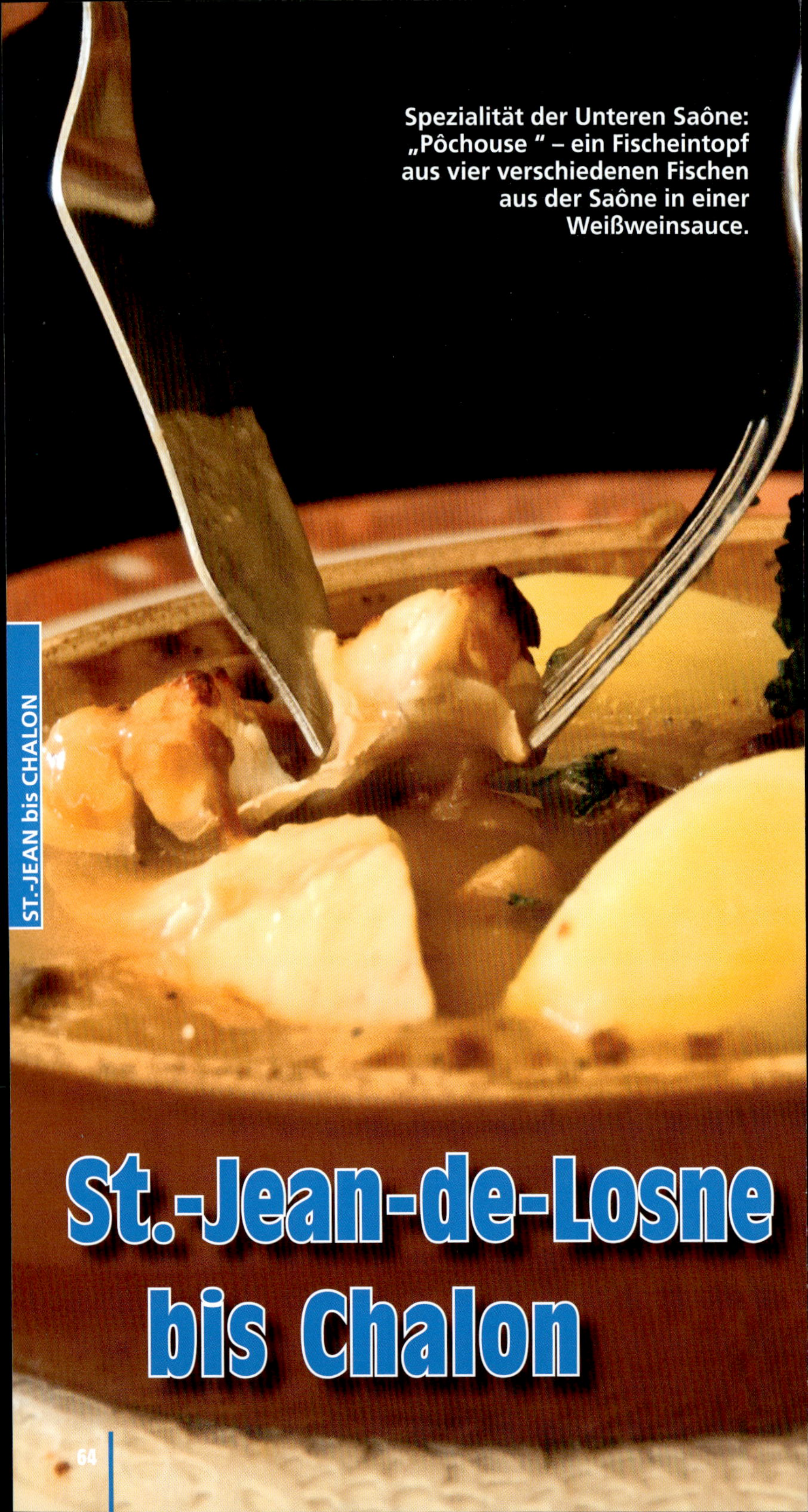

Spezialität der Unteren Saône: „Pôchouse " – ein Fischeintopf aus vier verschiedenen Fischen aus der Saône in einer Weißweinsauce.

St.-Jean-de-Losne bis Chalon

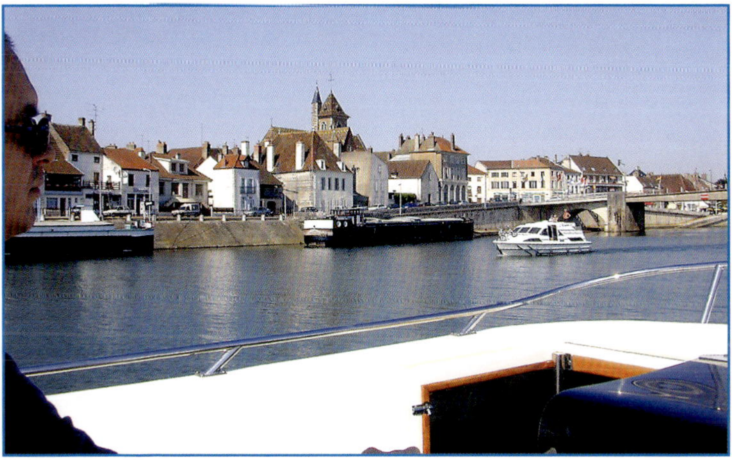

St.-Jean-de-Losne: Freizeitboote dominieren, aber es gibt vereinzelt auch noch Péniche n.

Saint-Jean-de-Losne PK 215

Bereits im 12. Jh. urkundlich erwähnt, war St.-Jean-de-Losne eine Grenzstadt zwischen Frankreich und dem Heiligen Römischen Reich.

Der wehrhafte Ort trotzte 1636 im Dreißigjährigen Krieg den feindlichen Truppen so lange, bis diese aufgaben und abzogen. Angeblich brachte diese Leistung eine nur 150 Mann starke Truppe zusammen (die Angreifer sollen 60.000 gewesen sein, aber hier scheinen die heimischen Geschichtsschreiber doch wohl übertrieben zu haben). Ludwig XVIII. gewährte dafür Steuerfreiheit.

Im 19. Jahrhundert galt es abermals, eine Kraftprobe zu bestehen, und zwar gegen die alliierten Truppen – natürlich wieder mit Erfolg.

Der Ort ist ein ehemaliges Zentrum der Berufsschifffahrt, es findet noch heute alljährlich ein Fest der Lastkahnfahrer statt. Das „Grand Pardon des Mariniers" war vor gar nicht langer Zeit ein Fest, bei

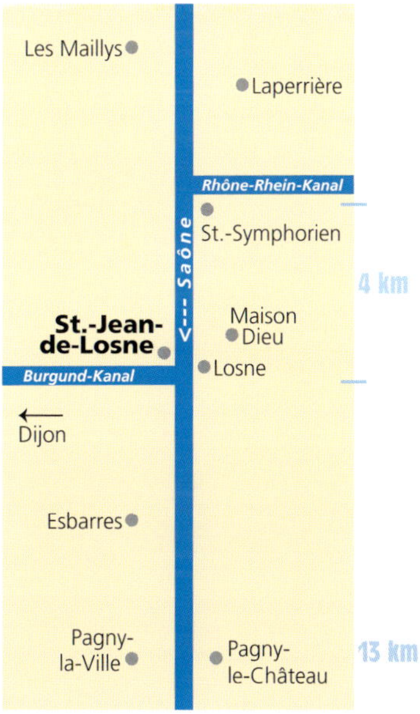

St.-Jean-de-Losne ist einer der wichtigsten „Knotenpunkte" für die **Binnenschiffahrt** – waren es früher die Lastkähne, so sorgen heute Privatboote für reges Treiben.

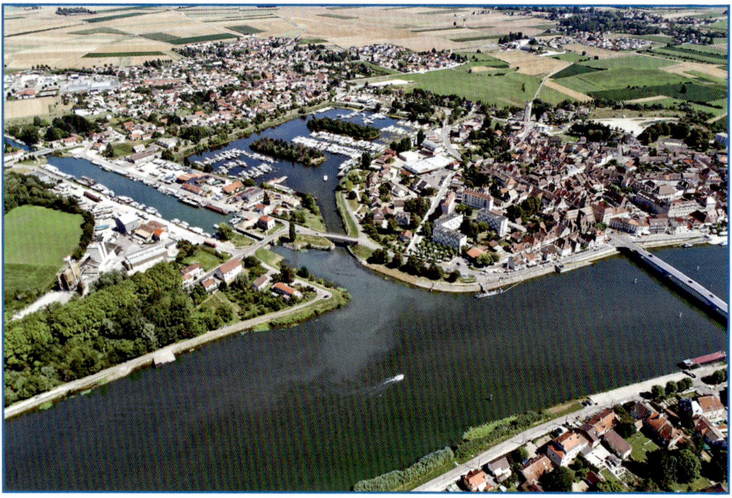

St.-Jean-de-Losne: links der Burgund-Kanal, in der Mitte der große Hafen.

dem die Profi-Schiffer einander trafen und im Mittelpunkt standen. Heute ist es ein billiger Kirtag inklusive Wrestling-Vorführungen und nicht mehr der Rede wert.

Bei St.-Jean-de-Losne mündet der Burgundkanal (siehe Detailführer „Unterwegs auf dem Burgundkanal) in die Saône

Anlegemöglichkeiten am RU am Stufenkai (Wasser, Strom; Jetons für 4 Std. Strom oder 500 l Wasser um 3,50 im Automaten neben dem Bistro La Cantinière) oder im Hafen (ca. 12 Euro) unterhalb der Brücke. Der Kai ist leider oft komplett belegt

Anlegen ist auch oberhalb des Ortes am Schwimmponton beim Campingplatz möglich

Das bedeutendste Bauwerk des Ortes ist seine Kirche, die zu den eigenartigsten ihrer Art entlang der gesamten Saône gehört. Sie wurde in mehreren Epochen „zusammengestoppelt", was ihr das unverwechselbare Äußere verleiht. Noch dazu ist das Ziegelsichtmauerwerk in dieser Region für Kirchen eher untypisch, ebenso die eigenartige Turmkonstruktion. Sie ist auch die einzige, die nicht Ost-West-orientiert ist: der Chor zeigt nämlich nach Jerusalem. Erwähnenswert ist auch die aus 1768 stammende Orgel, die unter Denkmalschutz steht. Sie ist in Frankreich für ihren außergewöhnlichen Klang berühmt, es finden regelmäßig Konzerte mit weltbekannten Organisten statt

Tipp für Dijon

Wer **Dijon** besuchen will, sollte dies per Zug oder per Taxi (rund 25 Euro) tun. Per Boot ist der Abschnitt von St.-Jean-de-Losne bis Dijon der uninteressanteste des gesamten **Burgund-Kanals** (rund 11–12 Std. Fahrzeit, stets geradeaus).

Im wahrscheinlich interessantesten öffentlich zugänglichen Gebäude des Ortes ist das Schiffer-Museum (Maison des Mariniers) untergebracht und alleine schon deshalb sehenswert; in der Hauptstraße (rue de la Liberté) gegenüber vom Gemeindeamt (Hotel de Ville), geöffnet täglich außer MO 14.30–18.30 Uhr

Von den Wehranlagen sind nur noch kümmerliche Reste vorhanden: Hinter der Post (bzw. auch über die Rue Marion) gelangt man zum Place des Remparts (Wehranlagen) und von dort zur Allée des Bastions, wo rechts noch etwas zu sehen ist. Nahe der Brücke erinnert eine alte Kanone an frühere Zeiten

Der riesige Hafen für Privatboote ist schon wegen seiner Dimensionen sehenswert, ebenso wie der renovierte und belebte Stufenkai OH der Brücke. Am hinteren

Ende des Hafens, bei der Straße zum Bootsvermieter, stehen nun 3 Bootsrümpfe (bzw. Teile davon) als „Denkmäler" in der Wiese

Die beste Bäckerei des Ortes finden Sie an der Hauptstraße neben der Kirche, DI–SO 7–13 Uhr. Falls diese zu hat: Richtung St.-Usage (über den Kreisverkehr drüber) ist die „Zentrale", sie hat DI–SA 5.30–19.30 und SO 6.30–12.30 Uhr offen

Über die Brücke gibt es am LU noch eine gute Bäckerei

Hinter dem Hafen gibt's einen Supermarkt (Casino), der größere Einkäufe auch zum Boot liefert; MO–SA 8.30–20 und SO 9–12.45 Uhr

Wer ganz bequem einkaufen will, tut dies vom Burgund-Kanal aus: Die Schleuse von der Saône aus hoch, unter der Brücke durch, und schon sieht man rechter Hand einen Intermarché (MO–SA 8.30–19.30 und SO 9–12.30 Uhr) mit Tankstelle und Gas sowie einen Aldi (200 m vom Kanal)

Den besten Fleischer des Ortes finden Sie in dem braun-schwarz-verspiegelten Kasten an der Hauptstraße (von der Brücke rund 300 m landeinwärts, nach der Rechtskurve)

Apotheke im Neubau beim Hafen (an der Hauptstraße), MO–FR 9–12 und 14–19, SA 14–17 Uhr

Die Auberge de la Marine bei der Brücke am LU pendelt kontinuierlich zwischen „ausgezeichnet" und „naja"; aber in der angeschlossenen Bar gibt es den besten und größten Campari-Orange (5 Euro) der Region; die Chefin spricht deutsch, es gibt auch eine deutschsprachige Karte; Menüs 15, 21, 28 und 35 Euro, MO geschlossen; 03 80 27 03 27

Im „Vorort" Maison-Dieu am LU finden Sie die Auberge du Paradis (von der Brücke zum Kreisverkehr gehen, dort links abbiegen in Richtung St.-Symphorien, insgesamt 1.100 Meter) Menüs zwischen 18 und 40 Euro, mittags 14 Euro; DI und MI geschlossen. Wer nicht zu Fuß gehen will, wird von den Restaurant-Besitzern abgeholt und wieder zum Boot gebracht. 03 80 29 07 33

In der Rue Marion (3. rechts, von der Brücke kommend) gibt es einen netten Italiener, der italienische Lebensmittel anbietet und im Sommer Tische auf einer kleinen Terrasse hat: Sole di Sicilia, Menü 12 Euro, 06 34 26 40 50

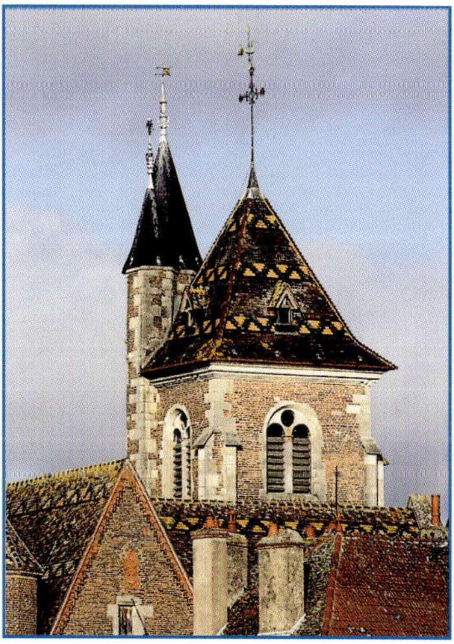

Kirchturm von St.-Jean-de-Losne.

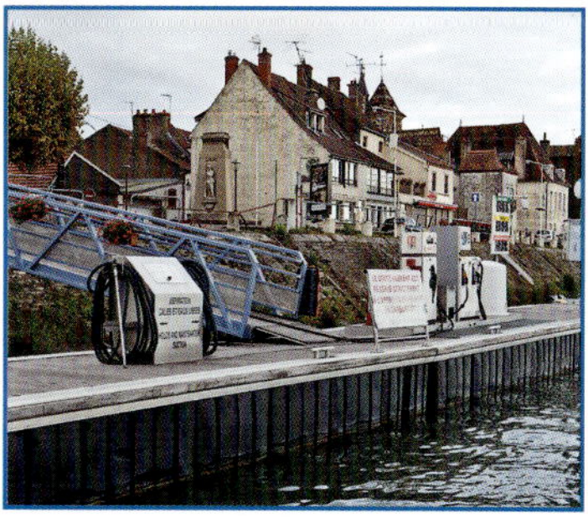

Diesel und Abpumpstation für Schmutzwasser in St.-Jean-de-Losne.

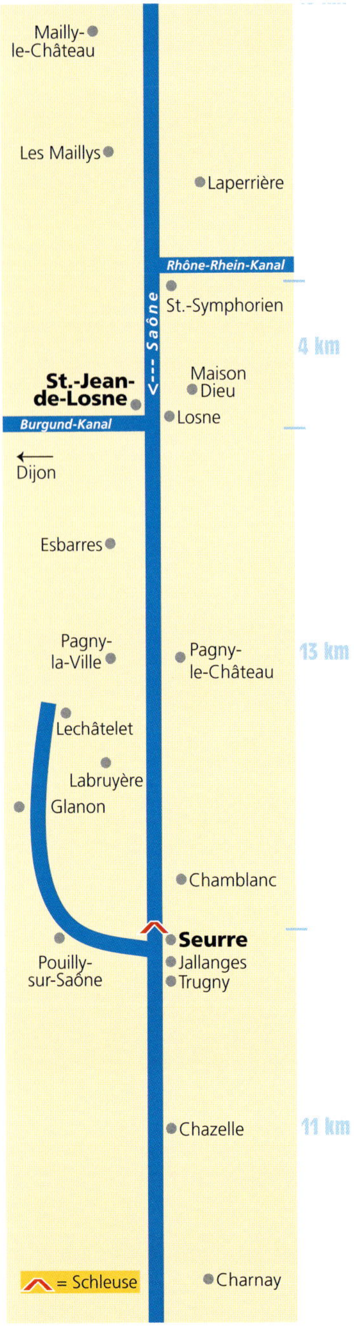

Fahrzeiten-Tabelle Seite 6.

Richtung St.-Usage (das ist der Ortsteil, der an der Straße Richtung Dijon liegt), rund 200 m vom Kreisverkehr beim Hafen des Bootsvermieters, finden Sie L´Ecu. Das einfache, aber blitzsaubere und top-gepflegte Bar-Restaurant hat seit 2005 denselben Besitzer. MO–FR gibt es schmackhafte, einfache Mittagsmenüs um rund 15 Euro

UND HIER NUN DIE RESTAURANTS AM KAI (in Fließrichtung der Saône):

Kebab Chez Philipe, SO geschlossen

Bistro La Cotinière, Menüs 15, 21 und 28 Euro, im Sommer 7/7 10–22 Uhr, Terrasse, 03 80 39 40 01

Salon de The Chez Jeanne (Bar à Tapas), 11–21 Uhr durchgehend Küche (Snacks und Tapas), MI abends und DO geschlossen

Brasserie Le Bouchon Losnais, einfache Küche, Menü 16 und 26 Euro, fallweise längere Wartezeiten, 8–23 Uhr geöffnet, DI geschlossen (Vor- und Nachsaison auch MO), Terrasse, 06 67 11 78 36

Pizzeria Pizz´Angel mit ein paar Tischen im Freien; 03 80 39 28 97

Bistro Le Sauconna: die Küche stinkt bis weit auf die Straße, trotzdem hält sich dieses Etablissement in unveränderter „Qualität" nun schon ein gutes Jahrzehnt – unverständlich

Sofra Kebab

Unterhalb der Brücke gibt es noch die Brasserie du Port mit Tagestellern und Mittagsmenüs (16 Euro); DI geschlossen. Fallweise finden hier auch Konzerte (Rock) statt, der Besitzer ist Schlagzeuger

Bootszubehör aller Art gibt es bei Blanquart

Diesel gibt es beim Schwimmponton gleich bei der Zufahrt zum Hafen

Die Bootstankstelle (sh. oben) hat auch eine Abpumpstation für Schmutzwasser

Direkt beim Stufenkai, am oberen Ende, gibt es eine Münzwäscherei, die täglich 7–19 Uhr geöffnet hat)

Auch beim Supermarkt Casino gibt es neuerdings eine Wäscherei

Taxi 03 80 29 10 48, 03 80 29 08 33 (Büro am Kai) sowie 03 80 39 26 71

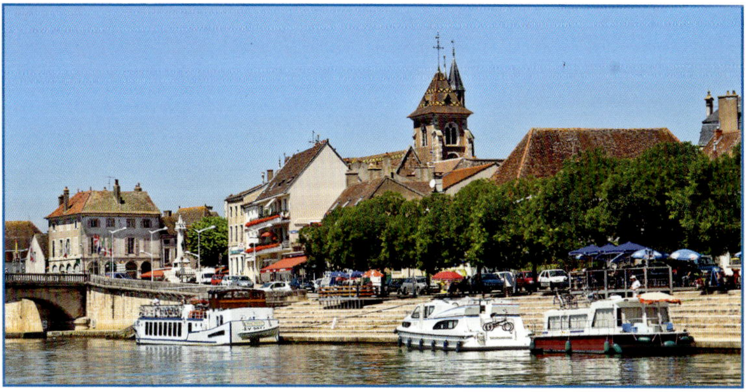

Belebter Kai mit Strom und Wasser in St.-Jean-de-Losne.

OT im Rathaus (Rue de la Liberté, das ist die von der Brücke kommende Straße), nahe der Kirche; DI–SA 9.30–12.30 und 14–18 Uhr; 03 80 37 15 70

Markt ist jeden Mittwoch vormittags

Das Land wird **UH von St.-Jean-de-Losne flach**, die Saône quert hier eine weite Ebene, die erst bei **Tournus wieder durch steile Hügel** abgelöst wird.

Pagny-le-Château D*

Das Berühmte aus diesem Ort am LU (bei der Brücke) des kanalisierten Abschnittes sind einige Statuen einer Kapelle (16. Jh.), die heute im Louvre zu bewundern sind.

Anlegen bei der Verladestelle OH der Brücke (heute nicht mehr verwendet)

Das Kirchlein gehörte früher zum Schloss. Das Schloss wiederum befindet sich links am Ortsende Richtung St.-Jean-de-Losne (Hauptstraße). Reste eines Turms daneben, an den ein Wohnhaus angebaut ist. Angeblich war die einmal eine Abtei

Am dreieckigen Hauptplatz finden Sie das Café-Restaurant La Comptoire de Pagny

Lebensmittel und Tabac gleich nebenan

Pagny-la-Ville D*

Am RU; liegt zwar sehr malerisch an der (nicht mehr befahrbaren) Saône, hat aber nichts mehr zu bieten.

FORTSETZUNG SEITE 72 >>

*Die Derivation Pagny-Seurre

Oberhalb von Pagny-le-Château beginnt ein längerer und eintöniger Abschnitt: die „Derivation Pagny-Seurre", ein Kanal mit Uferbefestigungen aus großen Steinen und Spundwänden, die ein Anlegen zwar möglich, aber nicht sehr einladend machen. Dieser Kanal wurde zum Leidwesen vieler Anrainer und Bootsfahrer trotz heftiger Proteste gegraben. Er ist Teil der Großschifffahrtsstraße, die bis St.-Jean-de-Losne führt und ursprünglich auch dem Doubs entlang bis zum Rhein hätte führen sollen.

Der Frachtverkehr hält sich stark in Grenzen. Schade, dass durch diesen schnurgeraden Kanal eines der attraktivsten Stücke der Saône mit zahlreichen Mäandern und netten Dörfern abgeschnitten wurde. Ein kleiner Abschnitt der Saône ist von Seurre hinauf befahrbar.

Kopf hoch: die knapp 10 Kanalkilometer haben Sie in 1 Stunde hinter sich – es sei denn, Sie gehen in den Orten entlang des Kanals auf Entdeckungsreise . . .

Der alte Saône-Arm bei Seurre

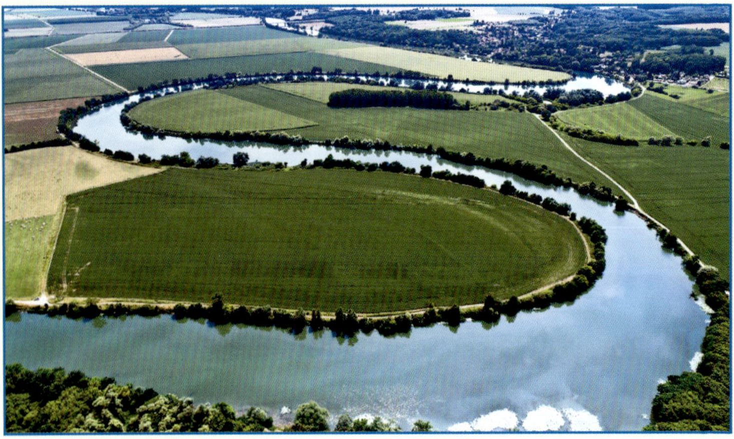

Beindruckende Mäander an der Saône zwischen Glanon und Lechâtelet.

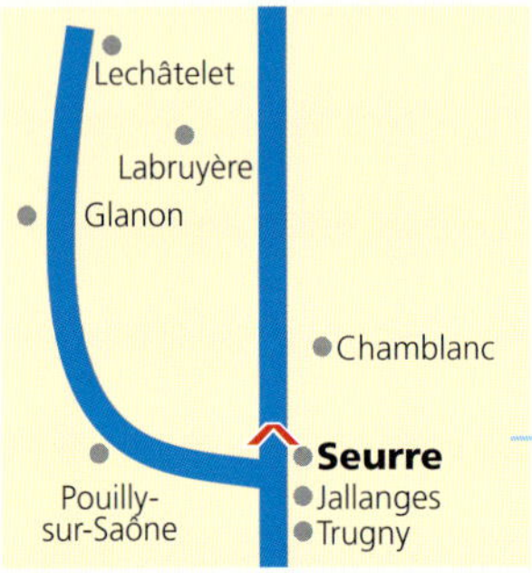

Biegt man bei Seurre ab, kann man die Saône ein Stück hinauf fahren.

Pouilly-sur-Saône PK 190

Am Ufer liegt am oberen Ortsende ein Schloss, das Sie vom Boot aus sehen können. Der Ort hat aber noch ein zweites, interessanteres (beide in Privatbesitz).

Bar und Bäckerei (SO zu) mit Lebensmittel und Tabac

Anlegen (Pflöcke einschlagen) mit Vorsicht möglich

Die kleinen Stege zwischen Pouilly und Glanon sind allesamt privat (meist Fischer-Plätze). Strengstes Anlegeverbot!

Glanon PK 193

Eine interessante Situation: der Ort liegt auf einem Hügel, der von einem in die Saône mündenden Bach tief eingeschnitten ist; alte Häuser und ein vor allem aufgrund der Höhenunterschiede interessantes Szenario.

Restaurant Le Riva Plage: ein Glaskasten mit einer wunderbaren Aussicht; Spezialitäten sind Pôchouse und Froschschenkel; 19, 24, 28 Euro, 03 80 26 97 22

Anlegen ist mit einiger Vorsicht „im Gestrüpp" (Bäume) möglich

Auvillars PK 193

Wenn Sie bei Glanon anlegen, können Sie den Weg der Saône entlang immer geradeaus gehen (der Fluss biegt allerdings ab), immer auf das Schloss auf der Anhöhe zu.

Das teils aus unverputzten Ziegeln mit Steinquadern errichtete Schloss (in Privatbesitz) ist absolut sehenswert, wenn auch nur von außen zu besichtigen. Es liegt auf einer Anhöhe, besteht aus zwei mächtigen Türmen mit einem eigenartig „dünnen" Haupttrakt, der eine geringe Tiefe von vielleicht nur 6 Metern aufweist. Über den Weg zur Kirche führt eine „Privatbrücke" die das Schloss mit seiner ehemaligen Gärtnerei verbindet

Die Kirche, ebenfalls aus unverputzten Ziegeln, steht neben der Schlossmauer

Der Ort selbst bietet einige interessante Häuser, teils sehr alte Fachwerkbauten

Geht man den Weg am Schloss vorbei bis zur Durchzugsstraße hinauf und dort ein Stück links hinunter, kommt man zum Restaurant Auberge de l´Abbaye (ca. 2 km von Glanon entfernt). Eine nette Atmosphäre herrscht im kleinen Speisezimmer mit seinen Steinmauern, der Holzdecke und dem Kamin; nur leider können die neuen Besitzer nicht kochen. Würde man das 38-Euro-Menü um 12 Euro in einem Les Routiers als schnelles Mittagessen erhalten, würde man wohl sagen: na ja, die haben sich bemüht, aber was will man schon um den Preis. Schade um das früher einzigartige Restaurant. Menüs um 15, 28 und 38 Euro, tägl. mittags geöffnet, FR und SA gegen Reservierung auch abends; 03 80 26 97 37

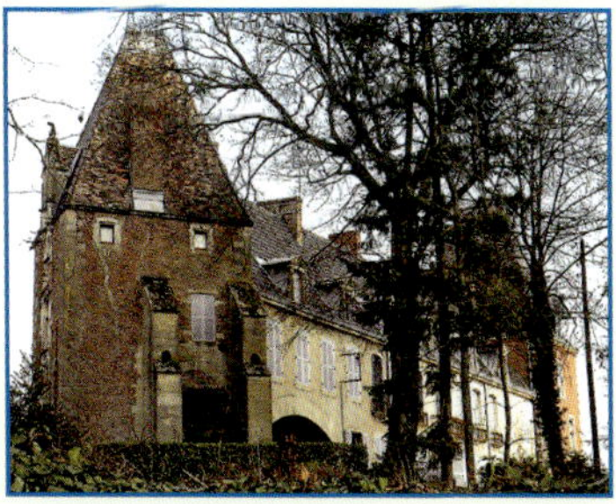

Schloss von Auvillars.

Lechâtelet PK 198

Hier endet der befahrbare Abschnitt der Saône. Die Schleuse ist außer Betrieb und hat mittlerweile auch keine Tore mehr. Durch die Öffnung schießt die Saône je nach Wasserstand mit unterschiedlicher Wucht.

Kleinere Boote (bis etwa 12 m) können mit Glück beim Schwimmponton anlegen (gehört zum Wasserski-Club); Achtung: Zugangscode bei der Gittertür nötig! 06 66 45 04 22. Anlegen auch am LU vor dem ehemaligen Restaurant möglich (Dalben)

OH der Schleuse sind Bestandteile eines alten Nadel-Wehrs, scheinbar als Demonstrations-Objekt aufgebaut. Wer weiß etwas Näheres darüber?

Im Bauernhof am unteren Ortsende (in der Straße parallel zur Saône) gibt es alles Mögliche zu kaufen, von Milch über Eier bis zu Hühner und Enten

Guinguette mit Snacks und Baguette (Depot du pain) beim Campingplatz unterhalb des Dorfes

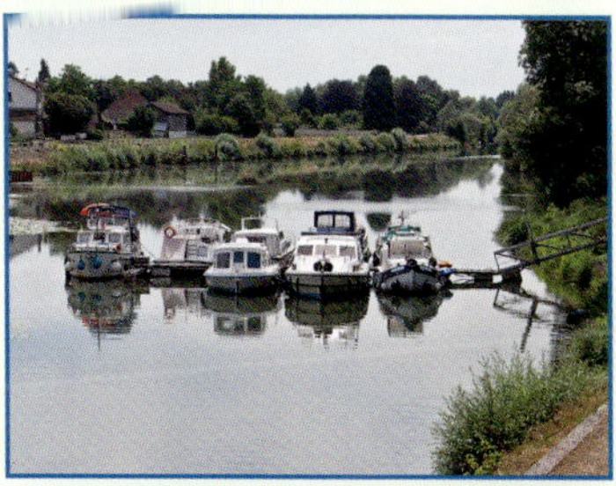

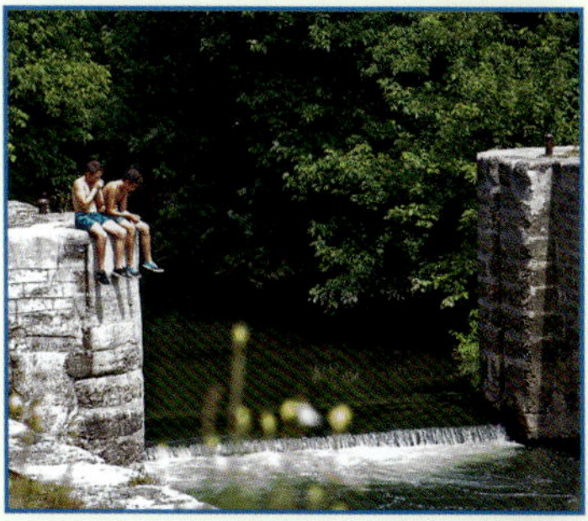

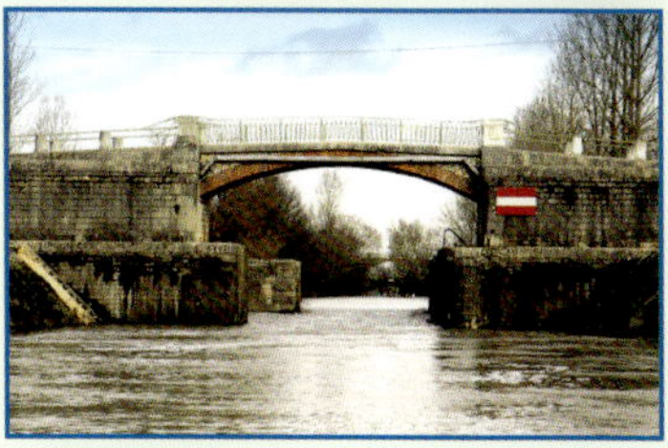

Lechâtelet: Privater Anleger für Boote bis max. 12 m. Bei der ehemaligen Schleuse von Lechâtelet ist Endstation . . .

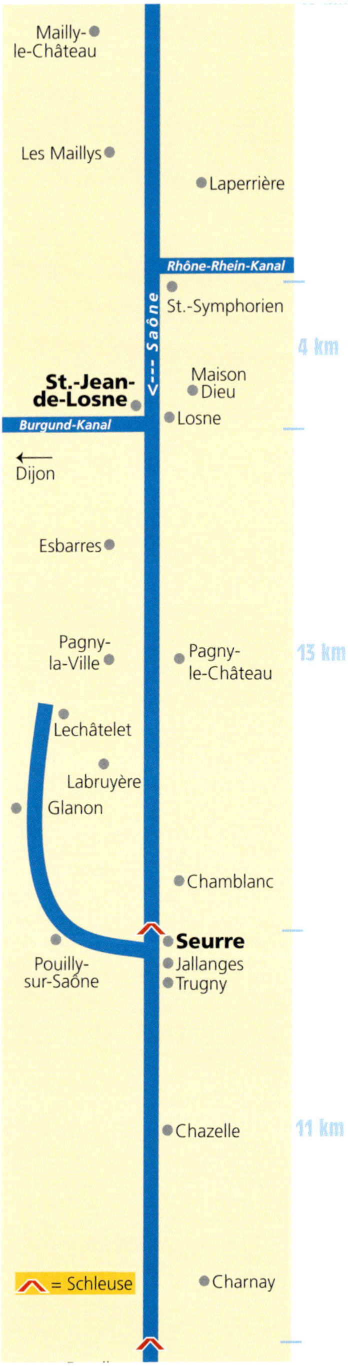

>> FORTSETZUNG VON SEITE 69

Labruyère D*

Am RU; kleines Schloss am Ortsrand, sonst nichts Nennenswertes.

Chamblanc D*

Hier bemerkt man deutlich den Wandel in der Architektur zwischen den Ortschaften weiter oben und dem bei St.-Jean-de-Losne beginnenden Abschnitt: Viele Gebäude des Ortes sind aus Ziegel (ohne Verputz) errichtet. Diese Bauweise ist auch flussabwärts noch zu sehen, allerdings nicht mehr so stark ausgeprägt wie hier. Die ehemalige Bar hat leider schon zu.

⚓ Anlegen am ehesten bei der Brücke, der Ort ist aber nicht gerade einfach zu erreichen

Wie Bienenhonig gewonnen wird, erfährt und sieht man bei Michel Moreau; 03 80 20 46 68

D bedeutet:*

Der Ort liegt an der **Derivation** Pagny-Seurre (siehe auch Seite 69), daher ohne PK)

Schleuse 7 Seurre (3,80) PK 188

Seurre PK 187

Rund 3.000 Einwohner zählende Uferstadt mit Stufenkai, der teilweise durch den Schwimmponton verbaut ist.

⚓ Anlegemöglichkeit bei den Schwimmpontons unterhalb der Schleuse. Boote unter 15 m nehmen den Anleger vor dem neuen Stufenkai (ca. 15 Euro, Wasser und Strom extra). Ruhig und kostenlos anlegen kann man im Altarm hinter der Insel, den man langsam und vorsichtig befahren sollte

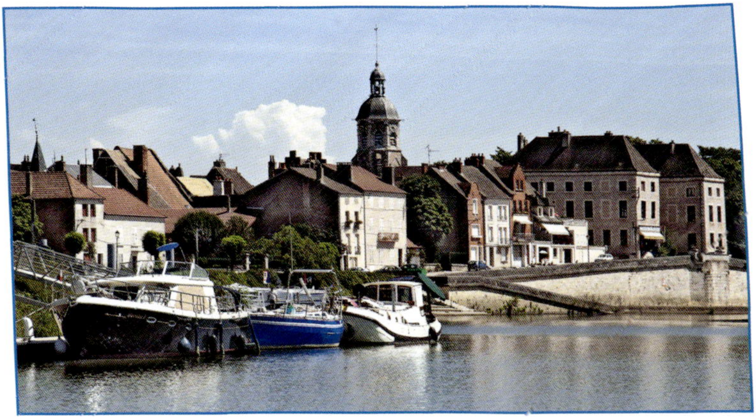

Neuer Anleger (beim Hafen) und alter Kai in Seurre.

(wird nicht als Fahrrinne ausgebaggert, Befahren auf eigenes Risiko). Ringe sind oben in der Mauer (in den Ausnehmungen) eingelassen

Die Kirche St.-Martin, die ins 14. Jh. zurück reicht, besitzt ein Glockenspiel mit 47 Glocken. Allein schon wegen ihres ungewöhnlichen Äußeren sollten Sie sich den Bau näher ansehen. Die Orgel stammt aus 1699 und genießt einen hervorragenden Ruf. Alljährlich findet am 2. Wochenende im Juli ein Orgel-Festival statt

Aus dem 16. Jh. stammt ein mehrstöckiger Ziegelbau, den Sie zwischen Saône und Hauptstraße (Rue de la République) in Höhe der Kirche, finden. Es ist dies das Maison Bossuet, in dem ein Museum über die Saône und die Region untergebracht ist; DI–FR 10–12 und 14.30–18 Uhr, SO, FT (Nebensaison auch MO) geschlossen, Eintritt frei; gleich nebenan ist übrigens ein interessantes Fachwerkhaus zu sehen

L'Hotel Dieu: von der Brücke kommend zum Kreisverkehr, dort gleich rechts. Die Stadt baute hier (nachdem ein Vorgängerbau aus 1350 an einem anderen Platz zweimal zerstört wurde) im Jahr 1688 das neue Spital. Heute sind noch die Apotheke (Ende 17. Jh.), die Kapelle (1731) und der Krankensaal für Männer (1765) mit seiner Original-Ausstattung zu sehen. Kostenlose Besichtigung des Krankensaals und der Kapelle April bis Oktober 14–17 Uhr (FR geschlossen), Führungen inkl. Apotheke, Küche und Bischofs-Zimmer gegen Anmeldung: 03 80 20 39 11

Das Schloss stammt aus dem 17. Jh. Es ist in Privatbesitz

L'Etang Rouge nennt sich ein Freilichtmuseum außerhalb von Seurre mit abgetragenen und hier wieder errichteten burgundischen Häusern (Juli und August, 7/7, 15–18 Uhr, 2 Euro); 03 80 21 09 11 (OT)

Zahlreiche Geschäfte (inkl. kl. Vival-Supermarkt DI–SA 7–13 und 15–20, SO

Die verrückten Schleusennummern

Stoßen Sie sich nicht daran, dass die Nummerierung der Schleusen hier ein wenig durcheinander gerät: Es wurden einige alte Schleusen hinfällig (z. B. die Schleuse bei Lechâtelet, weil der Flussarm nicht mehr befahrbar ist, die Schleuse bei Verdun, weil man wegen einer geänderten Stauhaltung nun neben der Schleuse vorbei über das ehemalige Wehr fährt oder die Schleuse bei St.-Jean-de-Losne, die ebenfalls überflüssig geworden ist). Sie haben es hier flussabwärts mit Großschifffahrtsschleusen zu tun, die eine Länge von 185 Metern und eine Breite von 12 Metern aufweisen. Keine Angst: je größer eine Schleuse, desto einfacher ist sie zu befahren. Schade ist nur, dass aufgrund des großen Stellwerks kein Kontakt mit dem Schleusenwärter besteht (es sei denn, Sie haben ein Sprechfunkgerät an Bord).

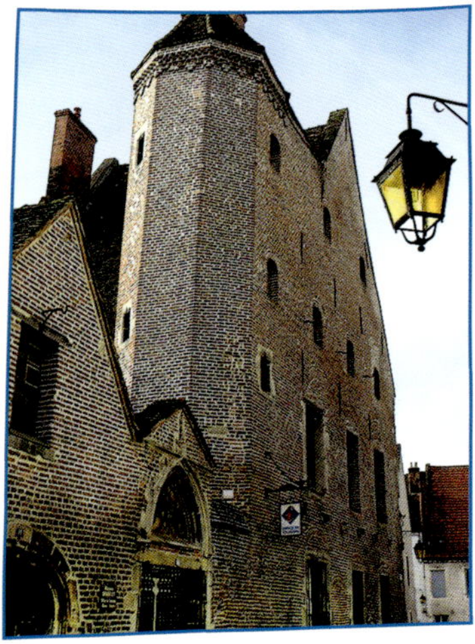

Museum im Ziegelbau in Seurre . . .

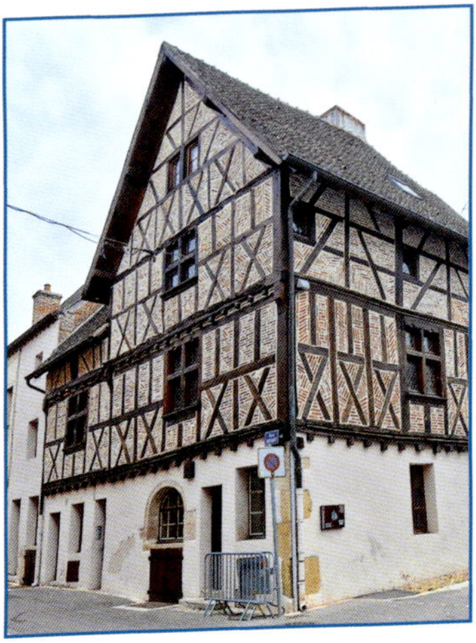

. . . und Wohnung im Fachwerk.

Hausboot-Urlauber Wolfgang Bauer schreibt über Seurre:

„Bei unserem Stadtrundgang kommen wir auch in die Kirche St.-Martin. Dort spricht uns der Mesner an und erzählt uns ein Geschichtchen aus dem Zweiten Weltkrieg, wie er einem Österreicher das Leben gerettet hat. Anschließend bietet er an, uns die Sehenswürdigkeiten der Kirche zu erklären. Diese Führung dauert schließlich beinahe eine ganze Stunde, in der wir alle Einzelheiten über die Bilder und Statuen der Heiligen sowie deren Lebensgeschichte erfahren.

Die Erläuterungen bringen mich an die Grenzen meiner Französischkenntnisse, da ich die Vokabel für die meisten Folterinstrumente nicht parat habe. Aber der Mesner ist nicht zu bremsen, bringt ein paar Brocken in anderen Sprachen ein, vollführt pantomimische Einlagen und gipfelt seine Führung schließlich in einem Orgel- und Flötenkonzert."

9–12 und 16–19 Uhr), Bäckerei, Fleischer, Apotheke, Geldautomat und Bars in der Rue de la République (parallel zur Saône, etwa 150 m entfernt)

Supermarkt ATAC (SO geschl.) sowie ein Aldi sind am oberen Ortsende an der Durchzugsstraße zu finden (1,5 km von der Brücke)

Näher und bequem für einen Großeinkauf ist der Supermarkt Intermarché (MO–SA 8.30–19.30 Uhr, SO 9–12.30 Uhr) am unteren Ortsende (LU, Höhe unteres Ende der Insel), wo es auch einen Heimwerkermarkt (Doras) und eine Tankstelle mit Gas gibt. Man kann beim alten gelben Kran am Kai anlegen und findet einen kleinen Weg weiter unterhalb, der um das Fitness-Studio herum und entlang der weißen Zäune zum Eingang des Intermarché führt

Waschmaschine und Trockner in der Capitainerie (Hafen)

Bar-Restaurant La Marine: beim ehemaligen Verladekai, gleich bei der Brücke; die Bar liegt nach vorne, das Restaurant ums Eck, dessen Gestank sich bis auf die Straße vor der Bar zieht. SO abends und MI geschlossen, Menüs 12, 19, 23 Euro; 03 80 21 12 90

Ganz anders riecht es aus diesem Lokal: Ein Stück den Fluss hinunter, direkt am Ufer des Nebenarms hinter der Insel, befindet sich das Au bon Accueil. Sie können übrigens genau vor der Saône-seitigen Terrasse

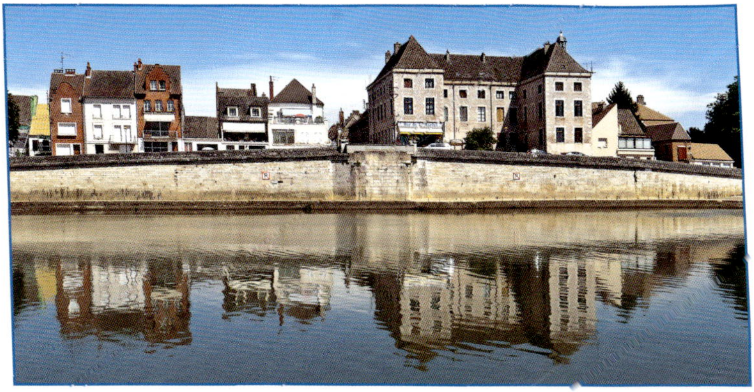

Der imposante alte Verlade-Kai von Seurre (Anlegen ist dort verboten).

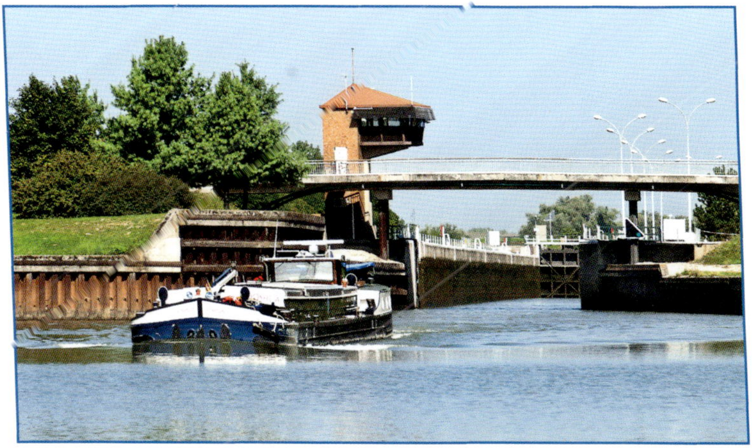

Großschifffahrtsschleuse bei Seurre: fallweise fahren noch Pénichen.

anlegen, sh. oben bei Anlegemöglichkeiten. Der Haupteingang befindet sich allerdings straßenseitig (2 x ums Eck). Dort eröffnet sich dem Gast ein gepflegtes Lokal mit Atmosphäre und typischer (sehr schwerer) burgundischer Küche; mein Tipp für Seurre! Menus 15, 28, 38 Euro; MO abends geschlossen. 03 80 21 12 32

🍴 Grill-Pizzeria namens Grilladin beim Kreisverkehr nahe der Brücke – ein halbwegs brauchbares Restaurant. SO, MO geschlossen; 03 80 21 17 62

🍴 Pizzeria-Restaurant Le Jean Bart (selbe Straße, weiter oben)

🍴 Kebabladen in der Rue de la République

🍴 Am gegenüberliegenden Ufer, unweit der Brücke, gibt es beim Bad das Restaurant de la Plage; bitte um Berichte!

☞ Taxi: 03 80 20 37 01, 03 80 21 09 12, 03 80 20 46 21

☞ OT in der Capitainerie

☞ Markt am SA Vormittag

Hat sich was geändert?

Preise können sich ändern, Restaurants den Besitzer wechseln oder Geschäfte geschlossen werden. Bitte informieren Sie mich! (sh. Seite 5)

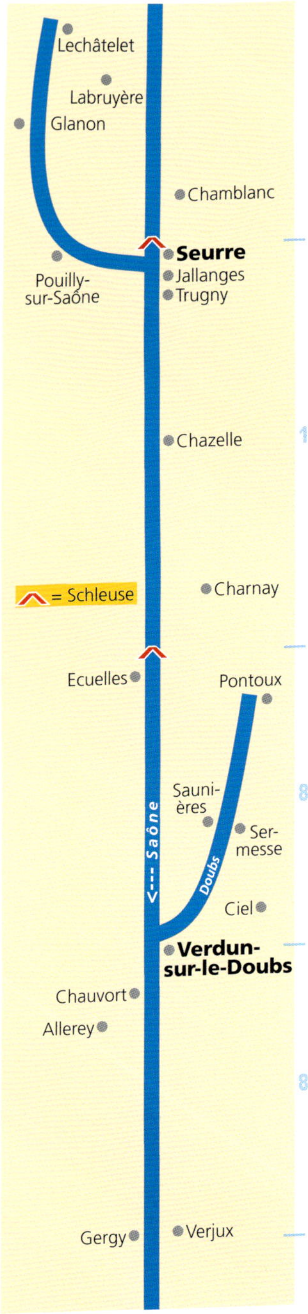

Fahrzeiten-Tabelle Seite 6.

Jallanges und Trugny PK 186

Zwei kleine Orte an der Saône, unterhalb von Seurre, die beide nichts zu bieten haben.

Unterhalb der Ortschaften Jallanges und Trugny trifft man auf eine für Bootsfreunde witzige Situation: Hier gab es einmal einen Kanalabschnitt mit Schleuse. Da die Saône in diesem Bereich allerdings durch die Umwandlung in eine Großschifffahrtsstrecke eine andere Stauhaltung erhielt, ist die Schleuse hinfällig und man befährt nun wieder den Fluss. Kurz danach kommen Sie unter einer „poppigen" Brücke durch: blau und pink, ein netter Farbtupfen.

Chazelle PK 182

Hier gibt es nichts zu entdecken, das einstige Restaurant hat für immer zu.

Charnay PK 178

ist der nächste größere Ort, der allerdings nichts zu bieten hat und obendrein nur schlecht erreichbar ist.

Schleuse 6 Ecuelles (3,20) PK 175

Bei Schleuse 6 gibt es Wasser (am ersten Duc d'Albe). Allerdings ist ein sehr langer Schlauch notwendig.

Ecuelles PK 174

Anlegen nicht möglich.

Verdun-sur-le-Doubs PK 167

Ein bereits von den Kelten besiedelter Ort am Zusammenfluss von Saône und Doubs. Die Silbe „Dun" bedeutet Hügel – Verdun liegt zwar nicht erkennbar auf einem solchen, die Stadt ragt aber den-

LU = Linkes Ufer **RU** = Rechtes Ufer (in Fließrichtung) Weitere Abkürzungen sh. Seite 5

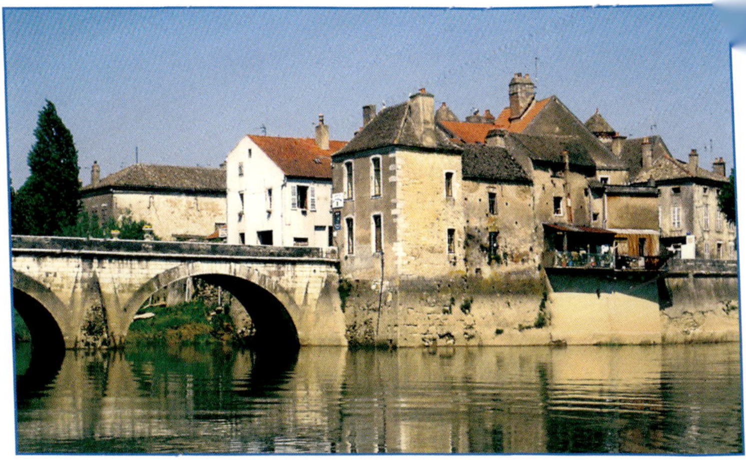

Verdun-sur-le-Doubs: uralte Siedlung zwischen Saône und Doubs.

noch deutlich über das Wasser. Der Fluss Doubs mündet mit drei Armen in die Saône. Verdun liegt zur Hälfte auf einer Insel zwischen dem Petit Doubs und der Saône, woraus sich eine sehenswerte Anlage des Ortes ergibt.

⚓ Ein Schwimmsteg mit Wasser und Strom befindet sich beim ehemaligen Kai (ca. 12 Euro); die Einfahrt zum Ort ist unspektakulär und beinahe zu übersehen, Verdun versteckt sich nämlich hinter der „Ile du Château" und sollte nur von unten angefahren werden (sh. Wasserkarte)

Die Kirche Saint Jean-Baptiste ist ein unscheinbares Kleinod. 1609 wurde sie erbaut, nachdem ihre Vorgängerin aus dem 12. Jh. einmal zur Strafe für die Bewohner angezündet und einmal im Zuge von Kriegshandlungen zur Hälfte zerstört wurde (zuvor gab es schon im 6. Jh. eine Kirche in Verdun). Auffällig ist neben dem bescheidenen Inneren die aus Holz gefertigte Decke, die Arbeit eines Schiffszimmerers aus Verdun (17. Jh.). Und eine Marienstatue aus dem 14. Jh. findet man in einer Seitenkapelle; um sie rankt sich die Sage, dass sie von 13 Familien, die 1347 die Pest überlebten, gestiftet wurde. Das Kapitell und die Säulen beim Eingang sind Reste eines Bauwerks aus dem 14. Jh.

Maison du blé et du pain: beim Gemeindeamt auf der Insel zwischen Kleinem Doubs und Saône. Dort erfährt man alles

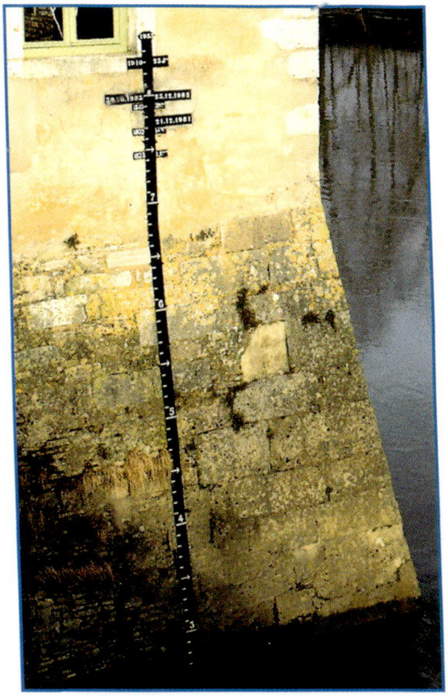

Verdun: Hochwassermarke.

über das Brot, seine Grundprodukte und die Geschichte beider. 15. Mai–30. Sept. tägl. 15–19 Uhr, sonst 14–18 Uhr; 03 85 76 27 16 oder 03 85 91 57 09

Bei der Brücke, die auf die Insel zwischen Kleinem Doubs und Saône führt, sehen Sie ein Haus mit einer äußerst bemerkenswerten Hochwassermarke

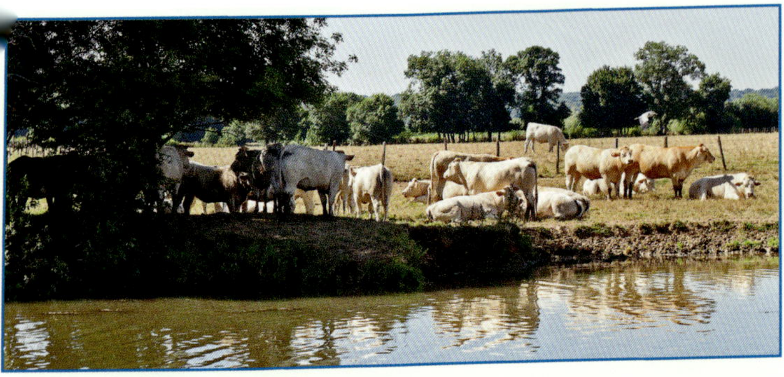

Der Doubs bis Pontoux

Von Verdun aus kann man den Fluss Doubs ein kurzes Stück hinauf fahren. Bei Pontoux ist „end of navigation". Wer den Doubs weiter oben befahren will, muss den Canal du Rhône au Rhin nehmen, der bei St.-Symphorien (siehe Seite 62) abzweigt.

Den kurzen Ausflug von Verdun den Doubs hinauf empfehle ich allen, die ein wenig Zeit in einer einsamen Landschaft verbringen oder ganz für sich allein sein wollen – hier fährt nämlich niemand. Es gibt keine Anleger und keine Stege. Wer hier verweilen will, muss „kreativ anlegen" (Pflöcke, Bäume . . .).

Wer einen Blick auf die Wiesen rundum wirft, wird unschwer die Kraft der alljährlich hier tobenden Hochwässer erkennen können: Für ein, zwei Tage im April steht das Wasser einen Meter über den Kuhweiden und formt den Untergrund in weichen Wellen.

Die Orte sind wahrlich kein „Muss", vor allem, seit man nicht mehr bis in das recht nette Navilly fahren darf. Daher keinen Stress und die Strecke lieber auslassen, wenn Sie nicht genügend Zeit haben!

Saunières

Am RU des Doubs bei der Brücke, uninteressant und ohne Versorgungsmöglichkeiten.

Sermesse

Am LU, gegenüber von Saunières gelegen.

⚓ Anlegen mit Phantasie möglich, auch hier keine Versorgungsmöglichkeiten

Pontoux

Ein interessantes Dorf für alle, die gerne auch Unscheinbares genau beobachten.

⚓ Bei Pontoux ist das Ende des befahrbaren Abschnittes (Schild am Ufer beim Slipway beachten)

⚓ Anlegen mit Vorsicht in der Nähe der beiden „Buchten" am LU möglich

Ein schmaler Weg führt hinauf ins Dorf; links ein Schloss (es trägt die Nummer 1), rechts kommt man zur Kirche. An ihr vorbei gelangt man zu einem großen, aber desolaten Schloss, das als Bauernhof dient und grausam verunstaltet wurde und wird

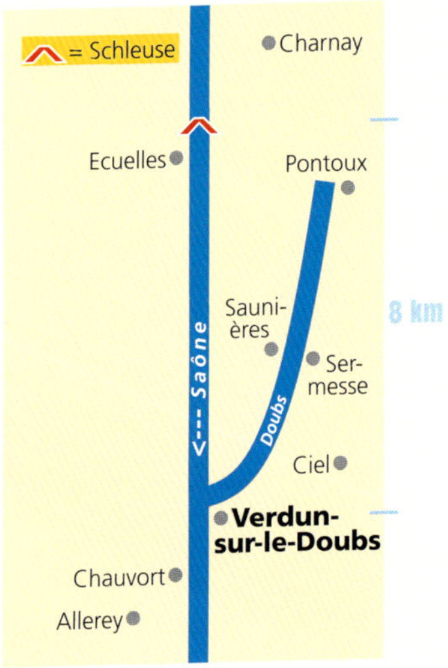

 LU = Linkes Ufer **RU** = Rechtes Ufer (in Fließrichtung) Weitere Abkürzungen sh. Seite 5

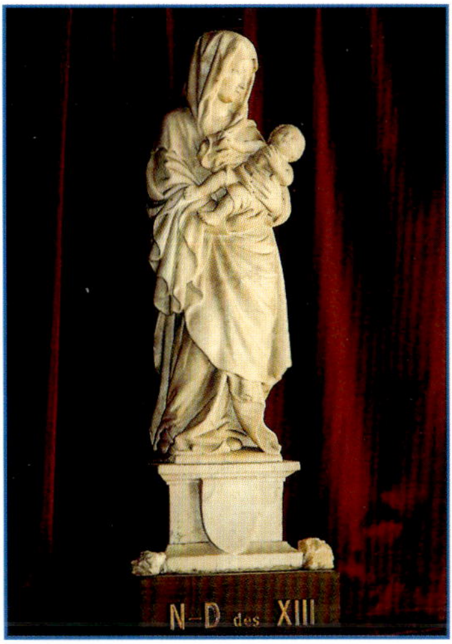

Marienstatue in Verdun.

Kleine verwinkelte Gassen und sehenswerte Häuser mit interessanten Höfen sind einen Rundgang auf der „Insel" wert

Alle Einkaufsmöglichkeiten

In der Rue de la République, die an der Kirche vorbei führt, finden Sie Bäcker, Café, Post, Fleischer, Tabac, Angler-Zubehör und etwas weiter draußen eine Apotheke

Supermarkt ATAC mit Tankstelle und Gas an der Straße nach Ciel; MO–SA 8.30–19.30, SO 9–12 Uhr

Snack-Bar „Capitainerie" beim Anleger

Gegenüber vom Anleger befindet sich das Restaurant Des Trois Maures; Menü 12, 18 und 29 Euro; SO abends und MO geschlossen; 03 85 91 51 17

Das beste Restaurant liegt etwa 800 m außerhalb des Zentrums, in der Rue de la République, Richtung Ciel: In der Hostellerie Bourguignonne isst man in einer feinen Atmosphäre; hier gibt´s ausgezeichnete Pôchouse (und generell eine perfekte Küche); Mittags-Menüs 25, 30, 35 abends 48, 55 und 80 Euro; Mai–Sept 7/7, sonst SO abends, DI, MI mittags geschlossen (Reservierung empfohlen!); 03 85 91 51 45

Am Weg dorthin, in der Rue de la République, befindet sich das Le Soleil d´Or mit Menüs um 12, 16, 21 und 25 Euro; Mai–Sept. DI geschlossen, Okt.–April auch FR abends und SA abends; 03 85 91 51 15

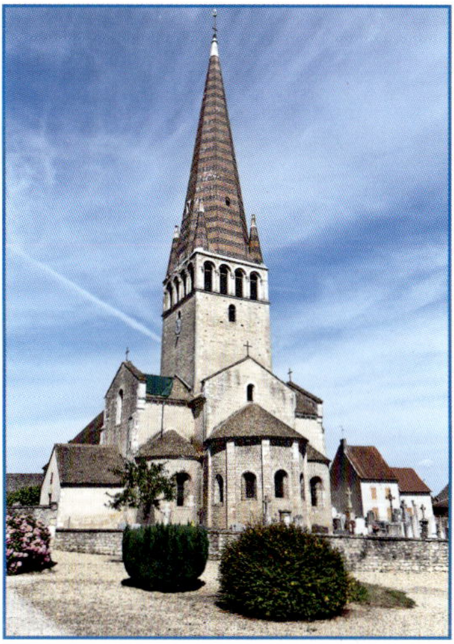

Kirche (12. Jh.) in Ciel.

In der Rue de la République finden Sie außerdem einen Kebab (MO und DO mittags zu), einen kleinen Italiener und eine Bar-Brasserie mit Snacks

Auf der Insel, in einer Seitengasse: Au Caveau: Menüs 12–26 Euro, MO geschlossen; 03 85 91 82 50

Und ganz in der Nähe des Brotmuseums gibt es das Le Flibustier mit Menüs von 15 bis 24 Euro; DI–FR mittags, FR und SA auch abends; Juni–August zusätzlich DI–DO abends; 03 85 91 56 19

OT im Glaskobel beim Anleger

Markt am DO vormittags

Ciel PK 167

Kleiner Ort, 2 km von Verdun-sur-le-Doubs landeinwärts, die Rue de la République einfach immer gerade weiter. Das Besondere an dem verschlafenen Nest Ciel (zu Deutsch: Himmel) ist neben dem Namen die Kirche. Ein Teil davon stammt noch unverfälscht aus dem 12. Jahrhundert. Sie hat einen Glockenturm, dem um 1750 ein rot-schwarz-gestreiftes Ziegeldach aufgesetzt wurde – als Ersatz für den früheren Renaissance-Spitz. Es

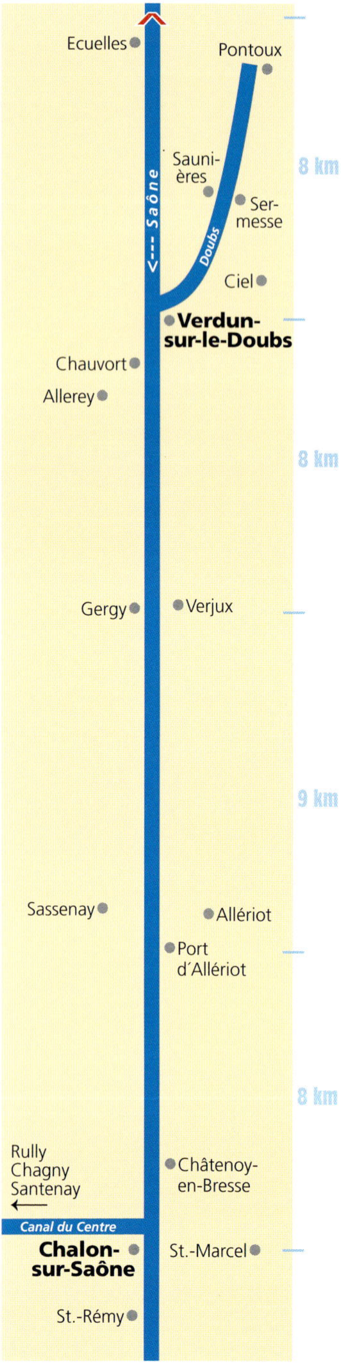

handelt sich hier um eine der wenigen echten romanischen Überreste entlang der Saône. Das Château de Vauvry liegt abseits und kann nicht besichtigt werden (Privatbesitz).

Superette (Proxi) mit Tabak, Bäcker und Fleischer

Chauvort PK 165

Kleiner Ort am RU unterhalb von Verdun-sur-le-Doubs. Hier existierte früher eine Brücke, deren Reste (2 hohe Pfeiler) am Ufer noch zu sehen sind.

Anlegen für unten erwähntes Restaurant (der Ort hat sonst nichts zu bieten) mit ein wenig Phantasie an der schrägen Wand mit der kleinen Eisentreppe durchaus möglich, allerdings seicht. Zwischen den beiden Pfeilern und der Einmündung des Baches (OH) gibt es zwei Mal Steinstufen und mehr Wassertiefe

Das Restaurant Au Beau Rivage liegt direkt am Ufer, ist bei den Einheimischen sehr beliebt und bietet Menüs um 16, 34 und 42 Euro. Spezialitäten sind Pôchouse (hier gibt es gleich 2 Arten davon!), Krebse und Fisch; nette Terrasse mit großen schattenspendenden Bäumen und guter Aussicht auf die Saône; Di, MI geschlossen, Juli/August 7/7, 03 85 91 87 45

Allerey-sur-Saône PK 165

Ort am RU unweit von Chauvort.

Anlegen siehe Chauvort

Ein Schloss befindet sich hinter der Kirche. Privatbesitz

Bäckerei

Bar-Brasserie mit Pizzeria (bei der Kreuzung): 03 85 91 93 68

Gergy PK 159

Am rechten Saône-Ufer, etwas abseits des Flusses auf einer Anhöhe gelegen.

Schwimmponton beim ehemaligen Verladekai

Frühgotische Kirche, wie man sie in dieser Art nicht sehr häufig findet

Vom Schloss hat man eine gute Aussicht auf den Fluss und die Orte der Bresse. Es befindet sich in Privatbesitz, man kann es nur von außen (bzw. vom Fluss aus) bewundern. Der Eingang wird von einem Torturm bewacht – ein interessantes Gebäude

Petit Casino (Lebensmittel) MO–SA 8–12.30 und 15–19.30 Uhr, SO nur vormittags, MI geschlossen

Bäckerei (SO nachm. und MO zu, Fleischer, 2 Bars, Tabac (MO–SA 7–19 Uhr); alles am „2. Platz" neben dem Kirchplatz, bei der Straße zur Brücke

Beim Schwimmsteg finden Sie ein Bar-Restaurant, das unter keinem guten Stern steht. Alle paar Jahre hat es einen neuen Besitzer, keiner hält sich hier lange. Derzeit ist es eine Guinguette namens l´Eau à la Bouche mit einfachen Speisen und Snacks. Es ist gleichzeitig die „Kantine" des Campingplatzes. Menüs 15, 23, 26 Euro, März bis Oktober geöffnet, MI ganztags und DO mittags zu; 03 45 28 82 93

Kebab DI–SO 18–21 Uhr

Urige Café-Bar mit schattiger Terrasse

Verjux PK 159

Am LU, gegenüber von Gergy. Hier gibt es nichts mehr, die Beschilderung (Geschäfte, Bar) ist veraltet.

Sassenay PK 151

Rund 1 km vom RU entfernt und bei PK 151 über eine kleine Straße erreichbar.

Mitten im Ort befindet sich neben der Kirche das Schloss von Sassenay, dessen Ursprung bis ins 9. Jh. zurückreicht. Das Gebäude dient heute als Gemeindeamt und kann nicht besichtigt werden – außer Sie geben vor, einen Amtsweg zu haben

Port d'Allériot PK 150

Zwei Ausflugs-Restaurants am Ufer locken immer wieder Bootsfahrer an – nach einem brauchbaren Steg fragen viele, allein: es wird keiner errichtet. Der Ort hat sonst nichts zu bieten.

Das Schloss kann man vom Fluss aus sehen (privat)

Anlegen ist hier kaum möglich, die kleinen Stege sind privat

Restaurant La Bonne Friture: einfach, MO geschlossen, 03 85 47 55 55

Restaurant La Cuisine: 7/7, Pizza, Menüs 12 bis 22 Euro

Châtenoy-en-Bresse PK 147

In diesem Ort legt man Wert darauf, dass hier die Bresse beginnt.

Im ehemaligen Hafen OH von Chalon befindet sich ein Yachtclub, Anlegen dürfen nur Mitglieder. Die einzige Möglichkeit bietet sich beim ehemaligen Verladekran

Oben am Platz finden Sie das Gemeindeamt in einem Schloss mit tollem Park und einer kleinen Kapelle, die heute ein wenig verloren zwischen Zaun und Straße steht

Bar beim Gemeindeamt

Direkt beim ehemaligen Hafen: Restaurant Roseraie, mit einem Golfclub und einem riesigen öffentlichen Park dahinter. 7/7 geöffnet (abends nur gegen Reservierung), 03 85 41 57 14 oer 09 70 35 96 32

Oberhalb des Ortes finden Sie das Bar-Restaurant Les Pieds dans l'Eau, das Menüs um 15, 20, 26 und 36 Euro anbietet (MO und DI geschlossen, Juni–August 7/7 geöffnet); im Swimmingpool dürfen Restaurant-Gäste auch dem Restaurant-Namen gerecht werden und ihre Füße ins Wasser strecken (oder gleich richtig baden). Der Anlegesteg bietet 2–3 Booten Platz, die Terrasse ist ein netter und schattiger Platz. Gekocht wird mit Zutaten höchster Qualität, alles ist stets frisch und sorgfältig zubereitet. Fisch dominiert die Karte (Friture d´ablettes, Pôchuse und auch die Froschschenkel sind absolut empfehlenswert), es gibt aber auch andere Gerichte. 03 85 96 51 42

St.-Marcel PK 143

Ein lebendiger Ort, 2 km vom LU mit einer interessanten Kirche und allen Einkaufsmöglichkeiten, der für Bootsfahrer aber nur umständlich zu erreichen ist.

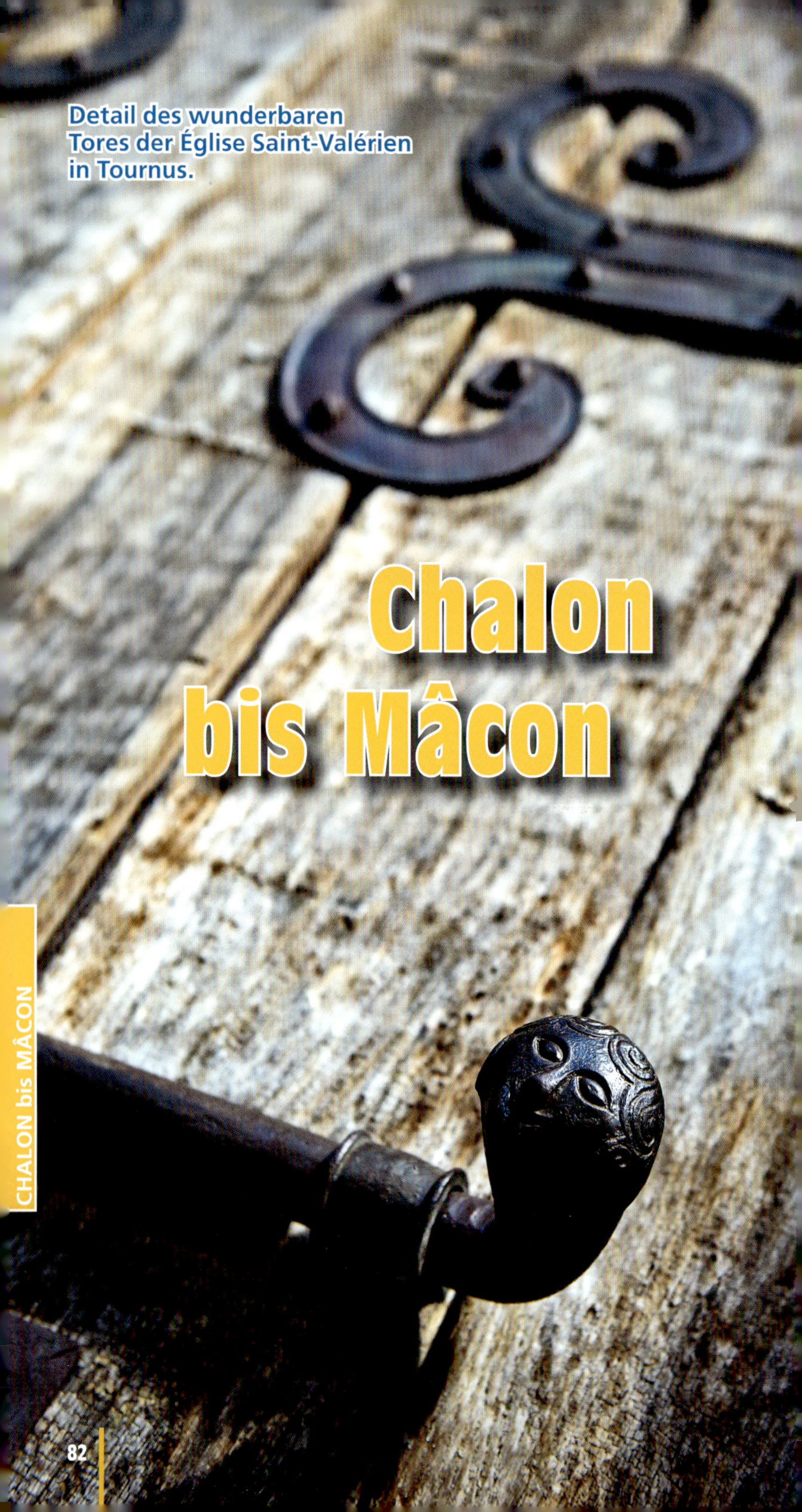

Detail des wunderbaren Tores der Église Saint-Valérien in Tournus.

Chalon bis Mâcon

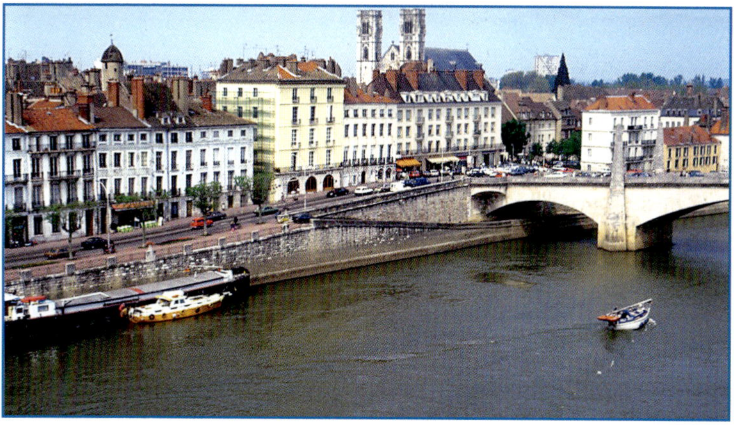

Chalon-sur-Saône, vom Tour du Doyenné aus gesehen.

Chalon-sur-Saône PK 142

Bedeutende Stadt an der Saône mit rund 70.000 Einwohnern. Mittelpunkt von Handel, Industrie, Landwirtschaft und Weinbau der Region. Einmündung des Canal du Centre in die Saône oberhalb von Chalon.

⚓ Die Saône umströmt eine Insel, hinter der ein schöner Bootshafen liegt. Gebühr je nach Bootslänge: ca. 18 Euro. Über die Fußgängerbrücke kommen Sie direkt vom Hafen auf die Insel mit den Restaurants. Achtung: ab 20 Uhr Zutritt nur mit Chip (Capitainerie); Sie können den Hafen zwar verlassen, kommen aber nicht mehr hinein. Tipp: zeitig kommen, im Sommer herrscht mehr Andrang als es Plätze gibt!

⚓ Der alte Hafen OH von Chalon gehört bereits zu Chatenoy-en-Bresse (siehe dort). Von dort sind es allerdings rund 3 km Fußmarsch bis ins Zentrum von Chalon

Vom 11. bis zum 15. Jh. baute man an der ehemaligen Kathedrale St.-Vincent (Bischofssitz fast bis 1800), die in der ersten Hälfte des 19. Jahrhunderts eine scheußliche Fassade (Neogotik) verpasst bekam. Sie ist bis auf diese eine Ansicht mit Häusern verbaut. Die Kirche hat eine interessante Geschichte: Wo einst ein Tempel und später eine Kirche der Merowinger standen, wurde dieses Bethaus errichtet, das innen interessanter ist, als es das Äußere vermuten lässt. Dort herrschen gotische Formen vor, der Grundriss „deutet auf romanische Konzepte hin", wie Kenner sagen. Der Kreuzgang stammt aus dem 15. Jh.

Zahlreiche Fachwerkhäuser, Patrizierhäuser aus dem 17. und 18. Jh., Innenhöfe, mittelalterliche Straßenzüge

Ancien Hôpital St.-Laurent: 1529 wurde auf der Insel St.-Laurent ein Spital gegründet; die alte Apotheke (Fassade aus dem 18. Jh.) mit seiner Porzellan-Sammlung kann ebenso wie die Kapelle und Teile des Nonnenklosters besichtigt werden. Die Kapelle beherbergt übrigens Fenster aus dem 16. Jh.: Sie stammen vom Kirchenschiff, das 1854 abgetragen wurde; Besichtigung nur in Form von Führungen: April–September MI und DO 14.30 Uhr (übrige Monate nur MI); gegen Voranmeldung auch jeden 1. und 3. SO ab 5 Personen; 03 85 44 65 87

Musee Nièpce: Das Fotografie-Museum am Quai des Messageries (vom Fluss aus zu sehen) hat täglich außer DI und FT 9.30–11.45 und 14–17.45 (Juli, August 10–18 Uhr) geöffnet; hier sehen Sie die Geschichte der Fotografie von der Erfindung des ersten Fotoapparates bis heute. 03 85 48 41 98

Musee Denon: Gemälde, Geschichte und Möbel; täglich außer DI und FT 9.30–12 und 14–17.30; Rue Boichot, das ist in der Nähe des Rathauses (Hôtel de Ville); wenn Sie am RU den Kai flussabwärts gehen, am Fotografie-Museum vorbei und dann rechts hinauf, links den Rathaus-Platz entlang und die 2. rechts; 03 85 94 74 41

Tour du Doyenné (15. Jh.) auf der Insel St.-Laurent, nahe des Hafens: siehe Info auf Seite 87

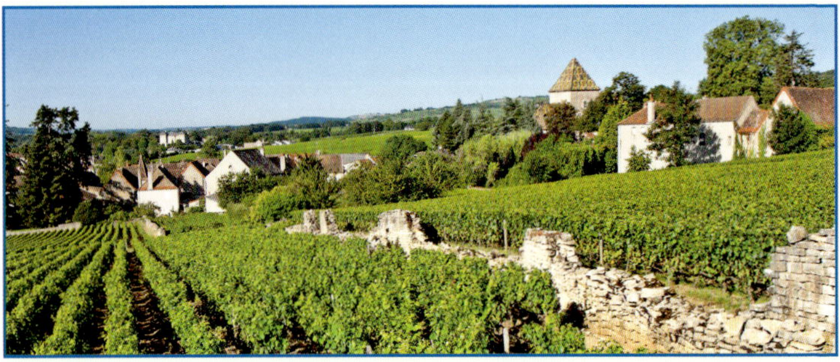

Weinort Santenay.

Ausflug auf den Canal du Centre

Oberhalb von Chalon-sur-Saône zweigt der **Canal du Centre ab.** Er führt (mit seinen automatischen Schleusen) durch die **Weingärten Burgunds**. Wer Zeit hat, einen Tag hinauf und einen wieder retour zu fahren, wird den Ausflug nicht bereuen, zumal der Centre in starkem Kontrast zur Saône steht – sowohl bezüglich der Landschaft als auch als Wasserweg.

Ein lohnenswertes Ziel für einen Kurzausflug wäre **Chagny** (20 km, 11 automatische Schleusen, gesamt 4 Std. Fahrzeit), wo Sie im Lameloise (sehr teuer, aber auch wirklich sehr gut) oder im Grenier à Sel (einfacher, jedoch stimmungsvolle Atmosphäre im Steingewölbe mit offenem Feuer) essen könnten. 5 km nach Chagny erreichen Sie **Santenay**, ein sehenswerter Weinort. Weinverkosten kann man übrigens auch in **Rully**, das von seinem wuchtigen Schloss (zu besichtigen) dominiert wird.

Den Beginn des Kanals markiert **eine Schleuse mit 11 m Hub** (Schwimmpoller). Sie ersetzt vier Schleusen, die um 1960 eliminiert wurden, als man den damals mitten durch Chalon führenden Kanal aus dem Ort „verbannte" und ihm weiter außerhalb ein neues Bett grub.

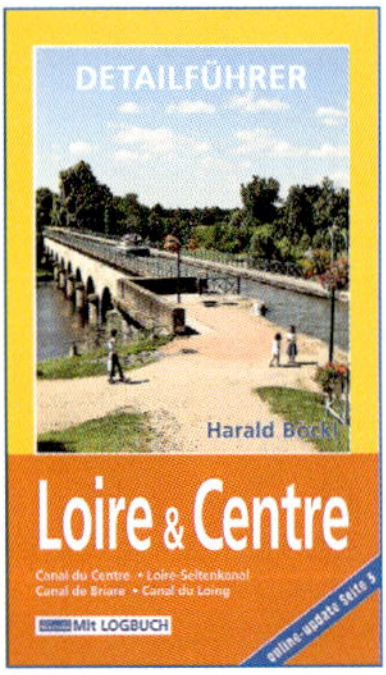

Detailinfos über diese Strecke finden Sie in unserem Führer **„Loire & Centre"**; Leseproben, Infos und Bestellung siehe **www.hausboot-boeckl.com**

Canal du Centre, Loire-Seitenkanal, Canal de Briare, Canal du Loing. 130 S. • € 19,00

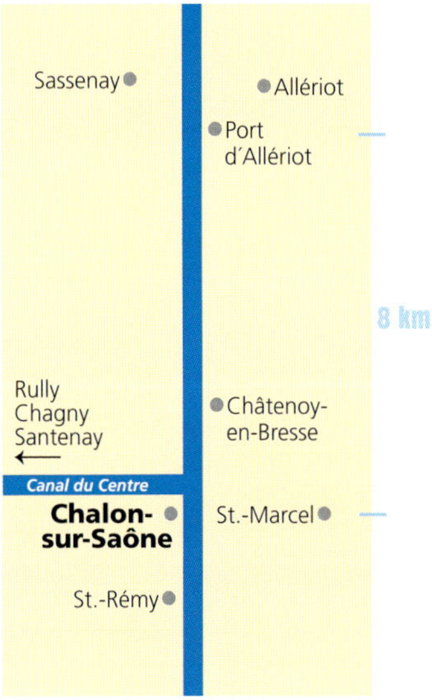

Botanischer Garten am Place Mathias (von der Insel St.-Laurent über die Brücke, rechts an der Kathedrale vorbei); Eintritt frei, geöffnet 8–21.30 (im Winterhalbjahr nur bis 17.30 Uhr)

Große Gewerbezone gleich hinter dem Hafen (LU) mit großem Supermarkt

Auf der Insel gibt es eine Bäckerei (Rue de Strasbourg, am rechten Ende, von der Fußgängerbrücke vom Hafen kommend)

Chalon bietet als große Stadt natürlich zahlreiche Restaurants. In der Fußgängerzone rund um die Kathedrale sind jedoch kaum welche zu finden, daher empfehle ich die Insel St.-Laurent (beim Hafen). Diese hat drei Straßen, abgesehen von der, die rund um die Insel führt. Die Rue de Strasbourg führt direkt zur Brücke und besteht praktisch nur aus Restaurants, die allerdings erst am Abend stark frequentiert werden. Mittags ist nur etwa die Hälfte geöffnet

Beginnen wir bei der Altstadt-Brücke und mit den Restaurants, die sich schon lange halten:

Das Braseiro bietet Fleischspezialitäten, u. a. Fondue mit verschiedenen Fleischsorten in Öl oder Wein um 14–17 Euro; SO geschlossen, 03 85 48 28 58

Gleich daneben finden Sie das (empfehlenswerte) L´ Aromatique mit einer angenehmen Atmosphäre und Menüs um 18, 26 und 36 Euro; DI–FR mittags und abends, SA nur abends; 03 58 09 62 25

„Le Bourgogne“ ist ein gediegenes Restaurant mit Menüs um 19, 28 und 33 Euro; SA mittags, SO abends und MO geschlossen; 03 85 48 89 18

Machen Sie einen großen Bogen um das Chez Jules. Das gibt es zwar auch schon etliche Jahre, Bedienung und Küche sind aber wie eh und je gleichermaßen unfähig

Le Bistro in der Mitte der Straße bietet unaufgeregt- moderne Küche auf gutem Niveau. Menüs 20, 32, 38 Euro, SO und MO zu, 03 85 93 22 01

Auch schon ewig gibt es die Brasserie St.-Laurent. Sie ist stets voll, auch morgens – Frühstück gibt es nämlich bis 11 Uhr. 03 58 09 50 01

Wer Abwechslung zur französischen Küche sucht, findet hier einen Japaner, Chinesen, Inder und Marokkaner

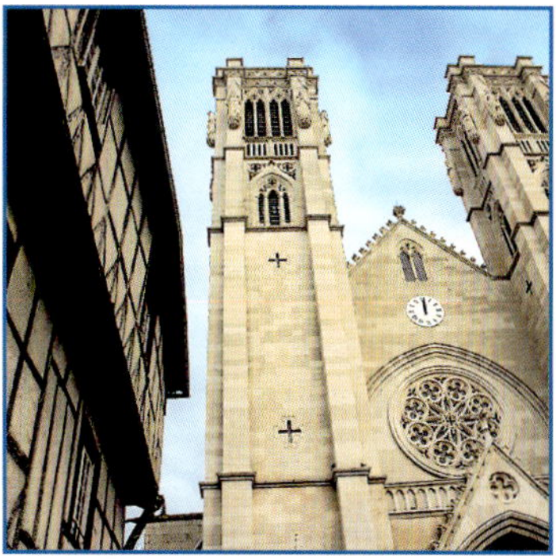

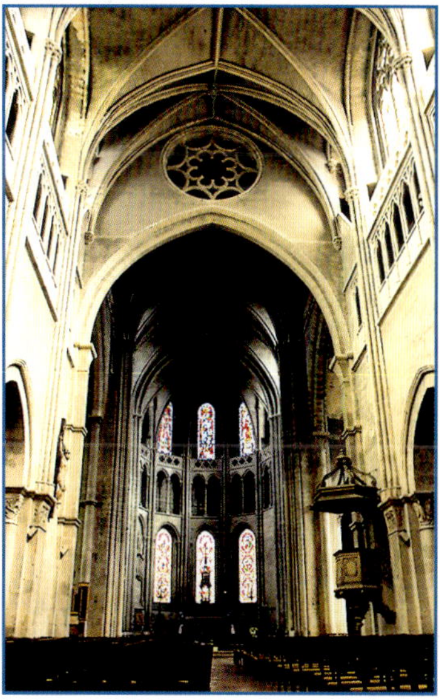

Die Kathedrale St.-Vincent.

Tipp!

Wie wäre es mit einem (Taxi-) Ausflug in die Weinbauregion der **Côte Chalonnaise**? Fünf „terroirs“ (Weinbaugebiete) gehören dazu: Givry, Mercurey, Rully, Montagny und Bouzeron. Givry liegt nur 10 km entfernt!

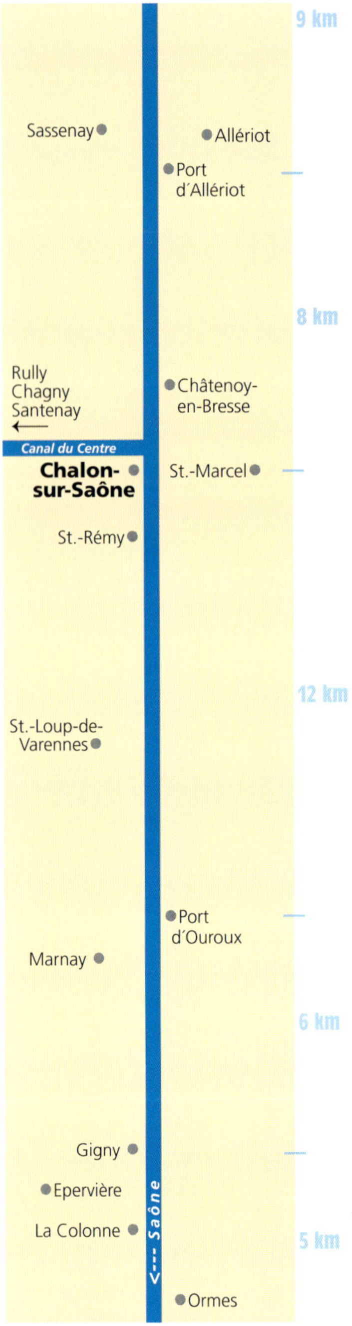

Fahrzeiten-Tabelle Seite 6.

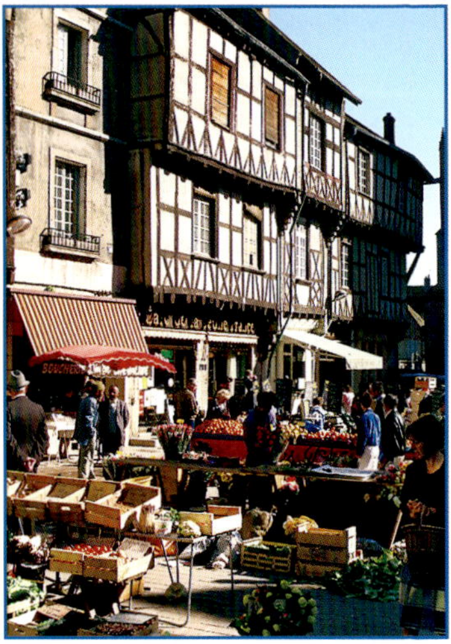

Markt vor den Fachwerkhäusern.

Gehen Sie die Straße einfach hinauf und hinunter – es gibt noch etliche andere Restaurants und Bars, Sie finden bei der reichen Auswahl sicher etwas nach Ihrem Geschmack

Münzwäscherei in der Capitainerie

Der Markt von Chalon-sur-Saône ist nicht nur einer der ältesten in Frankreich (seit 1448!), sondern findet auch in stimmungsvoller Umgebung statt, nämlich am Platz vor der Kathedrale St.-Vincent (von der Insel St.-Laurent über die Brücke, die 1. rechts dann links); FR und SO vormittags

Chalon hat dank seines Konservatoriums eine rege Musik-Szene mit 10 bis 15 Konzerten (teils internationaler Musiker) pro Monat (Klassik und Jazz); Programm am OT und in vielen Geschäften; 03 85 42 42 65

Air Escargot heißt der örtliche Ballonfahrer-Club, der Sie zu einem Ausflug über die Weingärten Burgunds mitnimmt; Dauer ca. 1,5 Std., Infos beim OT

Wer es schneller liebt: in den Vororten von Chalon gibt es gleich zwei Kart-Bahnen. In Champforgeuil (5 km) „LKS Karting" mit einer Outdoor-Bahn (schnelle Zweitakter); Juni–Oktober MO und FR nachm., MI und SA, SO ganztags; 06 11 40 16 79, und in Dracy-le-Fort (10 km) „Kart 71" (Halle), DI–DO 17–24, FR 17–01, SA 15–01 und SO/FT 15–20 Uhr; DO Damen gratis; 03 85 87 70 24

Chalon-sur-Saône

Bereits die Häduer (Kelten) lebten im damaligen **Cabillonum**, das von Caesar als Stützpunkt für seine Versorgung im Gallischen Krieg verwendet wurde. Die Merowinger hatten im 6. Jh. hier ihre Hauptstadt, ehe die Geschichte Chalons bis ins Mittelalter sehr wechselhaft blieb und vom üblichen Auf und Ab begleitet war. Eine Zeitlang war Chalon Grenzstadt, und im 15. Jh. begann man, Wehranlagen zu errichten. Was für ein Pech, dass Ludwig XIV. mit dem Kauf der Franche-Comtè auch Chalon erwarb. Die Befestigungen wurden unnütz und geschleift, um stattdessen Parks zu errichten.

Einen gewaltigen wirtschaftlichen Aufschwung bedeutete die Fertigstellung des **Canal du Centre**, der in Chalon in die Saône mündet. Die größten Schäden in Chalon entstanden im Zweiten Weltkrieg, als 1944 die deutschen Truppen beim Abzug die drei Brücken sprengten.

Der Wiederaufbau ging nach sogenannten „modernen" Gesichtspunkten vor sich. Wer aufgrund dieser Neugestaltung einen historischen Stadtkern nicht findet, kann sich so orientieren: Er ist dort, wo Fußgängerzonen vor Autos dominieren und liegt in etwa zwischen der Rue Denon mit ihrem gleichnamigen Museum und der ehemaligen Kathedrale St.-Vincent. Gut für Bootsfahrer, dass alle interessanten Plätze, Straßen und Gebäude nur eine Viertelstunde vom Hafen entfernt sind.

Interessantes bietet die **Insel Saint-Laurent**: Neben einem Hospital aus dem 16. Jh. mit einer Kapelle, die durch Statuen und Glaskunst (Fenster) beeindruckt, finden Sie in der aus dem 18. Jh. stammenden Apotheke eine Sammlung von Porzellangefäßen. Nicht entgehen lassen sollten Sie sich die Aussicht vom **Tour du Doyenné** gleich nebenan. Der Turm stand bis 1907 nahe der Kathedrale, wurde abgetragen und 1926 an dieser Stelle wiedererrichtet.

Dem berühmtesten Sohn Chalons, dem Pionier der Fotografie **Nicéphore Nièpce**, ist ein eigenes Museum gewidmet. Das 1820 gegründete Musée **Denon** befasst sich mit antiken Fundstücken, zeigt eine Steinesammlung, bäuerliche Töpferware, Skulpturen des Barock sowie Malerei und ägyptische und griechische Altertümer. Baron Denon, nach dem dieses Museum benannt ist, machte sich als Berater Napoleons beim Ägyptenfeldzug und als Mitbegründer der Ägyptologie einen Namen.

☞ Stadtführungen zu unterschiedlichen Themen: Info beim OT

☞ Taxi: 03 85 41 29 45, 03 85 48 68 63, 06 87 51 59 69

☞ Das OT finden Sie, wenn Sie über die untere Brücke in die Rue General Leclerc gehen und bei der 3. Ampel rechts abbiegen, in einem Rundbau aus den 1980er Jahren (Boulevard de la République); Juli, August MO–SA 9.30–19 und SO/FT 10–12 und 16–19 Uhr; April–Juni und September MO–SA 9.30–12.30 und 14–18.30 Uhr (übrige Monate nur bis 18 Uhr); 03 85 48 37 97

St.-Rémy PK 142

Ein Vorort von Chalon mit dem üblichen Durcheinander an Straßen und Siedlungen. Hat nichts zu bieten.

St.-Loup-de-Varennes PK 134

Ein kleines Dorf, das vom Fluss nur sehr schlecht erreichbar ist.

Maison de la Photographie: Mai–Oktober 10–18.30 Uhr, November–April 14.30–18.30 Uhr; ganzjährig MO und DI geschlossen (außer Juli und August, da ist täglich offen); siehe auch Kasten „Das Dorf der sommerlichen Erfindungen", Seite 88; 03 85 94 84 60

Hat sich was geändert?

Preise können sich ändern, Restaurants den Besitzer wechseln oder Geschäfte geschlossen werden. Bitte informieren Sie mich! (sh. Seite 5)

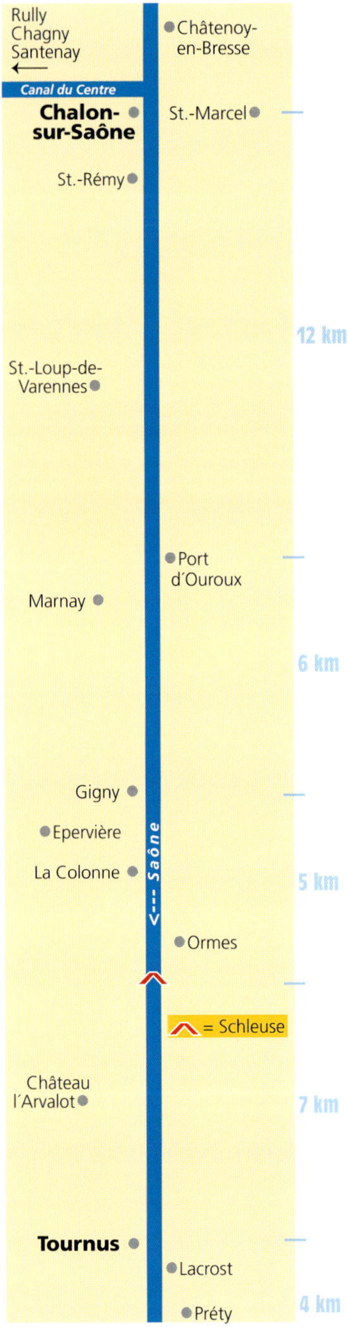

Fahrzeiten-Tabelle Seite 6.

Port d'Ouroux PK 130

In Port d'Ouroux gibt es nicht nur tolle alte Steinhäuser, sondern auch ein Restaurant.

Direkt am Ufer, unterhalb der Brücke, befindet sich das Ausflugs-Restaurant Chaussard, das Mai–Sept DI–SO mittags und abends offen hat, sonst nur FR, SA und SO mittags; Spezialität sind vor allem Fischgerichte – und eine Zeitreise in die 1960er Jahre: Möbel, Tischdekoration, Besteck und Geschirr, die freundlichen Besitzer, die Art der Speisen-Zubereitung und -Präsentation und, wie mir scheint, auch die Gäste, scheinen sich alle seit dieser Epoche nicht verändert zu haben. Menüs um 15, 22 und 27 Euro. Ein Anlegesteg bietet 2–3 Booten Platz; 03 85 96 00 72

Ouroux PK 130

1,5 km von Port d´Ouroux landeinwärts.

Supermarkt Colruyt bei der Kreuzung, MO–SA 8.30–19.30, SO bis 12.30 Uhr

Dorf der sommerlichen Erfindungen

St.-Loup-de-Varennes ist ein kleines Dorf, etwa 5 km südlich von Chalon. Dass man heute von ihm Notiz nimmt, verdankt es Nicéphore Nièpce. Er wurde 1765 als Sohn eines reichen Grundbesitzers in Chalon geboren, verbrachte jedoch die Sommermonate hier in St-Loup. Gemeinsam mit seinem Bruder Claude beschäftigte er sich mit Experimenten aller Art. Zuerst schufen sie den Pyreolophore, einen Explosionsmotor, ehe Nièpce im April 1816 mit Experimenten begann, die zur ersten Fotografie führten. Er hielt 1824 den Ausblick aus seinem Zimmer im 1. Stock des Anwesens fest – das erste Foto auf einer Zinnplatte war entstanden. Zusammen mit einem Erfinder namens Daguerre entwickelte er die Fotografie bei seinen Aufenthalten in St.-Loup weiter. Und, um es nicht zu vergessen: Auch das Veloziped, eine Art Fahrrad, ist hier perfektioniert worden . . .

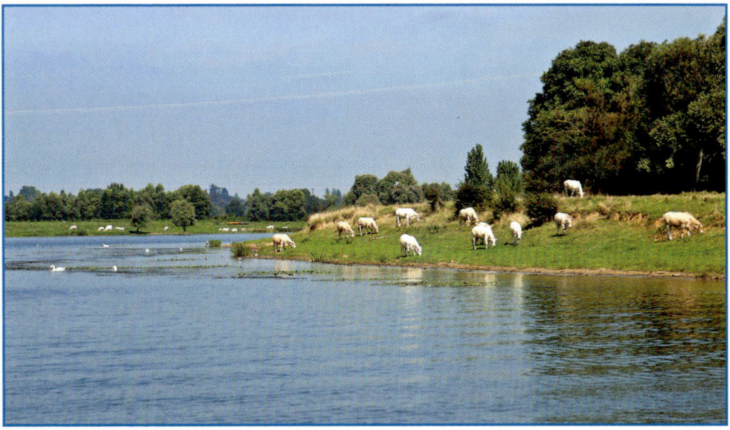

Immer wieder trifft man auf grasende und badende Charolais.

Einfaches Bar-Restaurant Le Compromis bei der Kreuzung, Menüs 15, 20, 28 Euro, MI geschlossen, sonst täglich mittags und FR und SA auch abends geöffnet; s03 71 40 00 36

Marnay PK 130

Kleiner Ort, 1 km vom RU

Anlegen oberhalb der Brücke am schrägen Kai (Poller und U-Eisen)

Gigny-sur-Saône PK 123

Siehe l´Epervière

l´Epervière PK 123

Gigny und l´Epervière sind kleine Dörfer mit mächtigen Höfen aus Stein, vor allem Gigny ist ausgesprochen reizend.

Anlegen können Sie bei der aufgelassenen Schleuse mit dem Namen Gigny (die sich nicht bei Gigny, sondern bei l´Epervière befindet). Von hier aus haben Sie den besten Zugang zu Gigny und l´Epervière

Das Schloss in l´Epervière ist Verwaltungsgebäude des Campingplatzes. Es gibt Aktivitäten für die Campingplatz-Gäste, an denen sich natürlich auch Bootsfahrer beteiligen können – Weinverkostung, Vorträge, Schlossführungen. Bester Zugang von der aufgelassenen Schleuse: ein paar Meter flussabwärts bis zur Mündung des Baches gehen; an ihm entlang führt ein Weg durch den kleinen Wald direkt hinter das Schloss; oder die Straße nehmen. 03 85 94 16 90

Lebensmittel neben der Rezeption des Campingplatzes (beim Schloss)

Das Restaurant im Schloss hat nur abends geöffnet; Menüs 20, 27 und 35 Euro; Pizza zu Mitnehmen; 03 85 44 83 23

Reizender kleiner Bio-Markt mit Essen und Trinken jeden DO abends im Zentrum

Eine Münzwäscherei gibt es beim Campingplatz (sh. Schloss)

Auf mehreren Schildern im Ort ist „Lasagona /Club privée)" angeschrieben. Es handelt sich um einen Swinger-Klub, der im ehemaligen Schleusenwärterhaus untergebracht ist

Schleuse 4 Ormes (2,60 m) PK 119

Achtung beim Bergaufschleusen: die vordersten 20 m sollten Sie meiden, weil dort das Wasser turbulent einströmt

Die Landschaft wird bei Tournus wieder hügeliger und abwechslungsreicher. Auch das Klima wandelt sich deutlich, es hat bereits **südlichen** Einfluss. Dies macht sich nicht nur in einem tatsächlich fühlbaren Temperaturunterschied bemerkbar, sondern auch in der Architektur.

Château l'Arvalot PK 117

Hier steht ein nur im Sommer bewohntes Schloss neben einem bewirtschafteten Bauernhof, das nur mit langem Anmarsch erreichbar ist: Anlegen bei PK 117, hinaufgehen Richtung Limone, später sehen Sie Silos; an diesen und an der kleinen Siedlung vorbei, dann schräg rechts nach hinten in die Sackgasse hinein. Noch ein paar hundert Meter weiter und Sie werden sehen, dass der weite Weg umsonst war: Ein Verbotsschild neben dem Postkasten kennzeichnet Straße und Gelände als Privatbesitz, Sie können das Schloss nur aus 300 m Entfernung betrachten

Tournus PK 112

Tournus ist ein kulturgeschichtlich bedeutsamer Ort, den man hier bequem mit dem Boot „erwandern" kann, eine Kleinstadt mit rund 6.000 Einwohnern am rechten Ufer der Saône mit einer 2.000-jährigen Geschichte und einer der berühmtesten Kirchen Burgunds. Was besonders beeindruckt: Sie legen unmittelbar am Ufer zur Altstadt an und sind dadurch mitten „im Geschehen". Das südländische Flair dieser Stadt und das milde Klima überraschen ebenso wie seine hügelige Lage und die engen, verwinkelten Gassen. Erstaunlich ist die Dichte an Top- und „normaler" Gastronomie.

Gute Anlegemöglichkeiten am rechten Ufer am Quai du Midi beim Zentrum; Schwimmsteg mit Wasser und Strom (alles gratis). OH der Brücke: Kai mit Pollern

Einen Supermarkt (Auchan) mit Gas finden Sie am unteren Ende des Kais eine Gasse landeinwärts. MO–SA 8.30–20, SO bis 12 Uhr

Zahlreiche kleine Läden befinden sich in der ersten Parallelgasse zur Saône (Rue de la République; nicht am Kai, sondern in der Altstadt), Lebensmittel auch am Weg hinauf zur Kirche

Die Basilika Saint-Philibert ist in einem Zuge mit den berühmten Bauwerken in Dijon, Auxerre oder Autun zu nennen. Die zu ihr gehörende Abtei ist großteils noch erhalten und damit ein wesentliches Baudenkmal der Romanik. Die Abtei stammt aus dem 10. und 11. Jh. Die Kirche, die ähnlich wie die von Auxerre über eine echte Unterkirche (mehr als 3 Meter hohe Krypta aus dem Jahr 1020) verfügt, erfuhr seit dieser Zeit keine wesentlichen Veränderungen.

Die meisten Kirchenbesucher übersehen ein Kleinod, die Chapelle Saint Michel: beim Nebeneingang die Wendeltreppe hoch; dort sehen Sie auch das Dachgeschoß der Kirche und die Blasbälge der Orgel

Neben der Kirche gibt es ein Geschäft, das Sie nicht nur wegen seiner Dekorationsartikel und Souvenirs (gute Qualität, günstiger Preis) besuchen sollten: Es ist im (sehenswerten) Kellergewölbe untergebracht, das einst Teil des Klosters war

Kloster und Kapelle erreichen Sie ebenfalls über die Kirche: beim Kircheneingang hinein und dann rechts

Unweit der Abtei stoßen Sie auf die Kirche St.-Valerien aus dem 11. Jh., die heute als Ausstellungsraum dient (siehe „Die Kino-Kirche" auf Seite 93)

Musée Greuze und Hôtel-Dieu: Im Hôtel-Dieu sind 3 Krankenzimmer aus 1675 bis 1792 mit ihrer alten Einrichtung zu sehen und natürlich auch die Apotheke mit einer Deckenmalerei aus dem 17. Jh., die als eine der besterhaltenen in Burgund gilt. Der Rundgang schließt auch den Besuch eines Gartens mit medizinisch verwendeten Pflanzen ein. Das daneben untergebrachte Greuze-Museum widmet sich dem in Tournus geborenen Maler. April–Oktober MI–SO 10–13 und 14-18 Uhr, 03 85 51 23 50

Musée du Velo, DI–SO 14–18 Uhr

Reste der Stadtbefestigung oberhalb der Abteikirche

An einer Besonderheit geht man leicht vorbei: Enge Gänge, Traboules genannt, verbinden den Kai mit den Straßen des Zentrums. Sie dienten als Abkürzung, um rasch zum Kai zu kommen. Eine besonders attraktive Traboule ist sogar mit Info-Tafel versehen und führt vom Kai (beim Restaurant Grill) zur Rue de la République (beim Fotogeschäft). Aber auch die anderen engen Gassen, die zur Rue de la République führen, sind sehenswert

Das alte römische Castel und enge mittelalterliche Straßen finden Sie im Bereich der Kirche Sainte-Madeleine (12. Jh.) unweit vom Kai

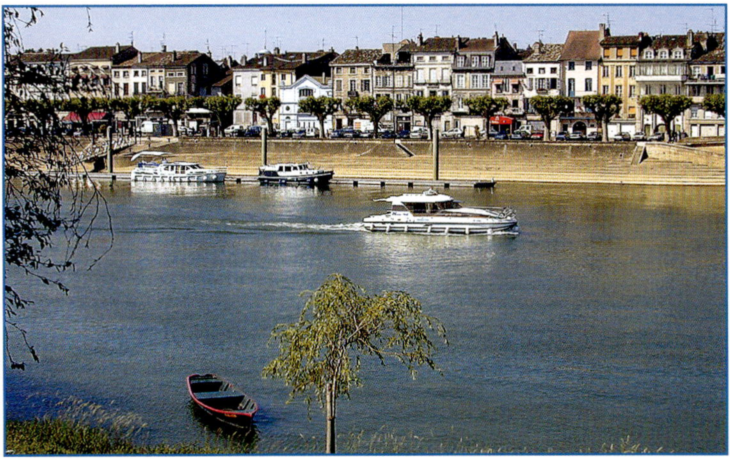

Tournus hat gute Anlegemöglichkeiten (Schwimmponton und Kai).

Tournus hat 3 bzw. 4 Top-Restaurants, eine unglaubliche Dichte also für eine kleine Stadt. Das prominenteste, nicht nur wegen des Namens und der Adresse, ist das Greuze. Es befindet sich außerhalb des Stadttores, keine 100 Meter von der Abtei. Hier bekommen Sie auch den besten (und teuersten) Kir von Tournus (11 Euro – der zweitbeste, im Lazarella, kostet 2,50). Die Weinkarte ist ausgesprochen vielfältig, die Menüs sind gut abgestimmt. Dass ob der zahlreichen „Verzierungen" (meine Mutter nennt das Greuze „Punkterl-Restaurant") das Fleisch der Hauptspeise oft nur mehr lauwarm daher kommt (mir ist das bei 3 von vier Besuchen so ergangen), ist schade und sollte bei diesem Preis nicht sein. Das Ess-Erlebnis als Gesamtes ist natürlich beeindruckend – und da man bei einem durchschnittlichen Preis von gut 100 Euro pro Person ohnedies nicht jeden Tag dort isst, kann man das auch so hinnehmen, wie es kommt. Menüs 43, 50, 78, 98 und 120 Euro, DI und MI geschlossen, 03 85 51 13 52

Am linken Ufer, 200 m von der Brücke, liegt das Meulien, das in derselben Preis- und Qualitätsklasse spielt wie das Greuze, meiner Meinung nach aber etwas moderner kocht. Auch hier ist die Weinauswahl umwerfend und ebenso die Qualität der Küche. Menüs 35, 62, 74 und 98 Euro, MO geschlossen. 03 85 51 20 86

Aux Terrasses ist das dritte der Top-Restaurants in Tournus. Es ist etwas günstiger als das Greuze oder das Meulien, sehr zeit-

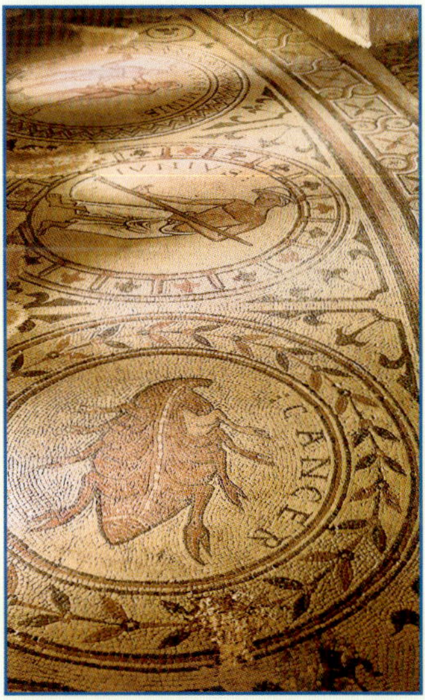

Erst im Jahr 2002 wurde dieses **Mosaik** im Chorumgang der Basilika St.-Philibert im Zuge von Renovierungsarbeiten entdeckt. Es führt rund um den Altarbereich, der im **11. Jh**. (wie übrigens der gesamte Kirchenboden) aus gestampfter Erde bestand. Im 16. Jh. wurde es mit Steinplatten überdeckt und damit (unbeabsichtigt) für die **Nachwelt** geschützt.

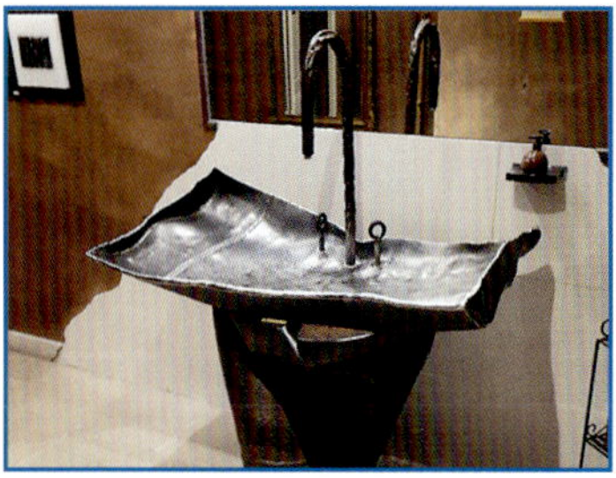

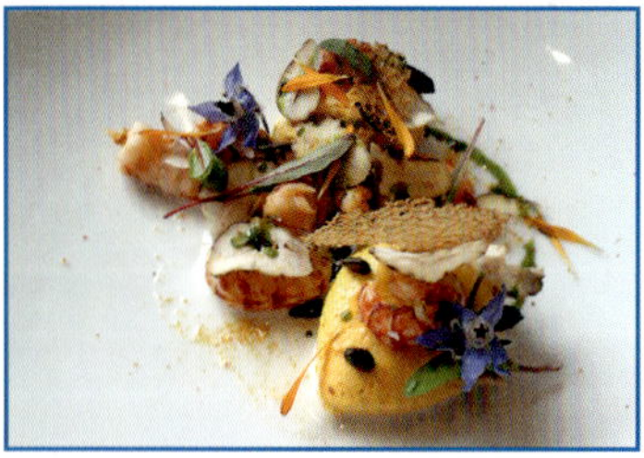

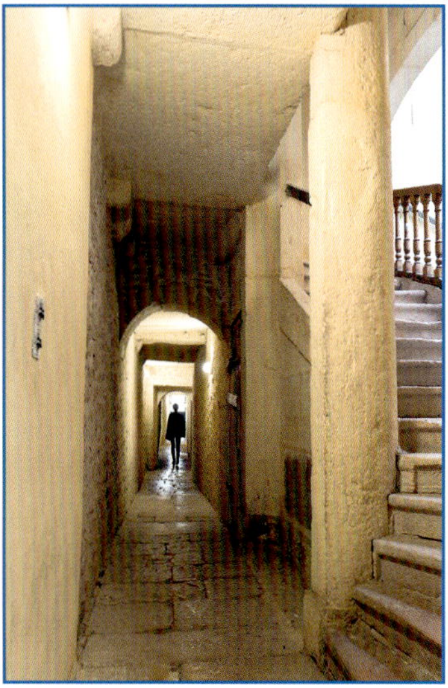

Besonderheiten in Tournus: Waschbecken im Restaurant Terminus, eine außergewöhnlich gute und dichte Gastronomie, und schließlich die Traboules (Gänge zwischen Quai und Rue de la République als Abkürzung).

gemäß und besitzt ebenfalls eine umfangreiche Weinkarte mit fairen Preisen. Gegenüber vom Supermarkt Auchan (unteres Ende des Kais, 200 m landeinwärts). Man erhält hier werktags ein sensationelles Mittags-Menü um nur 26 Euro, das ich jedem, der Tournus besucht, unbedingt empfehle! Wer sich etwas Gutes tun will, lasse sich vom Überraschungsmenü (6 Gänge, 60 Euro) verwöhnen. Menüs 40, 60, 65 und 95 Euro, DI–SA mittags und abends, 03 85 51 01 74

Es gibt bzw. gab noch ein viertes Top-Restaurant, das sich in den 1980er Jahren einen Namen gemacht hat, aber leider noch immer sein Ambiente aus dieser Zeit besitzt: das Rempart, oben an der N6, unweit vom Greuze. Heute ist es nur noch überteuert und keinen Besuch mehr wert

Beim Bahnhof (ebenfalls unweit vom Greuze) finden Sie das Terminus, das eine gediegene fischlastige Küche hat. Die moderne Küche ist kreativ, die verwendeten Produkte sind von guter Qualität. In einem Punkt ist das Terminus auf jeden Fall unschlagbar: Es hat das größte und ungewöhnlichste Handwaschbecken aller Restaurants entlang der Saône. Menüs 19 und 32 Euro. MI geschlossen, 03 85 51 05 54

Mein Tipp für unkonventionelle Küche und Atmosphäre ist das Le Saxo im Zentrum, das (der Name lässt den musikalischen Zusammenhang vermuten) von einer österreichischen Jazz-Saxophonistin betrieben wird. Der Schwerpunkt der Küche liegt auf Spießen, Suppen und scharfen Gerichten, die man einzeln genießt oder zu einem ungewöhnlichen Menü zusammenstellt. Die musikalische Untermalung konzentriert sich (eh klar) auf Saxophonisten, von Stan Getz bis Candy Dulfer (man kann die Musik selbst wählen bzw. Wünsche äußern). Regelmäßig gibt es auch Live-Musik. Speisen von 6 bis 17 Euro, SO und MI geschlossen

Wer etwas „einheimischer" und einfacher essen will, findet im Zentrum beim Hotel de Ville zwei Brasserien mit schönen Terrassen fürs Mittagessen (14 Euro) und in der Rue de la République das La Bohème (15 Euro)

Am Kai, direkt vor dem Anleger, befindet sich das „Le Grill des Quais". Trotz des eher abschreckenden Namens wird hier gute Küche geboten, vor allem zu Mittag beim Menü um 14 Euro ist das Preis-Leistungs-Verhältnis top. Menüs 25 und 32 Euro, MO geschlossen. 03 85 31 17 52

Auch einen Italiener gibt es am Kai vor dem Anleger: das Lazzarella. Nudelgerichte und Pizzen sind gut, das italienische Bier auch (vom Italienischen Wein lassen Sie besser die Finger, nehmen Sie den französischen!), und besonders zu empfehlen ist der Antipasti-Teller. Natürlich gibt es auch französische Gerichte (aber die bekommen Sie im oben erwähnten Grill und anderswo besser). Weiters zu empfehlen: die Terrasse, der Kir (siehe Greuze) und der ausgezeichnete italienische Kaffee. Leider wechseln die Ruhetage in kürzester Folge (innerhalb von 4 Wochen habe ich 3 unterschiedliche Schemata erlebt!). Es könnte MI sein, aber ebenso SO oder eine andere Kombination. Und heute, wo ich dies schreibe, wollte ich in der Lazzarella zu Mittag essen. Was aber an der verschlossenen Tür mit dem Schild „heute ausnahmsweise erst ab 18 Uhr geöffnet" scheiterte. Aber im Sommer ist meist 7/7 geöffnet, mit durchgehendem Bar-Betrieb von morgens bis spätabends. Immerhin! 03 85 32 97 87

Klein und unscheinbar versteckt sich am Beginn der Rue de la République (bei der Ampel) ein Syrer namens „Delices

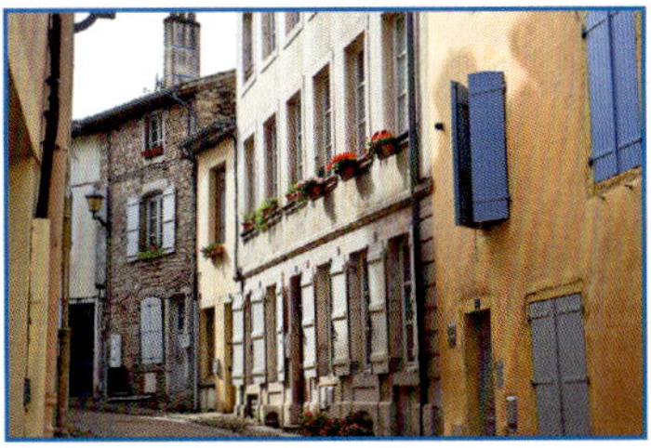

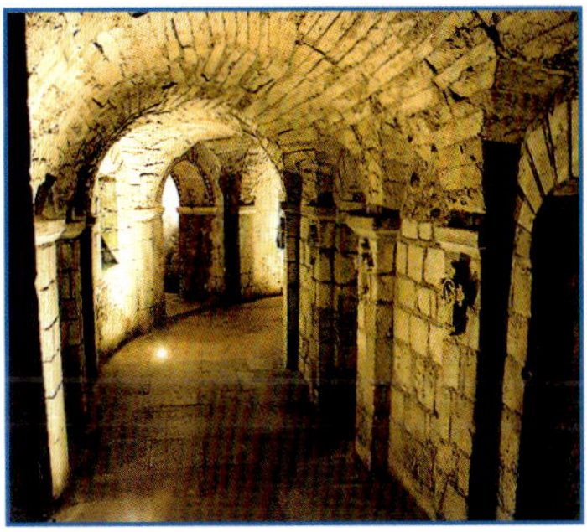

Enge Gassen prägen Tournus, Krypta aus dem Jahr 1020.

Tournus: die Kino-Kirche

Einst eine keltische Ansiedlung, lag das römische **Castrum Trenorchium** an einer wichtigen Römerstraße. Erste urkundliche Erwähnungen gab es im 2. Jh., als Valerius, der das Christentum predigte, 177 oder 178 hier den Märtyrertod erlitt. Eine Abtei wurde gegründet, doch der hl. Valerius geriet im Verlauf der Jahrhunderte in Vergessenheit, und Tournus verlor seine Bedeutung als Kultstätte und Wallfahrtsort – besonders, als nach 700 die Araber die blühende Abtei teilweise zerstörten. Leben kehrte in Tournus wieder ein, als ein neuer Orden die Abtei übertragen bekam. Ein neu errichtetes Kloster wurde dem Ordensgründer, dem hl. **Philibert**, geweiht.

Die aus dem 11. Jh. stammende **Kirche Saint-Valerien** hatte ein wechselhaftes Schicksal: sie diente auch als Lagerhaus, später als Kino und wird heute für Ausstellungen benutzt (Rue Alexis Bessard, unweit der Abtei). Das **Rathaus** ist im Stil Ludwig XVI. errichtet, eine Apotheke um 1700 ist heute als Museum zu besichtigen. Wer das ursprüngliche Castrum Trenorchium sucht, wende sich am Ende der Rue de la République hinauf zur **Kirche Sainte-Madelène**. Sie hieß früher Sainte-Marie du Châtel und bezeichnet so die Lage des römischen Castels. Es scheint auch so, als wäre die rechtwinkelige Anlage der Gassen mit der abschließenden halbkreisförmigen Einfassung durch eine „Ringstraße" auf die ursprünglich römischen Grundrisse zurückzuführen.

Die Altstadt von Tournus zeigt schmale, hohe Häuser, die vorwiegend aus dem Mittelalter stammen.

Neben dem **Apotheken-Museum** im Hòtel Dieu mit seiner reichhaltigen Ausstattung ist das **Museum Greuze** zu erwähnen, das diesem in Tournus geborenen Maler gewidmet ist. Seine meisten Bilder sind zwar im Louvre zu finden, dafür sehen Sie hier einige seiner Zeichnungen sowie Funde aus der Bronzezeit, antike Haushaltsgeräte und Statuen.

Besonders erwähnenswert scheint mir das **Musée du Velo** mit Fahrrädern aus mehr als 100 Jahren. Einige davon kann man sogar ausprobieren.

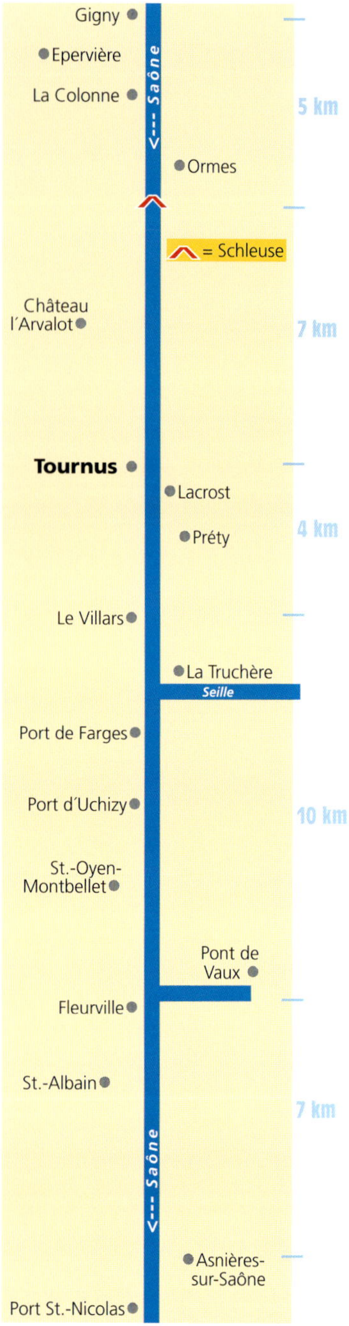

Fahrzeiten-Tabelle Seite 6.

d'Alep". Empfehlenswert anders, und nebenbei günstig (Hauptspeisen 12–17 Euro). DO mittags und MO geschlossen, 07 65 50 01 00

🍽 Aber nun wieder zurück Richtung Bahnhof: Beim Kreisverkehr finden Sie das Relais de l'Abbay, das auf Fondue und andere Grillgerichte spezialisiert ist. Angesichts der kulinarischen Möglichkeiten in Tournus muss man dort aber nicht unbedingt essen, zumal sich Ambiente und Präsentation eher auf billige Show-Elemente stützen

🍽 Sie (die Anzahl ist in ständigem Wechsel) zwischen 1 und 3 Kebab-Läden

🍽 Direkt am Kai, oberhalb der Brücke, stoßen Sie auf das Le Parisien. Vorspeisen und Nachspeisen (also alles, wo man bloß fertig Gekauftes dekorativ am Teller zu arrangieren braucht) sind gut. Dort, wo es ans Selberkochen geht, bei den Hauptspeisen also, wird es schauerlich. Essen Sie dort, wenn Sie erfahren wollen, wie Kochen nicht geht. Dass nebenbei die Preise für den Wein die reinste Abzocke sind, passt gut ins Gesamtbild. Warum sich trotz allem dort immer wieder Gäste einfinden, kann ich Ihnen nicht beantworten

🍽 Am LU lockt das „Aux Jardins de la Saône" mit einem eigenen Anleger – lassen Sie es locken, es fällt in eine Kategorie mit dem Le Parisien

🍽 Und wenn ich eingangs schon die Liste mit den vorzüglichen Restaurants so umfangreich ausgebreitet habe, dann muss ich auch die Negativ-Liste vervollständigen: Das Kolibri bei der Autobahn und das Flambée am Weg dorthin sind für Hausboot-Urlauber so weit weg, dass sie eigentlich keine Gefahr darstellen

☞ Markt jeden SA vormittags

☞ Das OT befindet sich in der Nähe der Abteikirche; 03 85 27 00 20

Lacrost PK 111

Kleiner Ort, 1 km vom Ufer entfernt, nicht einfach zu erreichen.

Préty PK 109

1 km landeinwärts am LU. Unattraktiver Ort mit Schloss und Bäckerei.

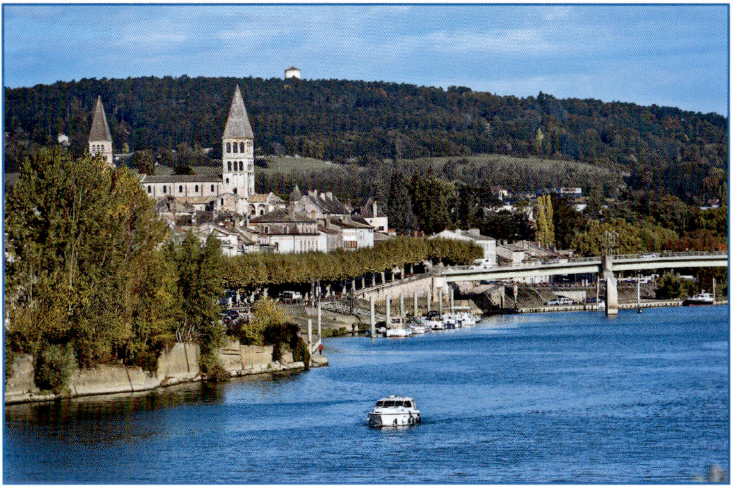

Die Stadt Tournus mit der mächtigen Basilika ist einen Besuch wert.

Le Villars PK 108

Hoch oben, auf einem Steilufer gelegen; anlegen ist schwierig, und zusätzlich muss man am direkten Weg noch eine zweigleisige Eisenbahntrasse überqueren. Der Ort mit seinen Häusern am steilen Felsen rund 20 m über der Saône wäre jedoch eine Erkundung wert. Man trifft auf enge und steile Gassen, alte Steinbauten und hohe Steinmauern. Und eine ganz reizende Kirche.

L'Auberge des Gourmets war in den 1980er Jahren eines der Top-Restaurants der Gegend, hat sich seither aber leider nicht weiterentwickelt und kocht und präsentiert noch immer auf damaligem Niveau; 03 85 32 58 80

Die Seille

Die Seille, ein Nebenfluss der Saône, mündet bei Kilometer 106 am LU ein (Schleuse 1 La Trouchère). Wer Zeit erübrigen kann, sollte sich die 39 befahrbaren Kilometer (4 händische Schleusen) bis Louhans ansehen. Siehe das **Kapitel über die Seille** im hinteren Teil dieses Führers (Seite 106).

Port de Farges PK 105

Drei Häuser, sonst nichts.

Port d'Uchizy PK 102

Hier gibt es eine Handvoll Häuser und einen Campingplatz mit Snackbar. Am ehemaligen Verladekai lässt sich mit Fantasie an der schrägen Wand anlegen (ein Ring befindet sich am oberen Ende).

Anleger für 1 Boot genau vor der Snack-Bar des Campingplatzes

Snack-Bar mit variierenden Öffnungszeiten, fallweise auch Mittagsmenü

St.-Oyen-Montbellet PK 100

Die vielen Verladekais in der Region zeugen von der früheren Bedeutung der Lastkähne zum Getreidetransport. An den schrägen Wänden ist ein Anlegen nicht unbedingt einfach, aber mit Wissen und Vorsicht durchaus möglich

Im Ort, etwa 1 km vom Ufer, findet man die einfachere Auberge de St.-Oyen. Menü 13, 16, 20, 26 Euro; DI abends und MI geschlossen, 03 85 33 16 83.

Das beschilderte Restaurant La Chaumière hat für immer geschlossen

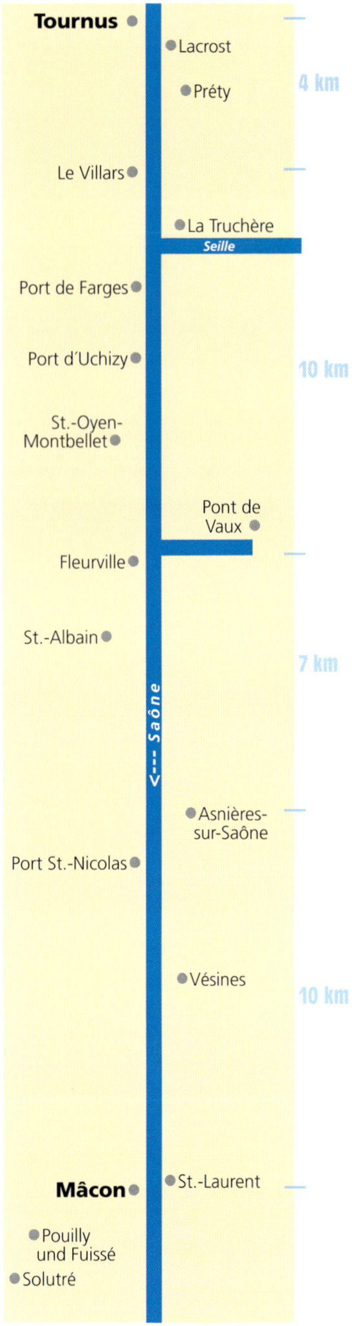

Fahrzeiten-Tabelle Seite 6.

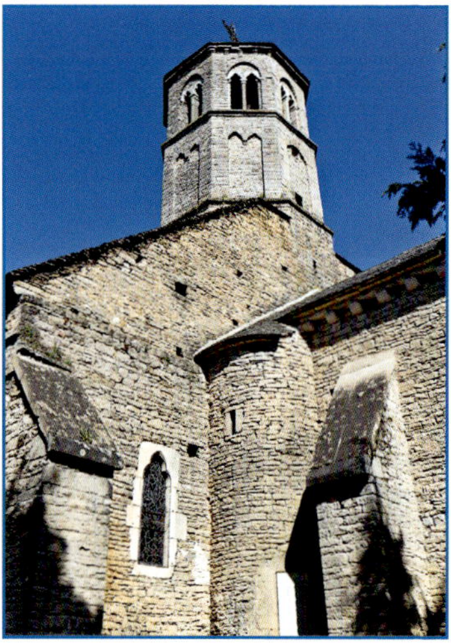

St.-Albain: beeindruckende Kirche.

Fleurville PK 97

Dorf am rechten Ufer der Saône. Linker Hand zweigt der 4 km lange Stichkanal nach Pont de Vaux ab. (sh, S. 98)

Anlegen am Stufenkai mit Erfahrung möglich, Ringe vorhanden (großteils verwachsen), man kann auch Pflöcke einschlagen. Die Stege am LU gehören dem Nautique Club und dürfen nicht benutzt werden

Als Hotel-Restaurant dient das Schloss Fleurville, auf einer Ebene zur Saône südlich des Ortes zwischen der Durchzugsstraße und der Bahn gelegen. Das Bauwerk geht auf das 17. Jh. zurück. In unmittelbarer Nähe, auf einer kleinen Geländestufe, befindet sich das Château de Marigny, das ebenfalls in Privatbesitz ist und nicht besichtigt werden kann

Post und Supermarkt (Ecomarché) beim Kreisverkehr geradeaus

Bar Chez Christian

Restaurant Château Fleurville (sh. oben)

Hotel-Restaurant Fleurville: 100 m nach dem Kreisverkehr, MO abends und DI abends geschlossen; Menüs um 15, 23, 28, 35 und 47 Euro; 03 85 27 90 90

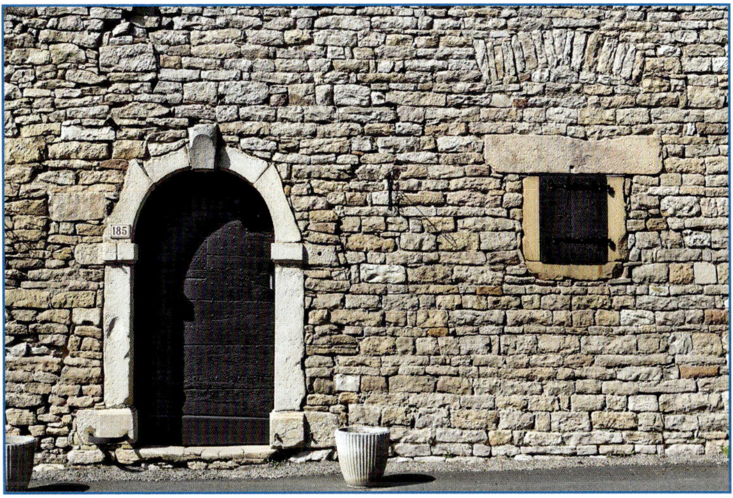

Uralte Steinhäuser prägen Südburgund: hier ein Haus in St.-Albain.

Der Stichkanal nach Pont de Vaux

Bei Fleurville (PK 97) führt ein 4 km langer Stichkanal nach Pont de Vaux. Details dazu auf Seite 98.

St.-Albain PK 95

Hier kann ich allen Architekturinteressierten einen kurzen Zwischenstopp empfehlen: Im Ort finden Sie eine Kirche aus dem 12./13. Jh., die unverfälscht erhalten geblieben ist. (Schlüssel im Haus links davon)

Aber auch uralte Privathäuser von seltener Pracht sind hier zu bewundern

Port St.-Nicolas PK 89

Restaurant Port St.-Nicolas: Wie bei den meisten Ausflugsrestaurants findet man auch hier nicht das beste Preis-Leistungs-Verhältnis. Menüs um 19, 25, 29, 35 und 43 Euro, Mittagsmenü (außer SO) 14 und 16 Euro, 03 85 36 00 86

Vésines PK 87

Auf einem Gebäude beim Schwimmponton steht groß „Restaurant". Bitte um Mitteilungen

St.-Laurent PK 80

Insel am LU zwischen der Saône in Mâcon und der „Umfahrung" durch den Kanal für die Großschifffahrt. Ein sehr schäbiger Vorort von Mâcon mit einer Reihe von Lokalen direkt am Kai.

Anleger (Schwimmsteg) für Boote mit max. 15 m, gratis (max. 36 Std., ohne Wasser und Strom) genau vor einer Zeile mit Restaurants und Bars

FORTSETZUNG SEITE 100 >>

Ausflug nach Cluny

24 km von Fleurville entfernt, in Richtung Westen, liegt der Ort Cluny, der die wahrscheinlich **berühmteste Abtei** der Christenheit beherbergt. Nähere Informationen darüber in jedem Frankreich-Führer.

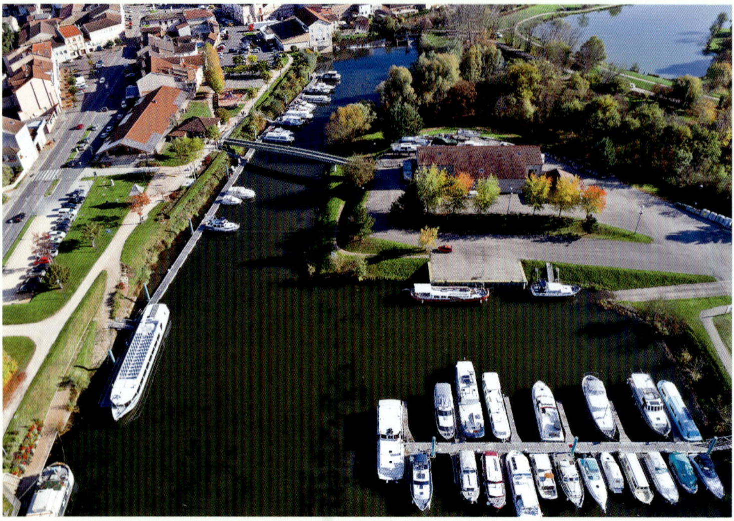

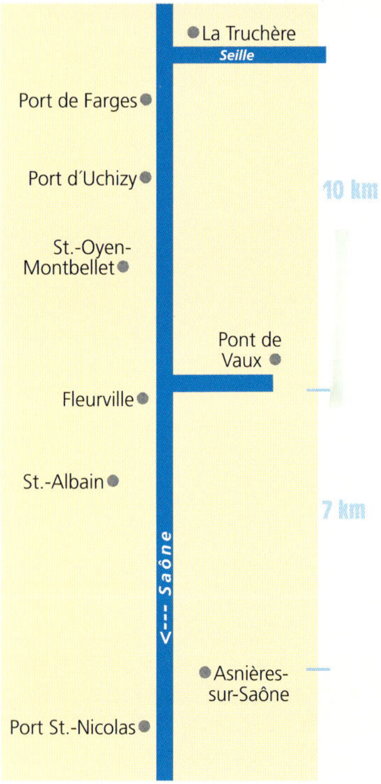

Stichkanal nach Pont de Vaux

Seit April 1994 ist der Kanal nach Pont de Vaux wieder geöffnet. Eine automatische Schleuse befindet sich bei der Einmündung in die Saône, die Sie selbst steuern müssen: Mit einem einzigen Knopfdruck macht die Schleuse alles, was sie soll, Sie brauchen bloß noch ein- und ausfahren.

Der Kanal selbst ist mit seinen vier Kilometern nicht sonderlich interessant (abgesehen vom eigenwilligen Uferprofil mit dem „Gehweg" für die zahlreichen Angler), bietet aber etliche vorbereitete Anlegestellen mit Pollern und Betonwand. Bei Pont de Vaux mündet der Kanal in das Flüsschen Reyssouze und bildet dort ein breites Becken.

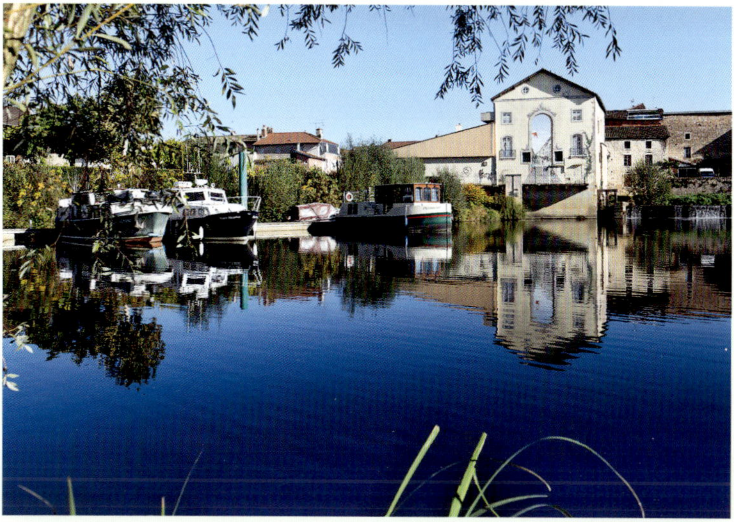

Pont de Vaux

Ein Städtchen mit allen Einkaufsmöglichkeiten und einem gewissen Charme, das sich in den letzten zehn Jahren deutlich positiv entwickelt hat. Im 9. Jh. gegründet, hat Pont de Vaux in rascher Folge zu verschiedenen Herrschern gehört, ehe es im 14. Jh. befestigt wurde.

⚓ Der Hafen ist von Privatbooten in Beschlag genommen, für Vorbeikommende gibt es oben links einen eigenen Steg mit Wasser und Strom; größere Boote (über 15 m) finden 200 m unterhalb der Brücke eine Möglichkeit zum Festmachen

Die Kirche stammt aus dem 15. Jh., das ehemalige Militärspital (17. Jh.) ist heute eine Schule. Erwähnenswert sind Fachwerkhäuser, ein Tor aus dem 15. Jh. sowie Reste der Befestigung

Alle Einkaufsmöglichkeiten, Apotheke

Supermarkt (Carrefour Contact) mit Gas beim Kreisverkehr hinter dem Hafen (MO–SA 8–20, SO 8–13 Uhr)

Mehrere Bars und Bistros kennzeichnen das lebhafte Städtchen

Der Geheimtipp unter den Einheimischen ist das einfache „Le petite Bouffe". Menü 15 Euro, Froschschenkel 21 Euro; vom Hafen kommend beim Kreisverkehr geradeaus in die Gasse ohne Wegweiser (Rue Franche Nr. 19); MO–FR Mittagsmenü, 03 85 36 47 04

Linke Seite: In Pont de Vaux gibt es gute Liegeplätze für Tagesgäste, auch wenn der Hafen großteils von Privatbooten genutzt wird. Oben: Mühle beim Wehr

Le Raisain nennt sich das nobelste Haus (am Place Michel Poiat, beim Kreisverkehr Richtung Cuisery); es bietet viel Atmosphäre, ausgezeichnete Küche und Menüs um 21 bis 67 Euro; im Juli und August MO ganztags und DI mittags zu, sonst auch SO abends geschlossen; 03 85 30 30 97

Das Couchon Rouge schräg gegenüber vom Le Raisain hat Menüs um 14 und 29 Euro und ist meist sehr gut besucht. SO zu, sonst mittags und abends geöffnet, 03 85 30 91 41

Weiters ein Kebab und das „Bistrot 1900 Ain" (mit tatsächlich diesem eigenartigen Namen) beim Kreisverkehr sowie noch zwei oder drei Pizza-Takeaways. Es spielt sich fast alles in der Nord-Süd verlaufenden Hauptstraße ab

Das OT befindet sich im Ort rechts, beim Kreisverkehr; 03 85 30 30 02

Markt ist MI vormittags

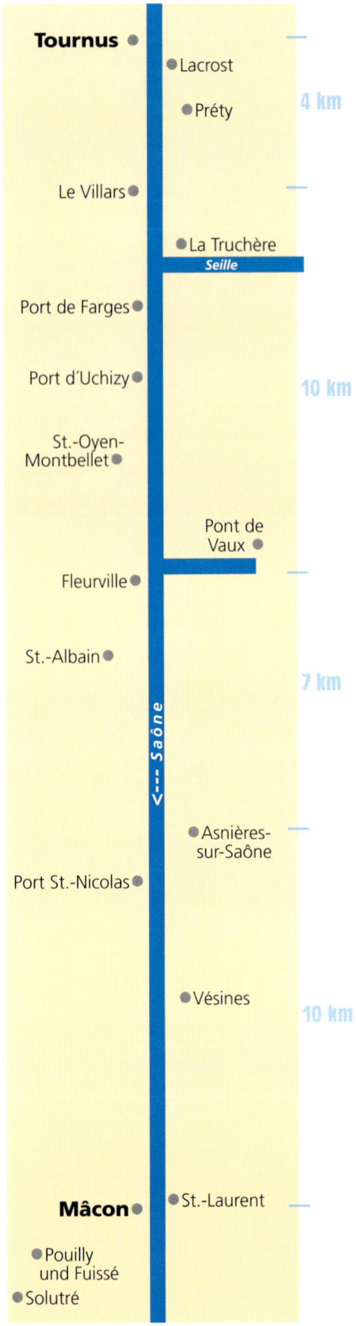

Fahrzeiten-Tabelle Seite 6.

>> FORTSETZUNG von SEITE 97

Am Platz bei der Brücke finden Sie einen kleinen Supermarkt (CocciMarket): MO–SA 8.30-12.30 und 15–19.30 Uhr

Direkt vor dem Anleger finden Sie eine beeindruckende Anzahl an Restaurants und Bars (von oben nach unten):
La Tête de Lard, Menü 18 Euro
L'Embarcardere Bar a Tappas
Restaurant La Petite Savoy
L'autre Rive, Menüs 21 und 29 Euro
L'Apart, ein recht empfehlenswertes Restaurant, Mai–September 7/7 (sonst SO abends und MO zu, Menüs 18 und 27 Euro
Le Bouchacourt (Grill), 17 und 20 Euro (nicht so besonders, meist auch schlecht besucht)
Le St.-Laurent 21, 28, 41, 57 Euro
Ums Eck finden Sie El Mansur und noch ein Bistro

Die Hauptstraße von der Brücke weiter Richtung Kanal („Umfahrung"): La Levée, ein alternatives Beisl mit gelegentlichen Konzerten, DO–SA jeweils abends geöffnet

Mâcon PK 80

Stadt mit 70.000 Einwohnern. Hier endet der für Mietboote befahrbare Abschnitt der Saône. Die meisten Bootseigner untersagen, weiter flussabwärts zu fahren.

Mâcon ist südländisch geprägt, in den Straßen herrscht Leben, und am Kai und den Straßen rundum gibt es mehr Restaurants, als Sie in einer Woche besuchen könnten. Die Umfahrung des Ortes, die für die Großschifffahrt gebaut wurde, können Sie ruhig auslassen: da gibt es überhaupt nichts zu sehen, weder Landschaft noch Häuser.

Eher laut geht es durch den Verkehr am kostenlosen Anleger (Schwimmsteg) direkt im Zentrum zu (UH der Brücke, ohne Strom und Wasser), max. 25 m, max. 3 Tage

Ruhiger ist es im stromaufwärts gelegenen Yachthafen. Dieser hat nur den Nachteil, weit von der Altstadt entfernt zu sein (ca. 2 km bis zur Pont St.-Laurent), außerdem gibt es im Sommer oft zu wenige Plätze. Der Zugang ist durch einen Chip gesichert, den man beim Hafenmeister erhält

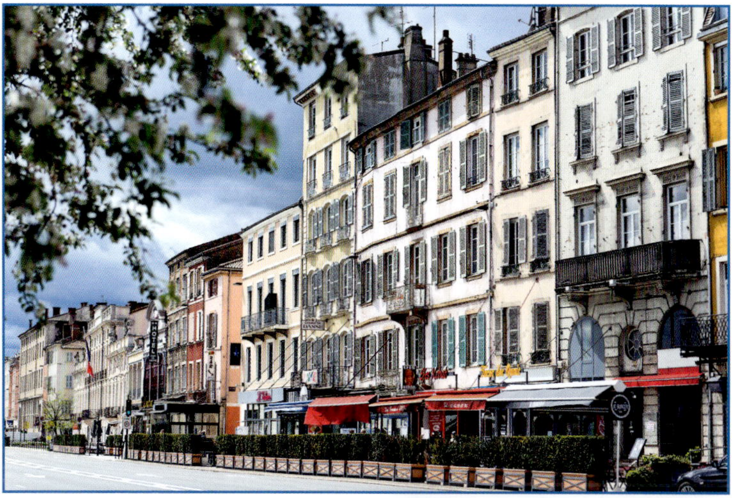

Siehe Kasten „Geschichte wird lebendig" auf Seite 103

Das wohl Wesentlichste an Mâcon ist seine Altstadt mit den engen Gassen, man kommt unweigerlich an den wichtigsten Sehenswürdigkeiten vorbei und genießt die langen Nächte mit städtischem Flair

Alle Einkaufsmöglichkeiten

Großer Auchan-Supermarkt rund 500 m vom Hafen oberhalb des Ortes

UH der Brücke (beim Quai Lamartine, OH des Anlegers für die großen Schiffe) Rue Carnot, hinter der Polizei: kleiner Casino (Supermarkt), MO–SO 8–20 Uhr

In der Rue de la Barre 13 (von der Brücke kommend geradeaus immer die Straße hinauf gehen) gibt es einen Carrefour City (kl. Supermarkt), der MO–SA 7–22 und SO 9–22 Uhr offen hat

Am neu gestalteten Kai und an der Straße dort entlang gibt es zahlreiche gut besuchte Restaurants und Brasserien

Siehe auch St.-Laurent (oben), nur einen Spaziergang über die Brücke entfernt

Sehr gepflegt speist man im Restaurant Pierre (Rue Dufour links von der Kirche St.-Pierre); Menüs 29, 54 und 79 Euro, SO abends bis DI mittags geschlossen; 03 85 38 14 23

Die Menüs im berühmten Maison du Bois kosten derzeit 19 und 29 Euro. Die Auswahl ist eher bescheiden, aber man geht dort ohnedies hauptsächlich wegen des Ambientes hin

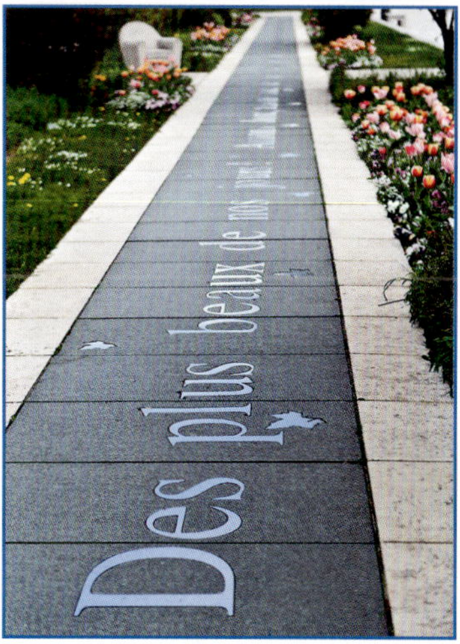

Die Neugestaltung des Kais in Mâcon ist gelungen: ein lebendiges Stück Stadt mit Bars, Restaurants und einem kleinen Park.

Daneben (bzw. ums Eck) finden Sie das Café les Négociants mit kalten Platten und einer guten Atmosphäre sowie das Le 88 mit Menüs um 20 Euro, das DI–SA 10.30 bis 23 Uhr geöffnet hat; 03 85 38 00 06

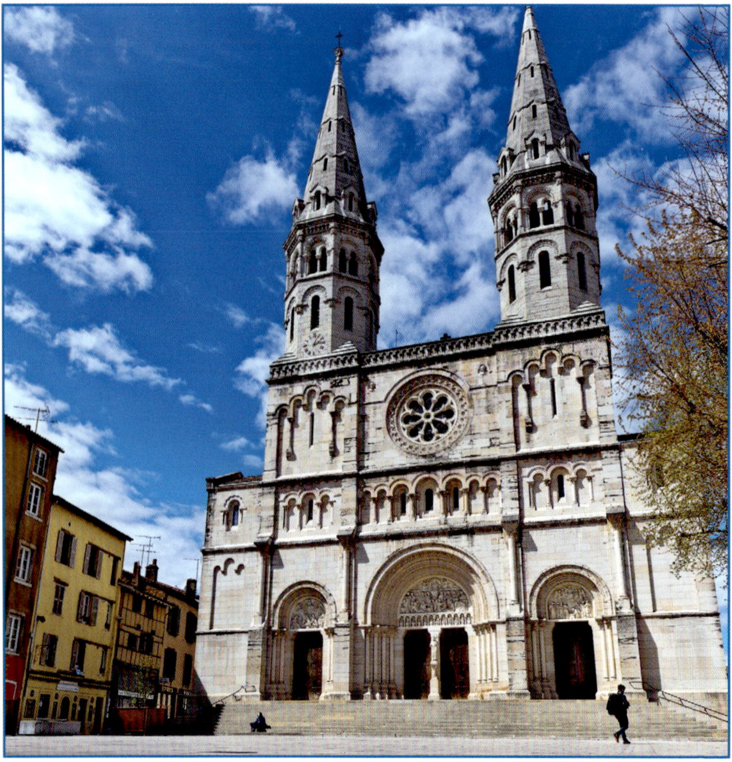

Rund um die Kirche St.-Pierre finden Sie die Markthalle (Les Halles), das Crescent (Jazzclub), das Touristenoffice und einige Lokale.

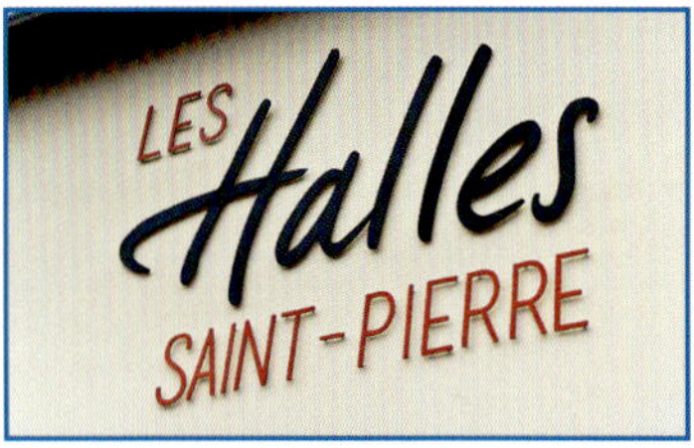

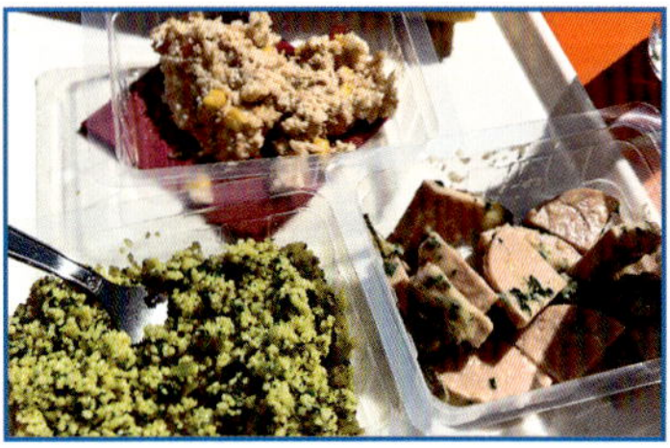

Les Halles: Essen aus dem Plastikgeschirr auf der Terrasse.

Einen guten und preiswerten Japaner namens Azuki findet man in der Rue de Lyon Nr. 24 (das ist nicht allzu weit vom Bahnhof), SO und MO mittags zu

Ein wenig abseits vom Getümmel, flussaufwärts in einer Parallelgasse zum Kai finden Sie in der Rue Franche Nr. 19 das Restaurant L'Ardoise. Angenehme Atmosphäre, gute Küche, gute Weinauswahl zu sehr fairen Preisen. SO und MO zu, 03 85 31 62 26

Die Markthalle (Les Halles) bietet ein interessantes Konzept mit modernen Ständen und nicht alltäglichem Angebot, und vor allem die Möglichkeit, sich ein ungewöhnliches Essen zusammenzustellen und auf den Tischen vor dem Gebäude zu konsumieren

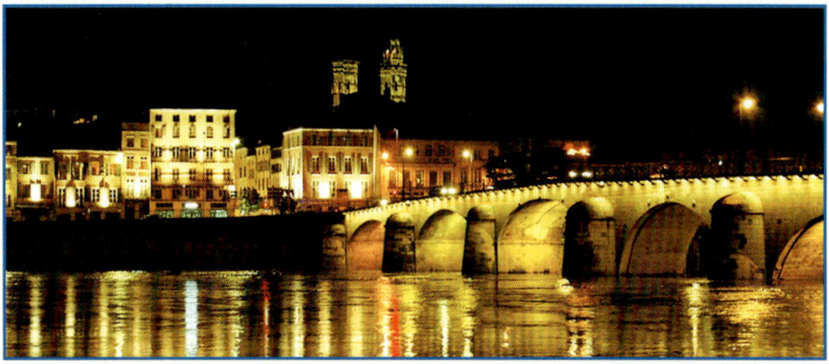

Brücke St.-Laurent (14. Jh.).

Mâcon: Geschichte wird lebendig

Hier im Südburgund merkt man noch deutlicher als in Tournus das „Tor zum Süden“. Das Klima ist milder, die Häuser haben flachere Dächer. Prähistorische Funde belegen, dass die Gegend bereits in der Altsteinzeit besiedelt war, die Römer bauten hier ein Kastell mit dem Namen **Matisco**.

Wie schon in Tournus liegen auch hier die interessantesten Bauwerke in der Nähe der Saône, eine Paralellgasse vom Kai entfernt. Das eindrucksvollste Gebäude Mâcons ist das **Maison de Bois**, ein hölzerner Renaissance-Bau mit üppigen Verzierungen und wohl einmalig für diese Zeit. Es liegt am Place aux Herbes, gleich links, wenn man von der Brücke über die Rue du Pont geht. Die Straße geradeaus weiter und dann links findet man die Überreste der ehemals bedeutenden **Kathedrale St.-Vincent**, deren Ursprung sich bis ins 4. Jh. zurückverfolgen lässt. Nach den üblichen zeit-, geschmacks- und kriegsbedingten Um- und Neubauten wurde der Großteil der Kirche 1799 abgetragen, weil man sie für einsturzgefährdet hielt.

Interessant und für einen ausgedehnten Bummel „geeignet“ sind die Häuser aus dem 18. und 19. Jh., deren Fassaden sich der Saône zuwenden. Unter ihnen befindet sich das Rathaus aus dem 18. Jh.

Unbedingtes Muss in Mâcon ist ein Spaziergang auf der aus dem 14. Jh. stammenden **Brücke Pont St.-Laurent**. Sie hatte ursprünglich 15 Bögen. Drei von ihnen wurden von der Rue du Pont und den Kais überbaut, als man 1750 daranging, die heutigen Kaianlagen in die Saône zu bauen. Aus dem 17. Jh. stammt ein **Ursulinen-Konvent**, der einst auch Gefängnis (während der Revolution) und Kaserne war. Heute ist darin ein Museum untergebracht hat. Es ist für seine Sammlung prähistorischer Funde (Solutré) bekannt, hat daneben aber auch noch römische und mittelalterliche Objekte ausgestellt. Dem in Frankreich berühmten Dichter und Politiker Alphonse Prat de Lamartine ist das **Musée Lamartine** gewidmet. Es dokumentiert den Lebensweg des in Mâcon Geborenen.

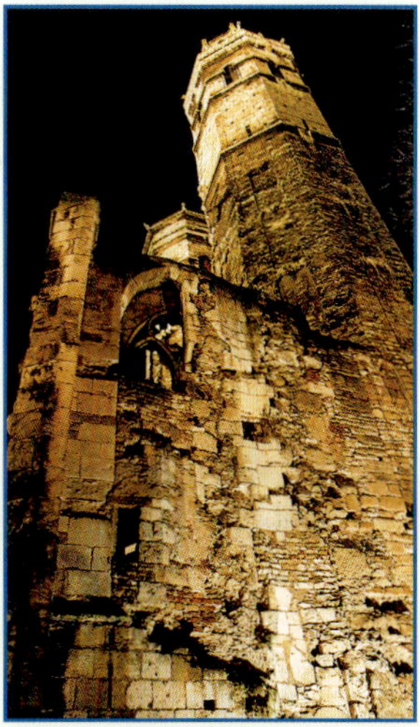

Rest der Kathedrale St.-Vincent.

Weißwein aus der Umgebung Mâcons ist berühmt. Bekannte Weinorte sind unter anderen Solutré, Pouilly-Fuissé, Vergisson, und Chasselas.

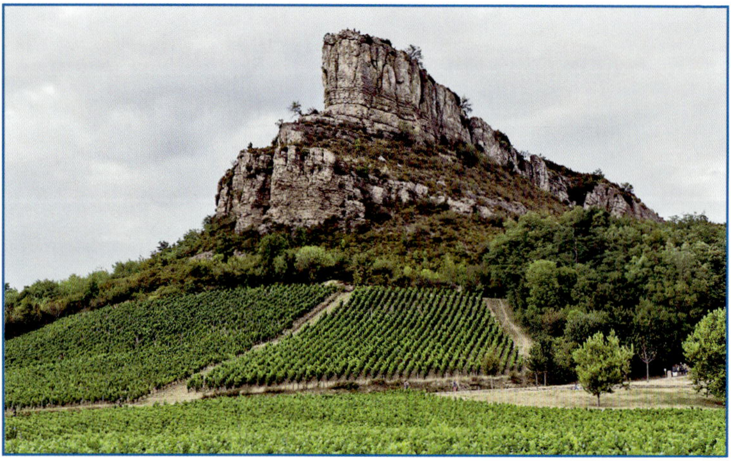

Solutré: spektakulärer und geschichtsträchtiger Felsen mit einem sehenswerten Museum und fantastischen Weißweinen (Pouilly-Fuissé).

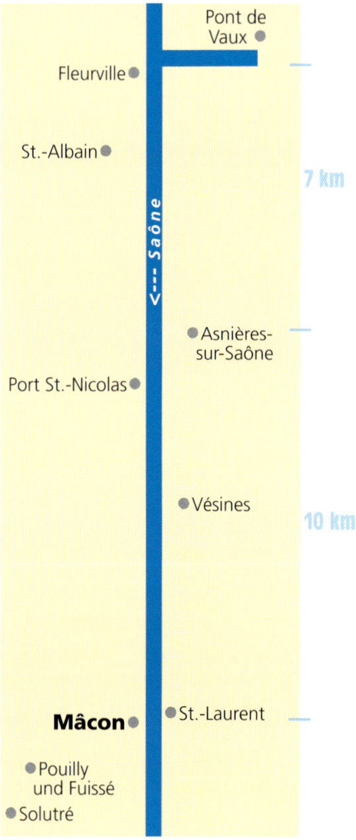

☞ Cave à Musique (Konzerte, Kabaretts) in der Nähe des Bahnhofs, Plakate und Konzert-Infos hängen überall aus

☞ Der Jazzclub Crescent ist auf dem Place Saint-Pierre (unter Les Halles bei der Kirche St.-Pierre) in einem interessanten Gewölbe zu finden. Konzerte FR und SA, oft gratis 03 85 39 08 45

☞ Helikopter-Flüge mit verschiedenen Themen-Routen kann man um 40–120 Euro pro Person (8–20 min). buchen; 03 85 20 10 21,

☞ In Charney-lès-Mâcon, einem südlichen Vorort, finden Sie CSK, eine Outdoor-Kartbahn; MO–FR ab 13.30 Uhr, SA, SO 10 Uhr bis Dämmerung; 03 85 37 82 98 oder 06 83 28 34 07

☞ Das Maison des Vins in der Avenue de Lattre-de-Tassigny (am oberen Ortsende, an der Straße entlang der Saône) bietet eine Verkaufsausstellung mit Verkostung und Information zum Weinbau (7/7, 10–19 Uhr) sowie ein Restaurant (14, 19 und 25 Euro) von 11 bis 22 Uhr, in dem man nachmittags auch kalt essen kann; 03 85 22 91 11

☞ Taxis: 06 08 84 04 97, 06 07 19 40 64, 06 07 61 67 94, 06 85 10 73 79, 03 85 38 05 99 u. v. a.

☞ Das OT finden Sie bei der Kirche St.-Pierre; 03 85 21 07 07

Solutré

Einer der bekanntesten Orte Frankreichs ist Solutré (rund 5 km vom Fluss entfernt), nach dem eine Epoche in der Steinzeit (um 15.000 v. Chr.) benannt ist. Am Fuße des hinter dem Dorf steil aufragenden Kalkfelsens fand man Skelettberge von Tausenden Pferden. Darunter auch fünf menschliche Skelette sowie Werkzeuge aus verschiedensten Epochen. Wie es zu dem gigantischen Pferdefriedhof gekommen ist, ist nicht restlos geklärt. Eine Möglichkeit ist, dass steinzeitliche Jäger Pferdeherden zum Felsen trieben, um sie dort in die Tiefe zu stürzen. So lautet jedenfalls die meistverbreitete Version. Sehenswert ist jedenfalls das unterirdische Museum über die Geschichte der Region und seine Funde. Am besten Taxi nehmen, mit dem Rad ist es anstrengend (rund 10 km vom Hafen, teils steil bergauf)

Pouilly-Fuissé

Die beiden bekannten Weinorte Pouilly und Fuissé, die vermarkungstechnisch als Pouilly-Fuissé auftreten, liegen knapp vor Solutré und begeistern mit alten Häusern und ihrer Lage in einer traumhaften Landschaft. Natürlich kann man hier auch Wein verkosten

L'O de Vignes nennt sich ein seit vielen Jahren bestehendes Restaurant im Dorf Fuissé, das kreative Küche und hohe Qualität verbindet. Menüs um 27 (nur mittags, wochentags) und 47 Euro, 6-gängiges Degustationsmenü um 72 Euro. DI und MI geschlossen, 03 85 38 33 40

Die dem Restaurant angeschlossene Bar à Vins hat ein rustikaleres Ambiente und günstigere Preise, mittags gibt es hier ein Menü um 17 Euro

ENDE DES MIT MIETBOOTEN BEFAHRBAREN ABSCHNITTES DER SAÔNE

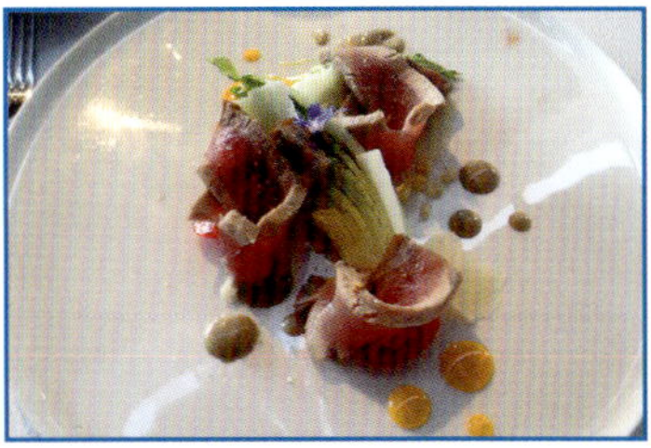

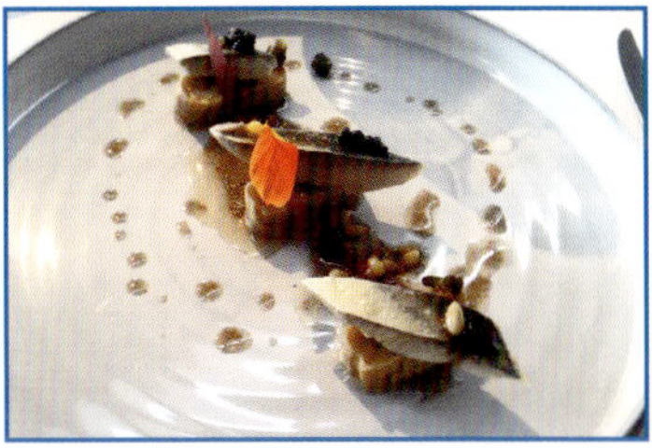

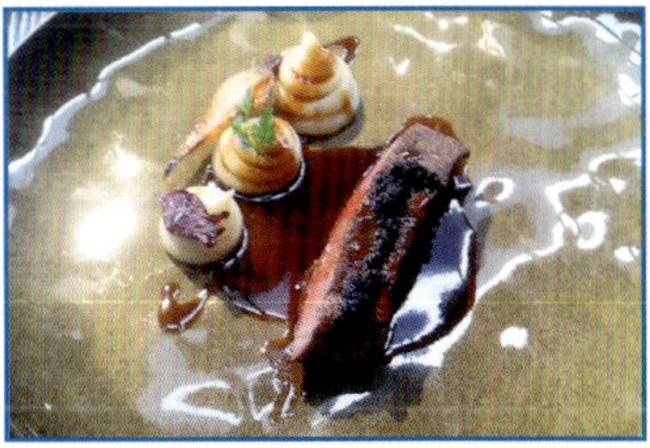

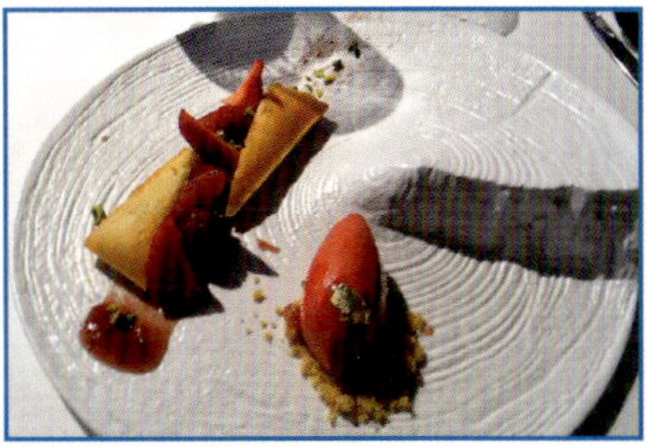

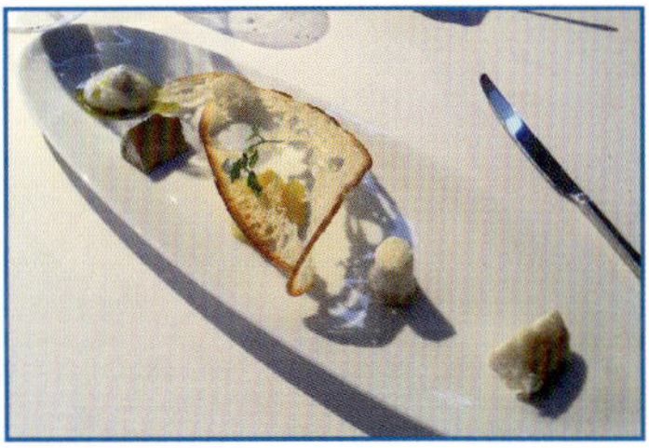

Zum Abschluss ein Besuch im L'O de Vignes in Fuissé . . .

Die Seille von La Truchère bis Louhans

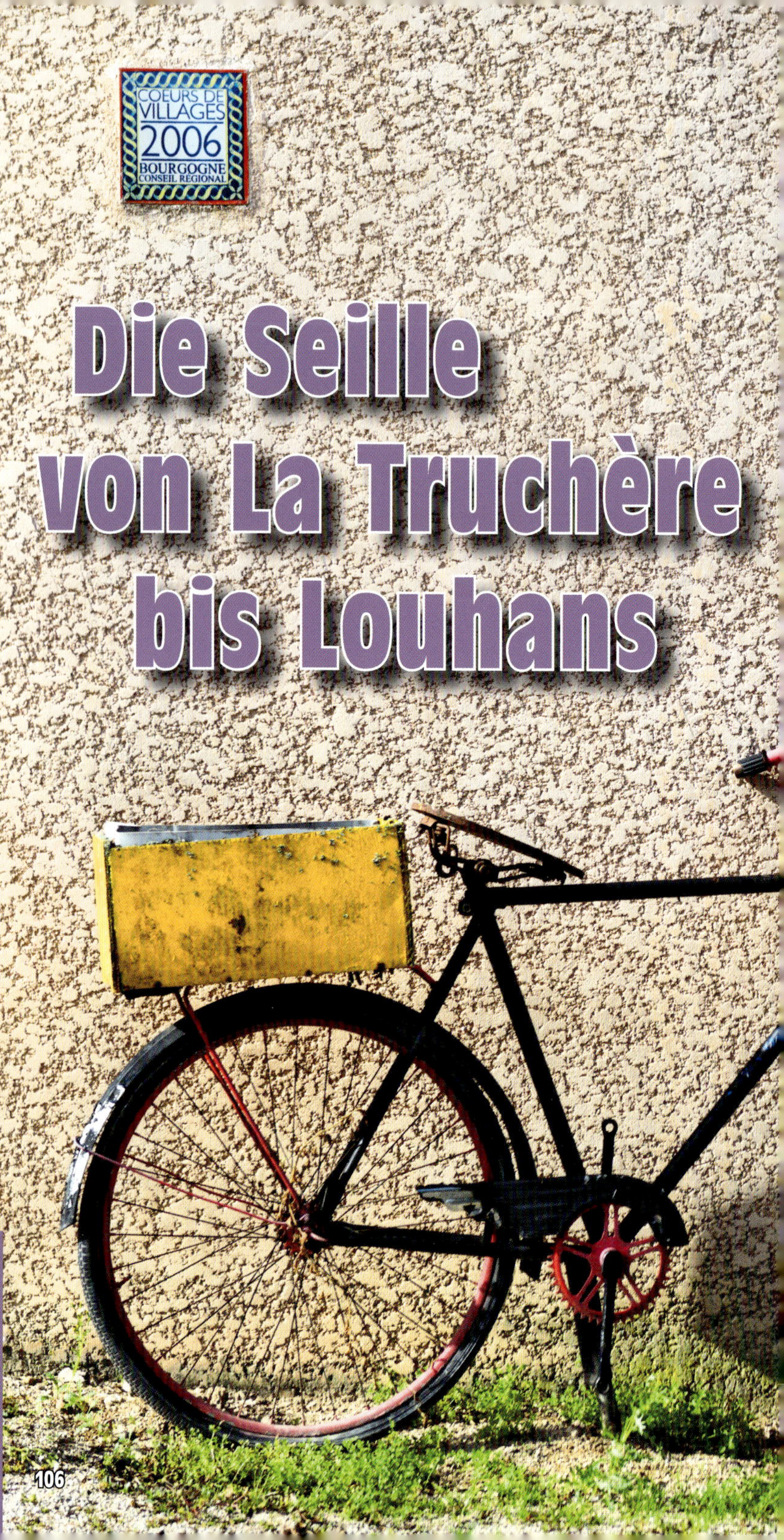

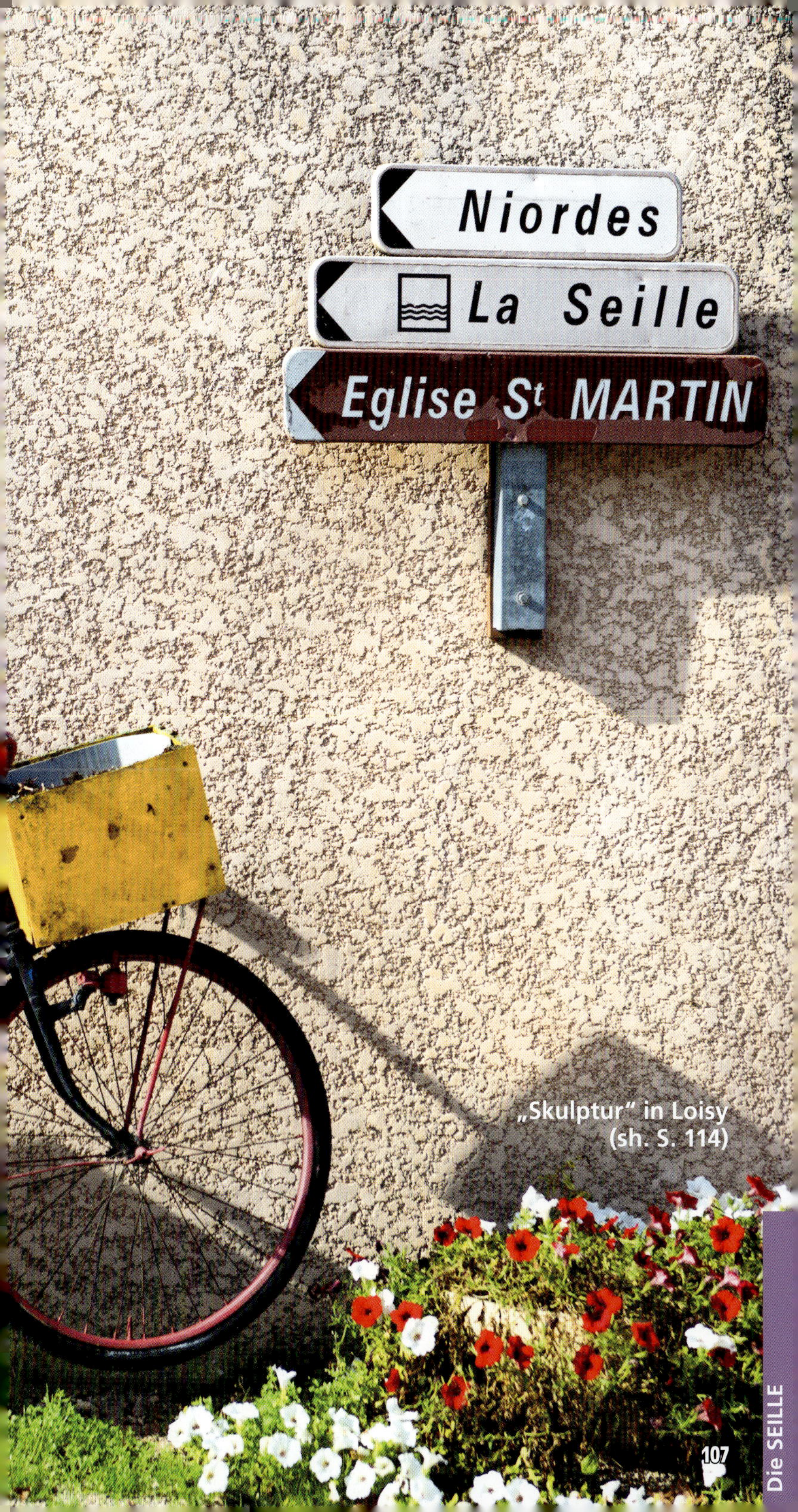

„Skulptur" in Loisy
(sh. S. 114)

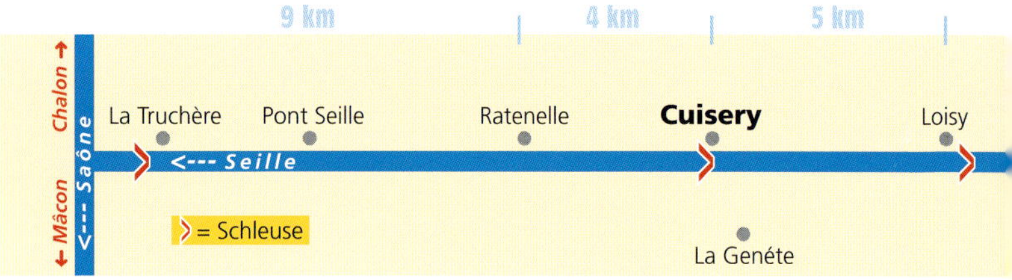

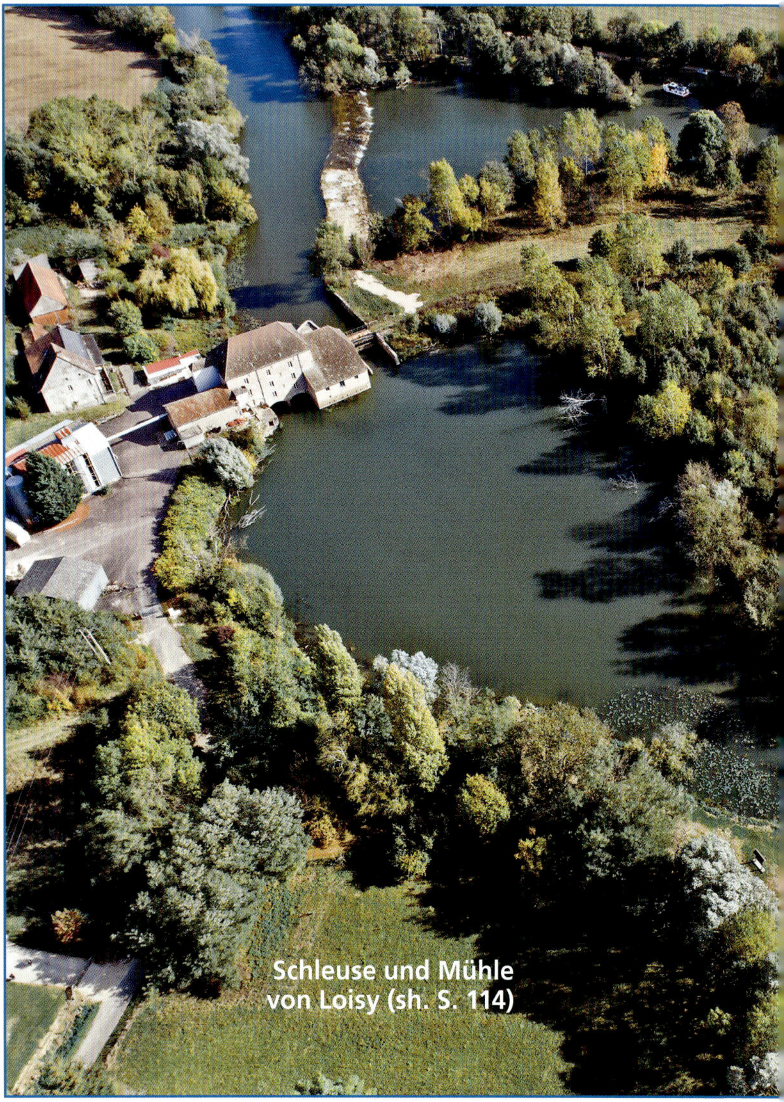

Schleuse und Mühle von Loisy (sh. S. 114)

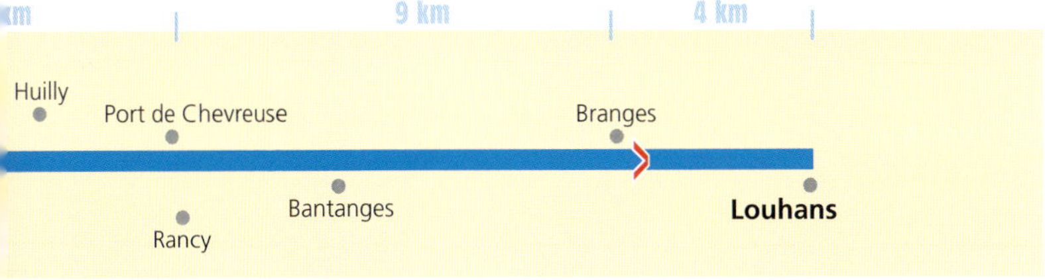

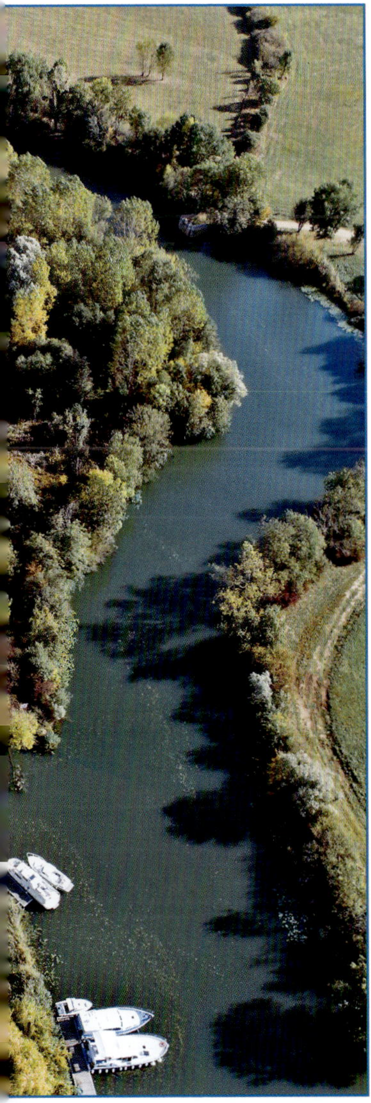

Die Seille: romantisches Flüsschen in der Bresse

39 Kilometer lang ist der befahrbare Abschnitt der Seille von der Mündung in die Saône bis Louhans. Nur vier Schleusen (händisch, Selbstbedienung), überwinden den minimalen Höhenunterschied.

Der Fluss – oder sollte man besser sagen: das Bächlein? – schlängelt sich in atemberaubenden Verrenkungen und mit minimaler Strömung durch eine flache Landschaft, die von der Landwirtschaft dominiert wird.

Einige Anhöhen entlang der Seille sind von Orten und Schlössern gekrönt. Nur wenige Meter jenseits von Burgund tut sich entlang der Seille die Bresse auf, deren berühmtestes „Produkt“ eine kulinarische Spezialität ist, nämlich das Bresse-Huhn. Und irgendwie passt es zu den Orten, dass hier auch Stickereien und Antiquitäten hoch im Kurs stehen: „brocante“, wohin man blickt.

Übrigens: Die erdig-braune Färbung der Seille stammt vom Flussbett, das weich, schlammig und nicht sehr tief ist. Es handelt sich um ausgezeichnetes Badewasser.

Die Bresse ist vom Massentourismus weitgehend unberührt. Niedrige und langgestreckte Bauernhöfe bilden Straßendörfer oder abgelegene Weiler. Wassertiere und Vögel finden hier ihren ungestörten Lebensbereich – wie auch Bootsfahrer ihre Ruhe haben, wenn sie diese suchen.

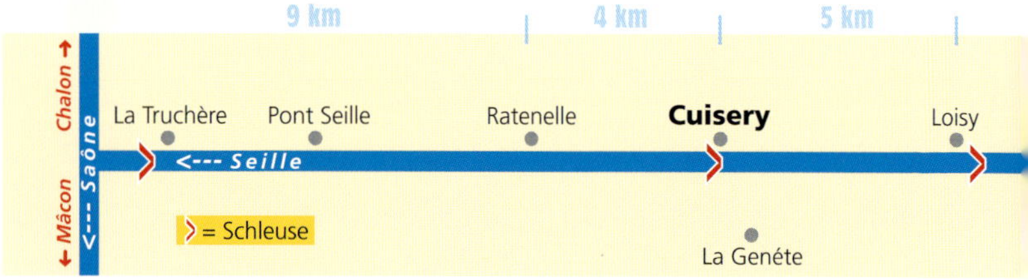

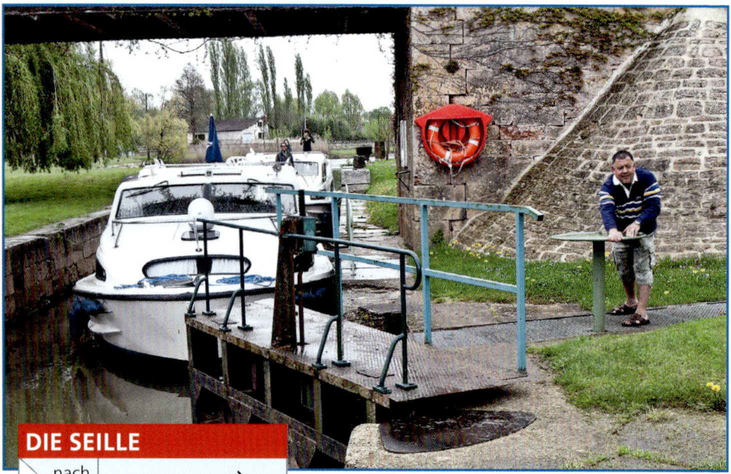

Die Schleuse von La Truchère.

DIE SEILLE

von \ nach		Loisy	Cuisery	Saône
Louhans	Std.	3	3,5	6
	km/Schl.	21/2	26/2	39/4
Loisy	Stunden		0,5	3
	km / Schleusen		5/0	18/2
Cuisery	Stunden			2,5
	km / Schleusen			13/2

Der Wasserweg in Kürze

Von La Truchère bis Louhans: 39 km, 4 Schleusen

- **Die Schleuse La Truchère** (38 m x 5 m) ist mit einem Schleusenwärter besetzt, **die restlichen drei** (30,3 x 5 m) sind Selbstbedienungsschleusen (händisch)
- **Öffnungszeiten** der Schleusen: Ende März – Anf. Nov. 7/7 8–19 Uhr, sonst MO–SA 9–17 Uhr
- **Tiefgang** 1,30 m, max. **Höhe** 3,50 m
- **Geschwindigkeit**: max. 10 km/h
- **Schleusenwärter**: 06 99 42 16 82

Von der Saône bis Louhans benötigt man nur rund 5,5 Stunden (inklusive Schleusungen).

Schleuse 1 La Truchère (1,20 m) PK 01

38-Meter-Schleuse, mit Schleusenwärter (händisch); die drei anderen Schleusen sind 30 m lang (Selbstbedienung; Nummer des Schleusenwärters für Notfälle sh. links)

La Truchère PK 01

Ein kleines Nest mit einer Schleuse und einer Wassermühle an der Einmündung der Seille in die Saône.

⚓ Anleger (Schwimmsteg) mit Wasser und Strom

🍴 Bar-Restaurant l'Escale: Fischspezialitäten; 14, 27, 31 Euro; 03 85 51 23 00

🍴 Bar-Restaurant Auberge la Grenouillère: Menü 14, 21, 25 und 31 Euro, MO geschlossen; 03 85 51 03 27

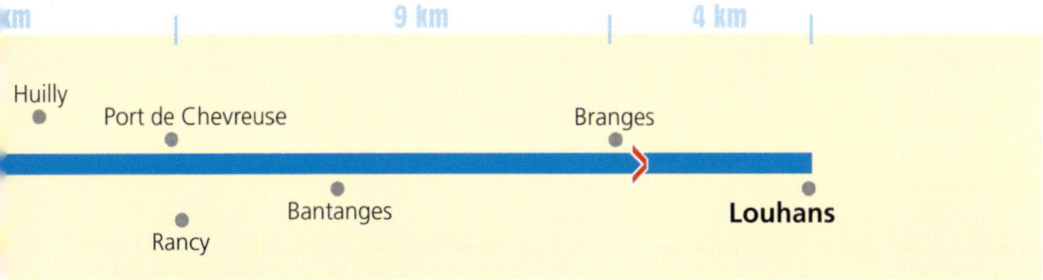

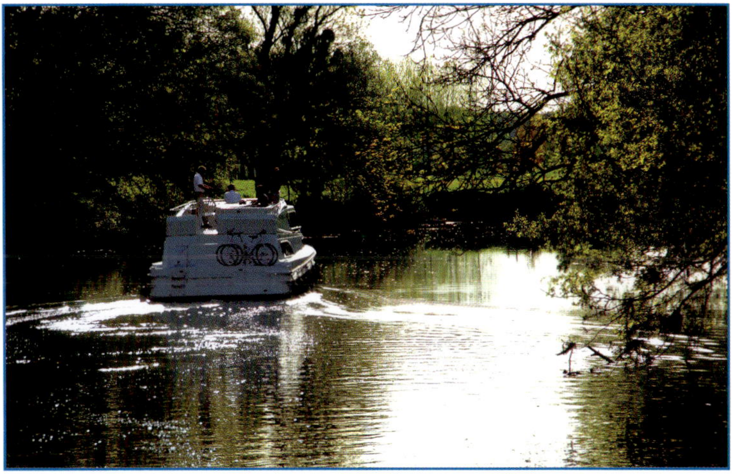

Ein kleines Flüsschen mit vielen Kurven und verträumten Plätzen . . .

L'Embarcadère nennt sich ein Restaurant beim Anleger, das aus Schwimmpontons mit Zelten besteht, die beste Auswahl der 3 Restaurants hat und von Hausboot-Urlaubern mehrfach positiv erwähnt wurde; Menüs 16, 18, 22, 25 Euro; Mai bis etwa Mitte September 7/7 (sonst komplett zu); 03 85 51 70 93

Pont Seille PK 04

Anlegen am besten am LU oberhalb der Brücke

Das Dorf besteht nur aus ein paar Häusern, dafür gibt es gleich dahinter (700 m am RU landeinwärts) das 93 Hektar große Naturschutzgebiet „La Truchère" mit einem Torfmoor, einem Teich und Sanddünen; Lehrpfad ganzjährig zugängig (am besten den Zugang beim kleinen Parkplatz am Zufahrtsweg nehmen); Juli und August Führungen; 03 85 27 08 06

„Site de Charme" nennt sich eine Sanddüne am LU (1 km landeinwärts), durch deren Pinienbewuchs man sich plötzlich an einen Strand in der Camargue versetzt fühlt

Ratenelle PK 9

Eine leider kaputtsanierte Kirche aus dem 13. Jh. inmitten eines Friedhofes, die den langen Fußweg nicht wert ist

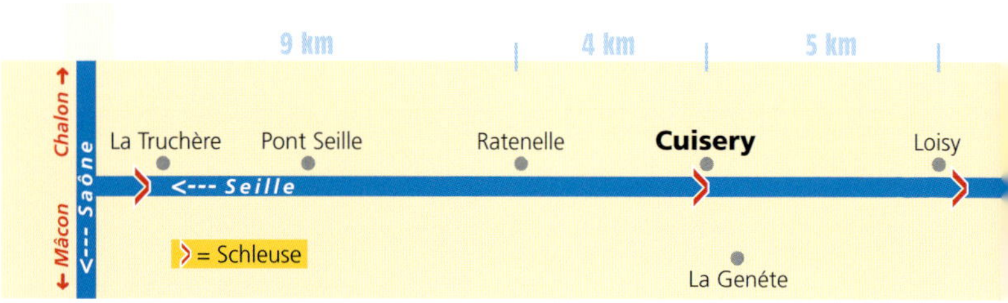

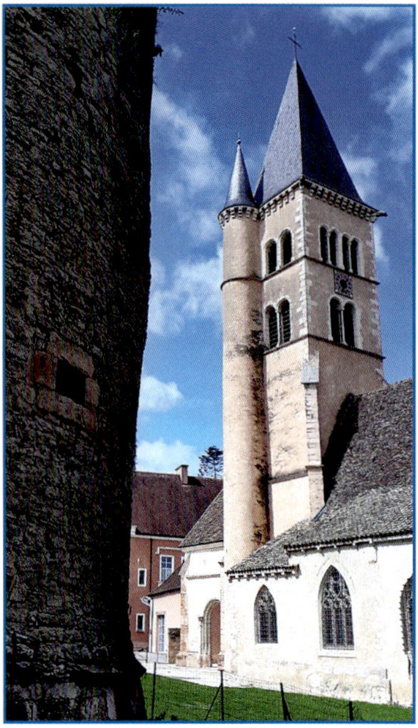

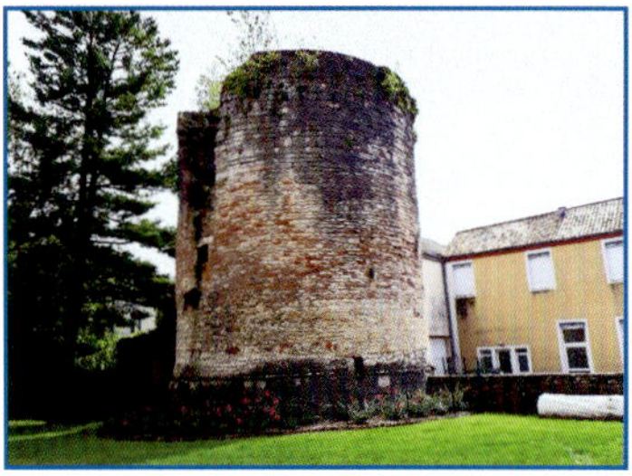

Spätgotische Kirche und Rest der Verteidigungsanlage (Turm) in Cuisery.

Schleuse 2 Cuisery (2,20 m) PK 13

Cuisery PK 13

Nettes und belebtes Städtchen auf einer Anhöhe. Der steile Aufstieg lohnt sich! Cuisery hat rund 15 Buchhändler und Antiquariate und nennt sich daher „Village du livre" (Dorf des Buches).

Anlegen am besten beim Schwimmsteg beim Campingplatz (9 Euro/Tag; Strom und Wasser extra). Für einen Ortsbesuch kann man 2 Std. gratis halten

Kostenlos kann man an der Wiese oberhalb des Stegs festmachen (1 Poller)

Bei der Brücke gibt es einen eigenen Fußweg in die Stadt hinauf, den Sie der stark befahrenen Straße vorziehen sollten (beschildert)

Unterhalb des Ortes: Château de Montrevost, tw. Renaissance

Ganz oben im Ort spätgotische Kirche mit mehreren Statuen und einem dreiteiligen Klappaltar. Die Besichtigung lohnt sich, den Schlüssel gibt es im kleinen Haus neben der Kirche; falls niemand da ist, fragen Sie in der dahinter liegenden Schule

Neben der Kirche steht der Rest der Verteidigungsanlage, ein Turm mit meterdicken Mauern. Gegenüber befindet sich das Schloss. Die schmalen Straßen im Zentrum sind sehenswert. Das ehemalige Hôtel Dieu ist heute ein Erholungsheim

Zahllose Buchläden (Antiquariate) in der Fußgängerzone

Alle Einkaufsmöglichkeiten, Post, Apotheke, EC-Automat; MO haben viele Geschäfte geschlossen, DI ist Markttag

Hostellerie Bressane: am oberen Ortsende an der Straße Richtung Tournus, bei der großen Kreuzung. Gediegenes Ambiente, ebensolche Küche – das mit Abstand beste Restaurant in Cuisery. Menüs um 19, 25, 32, 39 und 57 Euro, April–September

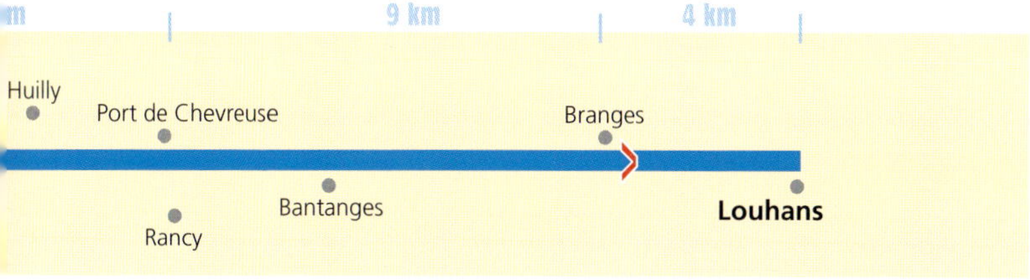

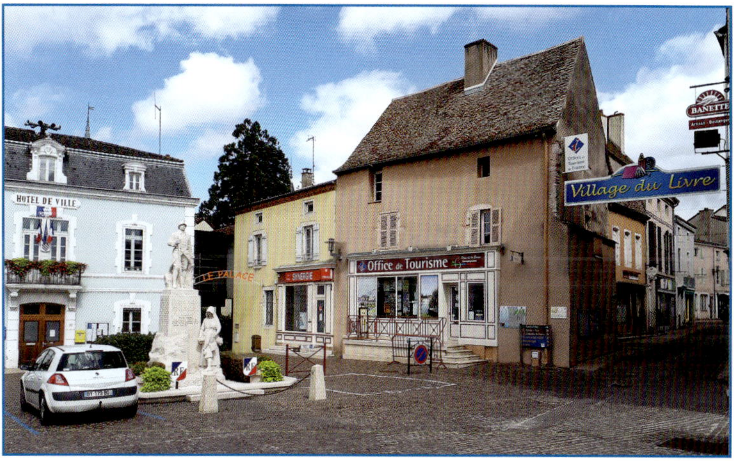

MI mittags zu (Okt.-März zusätzlich DO ganztags und SO abends); 03 85 32 30 66

🍴 Le Bistrot Italienne befindet sich am Hauptplatz (Place d´Armes). Neben drei italienischen Gerichten gibt es vor allem vorzügliche Pizzen vom Holzofen. Die Mittagsmenüs mit ihren riesigen Portionen sind ebenfalls von guter Qualität, allerdings eher französisch (EUR 14, nur wochentags). DI–SO mittags und DO–SO abends geöffnet, 09 52 03 17 92

🍴 Snack-Bar am Campingplatz beim Anleger, mit Menüs um 16 und 19 Euro, 06 29 73 18 60

🍴 Bar-Restaurant „du Perron" am Hauptplatz (Place d´Armes)

🍴 Kebab an der Straße Richtung Tournus

🍴 Le Relais de Brienne, siehe Brienne (unten)

☞ Jeden 1. SO im Monat Büchermarkt

☞ Taxi Vialet, 03 85 40 14 23

☞ Waschmaschine beim Campingplatz

☞ OT MO–SA 9–12 und 13.30–18 Uhr

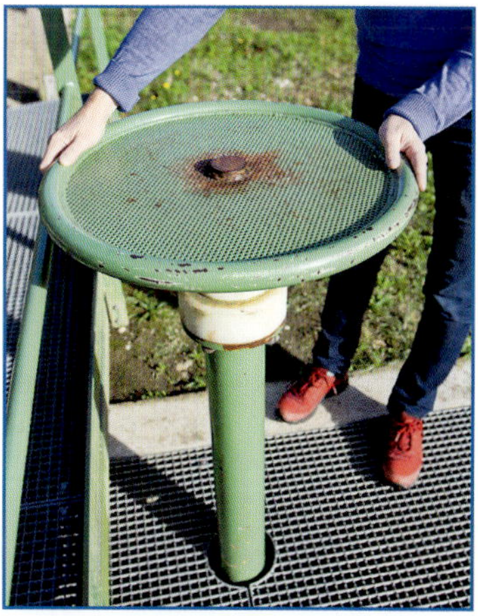

Ganz oben: Das Zentrum des „Bücher-Städtchens" Cuisery.

Oben: Die Schleusentore an der Seille werden mit einem Rad geöffnet.

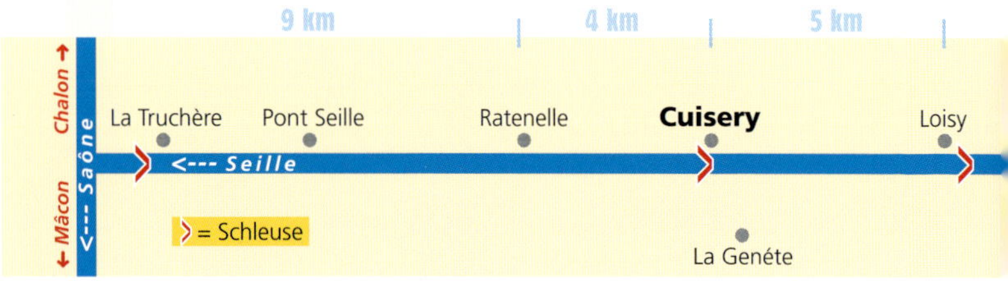

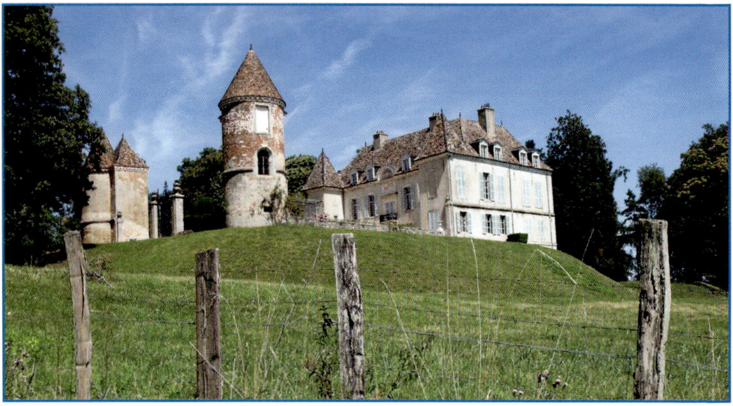

Das Schloss von Loisy liegt hoch oben am Hügel und überragt die Seille.

☞ Markt ist jeden DI vormittags

☞ Beim Wehr sehen Sie die ehemals größte Mühle des Départements. Sie wurde vor einigen Jahren stillgelegt, dient nun der Stromerzeugung und kann nicht mehr besichtigt werden

Brienne PK 13

Dorf am LU, gegenüber von Cuisery

⚓ Anlegen siehe Cuisery

Eine turmlose Kirche aus dem 12. Jh. (mit zahlreichen späteren Umbauten) findet man an der Hauptstraße weiter oben. Bester Zugang von der Schleuse (bei der Abzweigung rechts halten). Der Turm wurde im 19. Jh. abgetragen, da kein Geld für seine Renovierung vorhanden war

Bar-Restaurant Le Relais de Brienne, rund 200 m vom Anleger von Cuisery (über die Brücke gehen). Das komplette Menü (Vorspeise, Hauptspeise, Käse, Nachspeise, 1/4 Rotwein und Kaffee) kosten nur 13,50 Euro. Nur MO–FR 9–14Uhr geöffnet

La Genète PK 13

4 km vom linken Ufer der Seille bei Cuisery entfernt und über Brienne erreichbar.

Das Château de Villeneuve stammt aus dem 14. Jh. Es befindet sich in Privatbesitz

Loisy PK 18

Malerisches Städtchen auf einer Anhöhe, die eine wunderschöne Aussicht über die Bresse bietet. Die alten Häuser entlang der Hauptstraße allein sind schon den 300 m langen steilen Aufstieg wert.

⚓ Anlegen am besten beim Schwimmsteg unterhalb des Altarms

Sehenswert die Anlage des Schlosses: es dominiert die Ebene der Bresse und liegt am Steilhang zur Seille (von dort auch gut zu erkennen). Zwar befindet es sich in Privatbesitz und kann innen nicht besichtigt werden, man kann jedoch vor dem Schloss rechts rund um die Anlage gehen (hinter der Kirche, beim braunen Haus) und steht dann direkt über der Seille. In seinen Grundzügen geht das Schloss als Festung auf das 11. Jh. zurück. Das heutige Aussehen mit

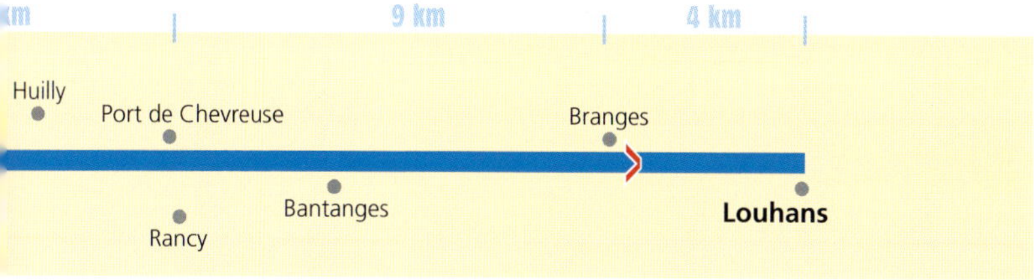

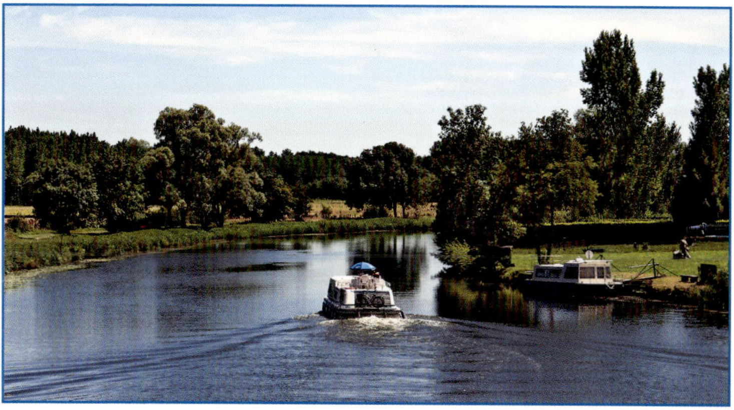

Blick von der Brücke bei Port de Chevreuse flussabwärts.

schlossartigem Charakter und einer gewaltigen Treppe an der Nord-Fassade ist rund 200 Jahre alt

Baguette und Eier gibt es im Bar-Restaurant Le Loisy zu kaufen

Bar-Restaurant Le Loisy: ein nettes Bistro, wird von den Einheimischen geschätzt; Menüs 17, 20 und 28 Euro, SO abends, MO abends und DI geschlossen; 03 85 40 04 47

Vom Aussichtspunkt hinter der Kirche sieht man bei gutem Wetter sogar den Mont Blanc

Schleuse 3 Loisy (1,30 m) PK 18

Port de Chevreuse PK 22

Kleiner Steg (1 Boot) am LU oberhalb der Brücke, Wiese mit guter Anlegemöglichkeit (Pflöcke einschlagen) am RU unterhalb der Brücke

Oberhalb des Ortes (RU): Château de Chevreuse; privat und nicht zu besichtigen, aber vom Fluss aus gut zu sehen

Huilly PK 22

Ort am RU, 2 km landeinwärts und am besten von Port de Chevreuse bei der Brücke zu erreichen.

Renovierte Kirche (12. Jh.)

Rancy PK 22

1 km vom LU, Höhe Port de Chevreuse

Anlegen bei Port de Chevreuse (oben)

Der älteste Ortsteil liegt unten am Fluss und wird als Le Bas de Rancy bezeichnet: eine Kirche (16. Jh.) und eine sehenswerte Zeile von Fachwerkhäusern. Oben, entlang der Straße, hat sich der neue Ort entwickelt, der nichts Sehenswertes, dafür aber Einkaufsmöglichkeiten und Restaurants bietet.

Ecomusée Bresse Bourguignonne

Im oberen Ortsteil (an der Hauptstraße) Post, Bäcker mit Lebensmitteln (ganz am oberen Ortsrand), Fleischer in einer Nebenstraße

Restaurant Le vieux Pressoir: gute Auswahl, bei den Einheimischen sehr beliebt;

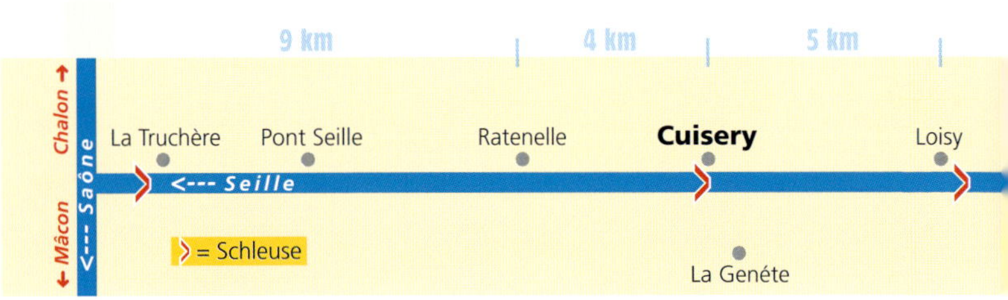

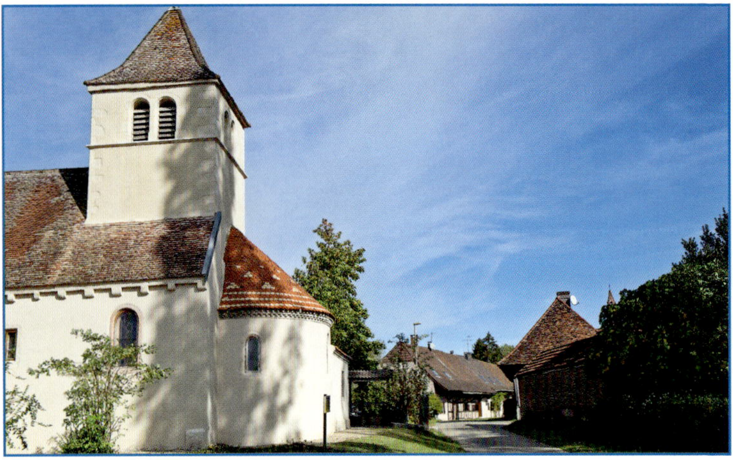

Le Bas de Rancy – die sehenswerte Kirche und alte Fachwerkhäuser.

der Besitzer bringt Sie nach dem Essen per Auto zum Boot zurück; Mai–Sept. 7/7 mittags und abends, sonst abends zu; Menüs 15, 19, 24, 28, 40, 50 Euro; 03 85 74 21 47

Gegenüber: La Taverne Bressane MO abends und DI geschlossen), Menüs 14, 16, 22 Euro; 03 85 74 62 39

Bantanges PK 27

Oben, entlang der Hauptstraße gelegen.

Die Kirche mit ihrem aus Ziegeln gemauerten Spitz auf dem Kirchturm liegt an der alten Straße, die näher an der Seille ist

Kleiner Laden mit Lebensmitteln und Tabac

Branges PK 35

Die Abzweigung in den Wehrarm nach Branges (Zufahrt nur von unten möglich) ist weniger wegen des Ortes, sondern vielmehr wegen der urwaldähnlichen Landschaft und der sehenswerten Verzweigung der Flussarme interessant. Eine Wassermühle krönt auch hier den Wehrarm der Seille.

Anleger mit Wasser und Strom im Nebenarm („Sackgasse") bei der Mühle, oberhalb des Bootsvermieters

Kleiner Supermarkt (Proxi) direkt beim Anleger im Zentrum: DI–SA 7–20 und SO 7–13 Uhr

Daneben Fleischer DI–SA 7–12.45 und 14.30– 19 Uhr, SO 8–12 Uhr

3 Bäckerei und Weinhändler im Zentrum, Apotheke am Ortsende in Richtung Louhans

Bar-Restaurant Le Chapon Bressan (an der Straße Richtung Louhans, rund 200 m vom Anleger): MO–FR mittags Menü um 14 Euro (mein Tipp: vermeiden Sie, dort zu essen); Bar 7/7, 03 85 75 17 99

Taxi 03 85 76 02 13

Schleuse 4 Branges (1,60 m) PK 35

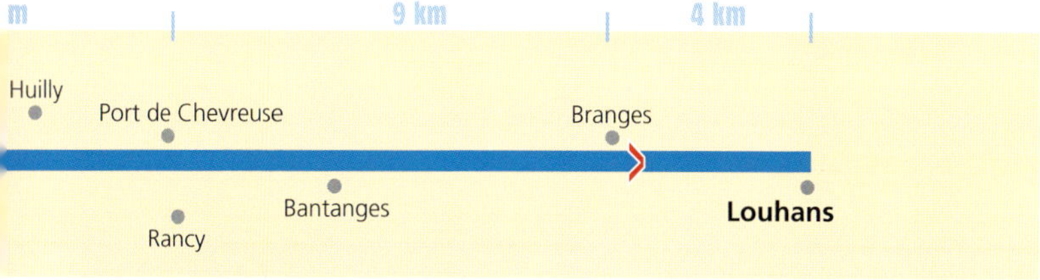

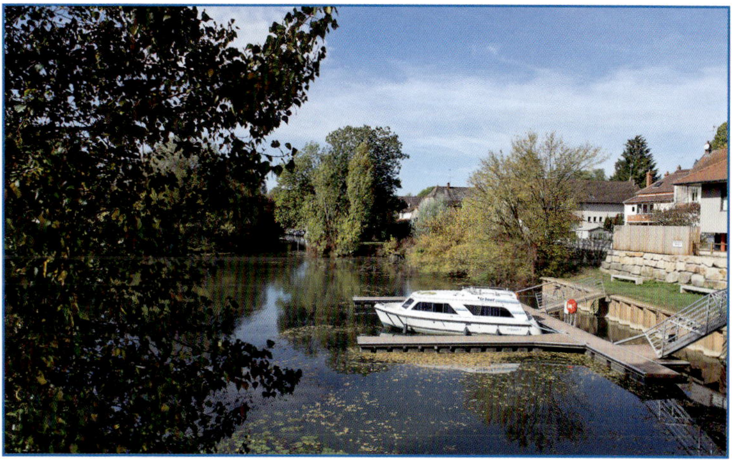

Der kleine Anleger im toten Arm nahe der Mühle von Branges.

Louhans PK 38

Zentrum der Bresse mit 7.000 Einwohnern und einem berühmten Viehmarkt, der jeden Montag (jeden zweiten Montag „große Messe") stattfindet. Im ausgehenden Mittelalter hatte Louhans eine überragende Stellung in der Region, heute ist der Ort nur noch lokal von Bedeutung.

⚓ Anleger (Schwimmsteg) mit Wasser und Strom beim großen Parkplatz am unteren Ende der Grand Rue, gleich OH der beiden Brücken (durch Staßen- bzw. Eisenbahnverkehr etwas laut); Gebühr ca. 12 Euro

Bekannteste Ansicht von Louhans ist die Grande Rue mit ihren angeblich 157 Arkadenhäusern (15. und 16. Jh.) mit ihren Geschäften und Bars

Die Apotheke im Hôtel Dieu (sie gehört nach der Meinung von Kennern zu den bestausgestatteten in Frankreich) stammt aus dem 17. Jh.; 1.4.–30.9. tägl. Führungen um 10. 30, 14. 30, 16.00 Uhr, 15.6.–15.9. zusätzlich 17.30 Uhr, Wintermonate nur 14.30 und 16.00 Uhr, Rue de Capitaine Vic

Sehenswert auch das Rathaus (18. Jh.) und die 400 Jahre alte Kirche. Das frühere Schloss gibt es nicht mehr, und von den Festungswällen sind nur noch kümmerliche Reste vorhanden

In Louhans ist der Markt als Sehenswürdigkeit zu bezeichnen: Jeden MO kommen rund 200 Händler zusammen, um einen der traditionsreichsten Märkte Frankreichs (erste Erwähnung: 1269) abzuhalten, der schwerpunktmäßig dem Geflügel (bzw. Kleintier) gewidmet ist

Alle Einkaufsmöglichkeiten, Apotheke, Post, mehrere Supermärkte

Großer SPAR-Supermarkt beim Anleger (liefert größere Einkäufe aufs Boot); MO–SA 8.30–19.30, SO 9.30–12.30 Uhr

Eines der besten Restaurants im weiten Umkreis ist das in einer ehemaligen Wassermühle untergebrachte Moulin de Bourg Château. Aus der Altstadt kommend: zuerst über die Brücke, dann rechts einbiegen (ist nicht allzu deutlich angeschrieben). Menüs um 25, 39, 47 und 68 Euro, mittags (WT)

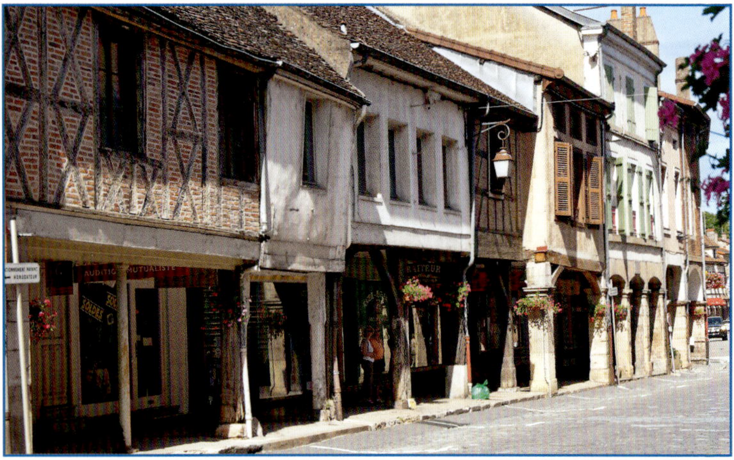

Die Arkaden sind neben dem Kleintiermarkt die Attraktion in Louhans.

18 Euro; meine Empfehlung für einen angenehmen Abend in Louhans. MO ganztags und DI mittags geschlossen; 03 85 75 37 12

Gegenüber vom Anleger (und neben dem Spar) finden Sie L'Arlequin, das sehr empfehlenswert ist, was einerseits an der recht kreativen Küche liegt, andererseits daran, dass es ein sehr gutes Preis-Leistungs-Verhältnis bietet; Menüs 18, 21, 31, 48 und 63 Euro, MO abends, DI ganztags (Winterhalbjahr auch DO abends und SA mittags) zu; 03 85 75 00 25

Ebenfalls beim Anleger (links mit etwas verdecktem Zugang) ist das Restaurant Le Grill, wo auf offenem Holzfeuer im Lokal gegrillt wird. Die Fleischqualität ist recht gut, das Ambiente passt. SO ganztags und MO und MI abends geschlossen, Menüs 16, 19 und 30 Euro. 03 85 75 57 10

Hostellerie du Cheval Rouge: oberhalb vom OT, die Grand Rue hinauf und über den Place St.-Jean drüber in der Rue d'Alsace (Nr. 5); gepflegte traditionelle Küche, gediegene Atmosphäre, empfehlenswert; Menüs 19, 20, 25, 34, 42 Euro; MO zu; 03 85 75 21 42

La Poule au Pot (früher: Table de Guillaume), gegenüber vom OT. Menüs 19 und 28 Euro, SO ganztags und MO, DI abends geschlossen; 03 85 72 75 78

Gleich daneben (ebenfalls Place St.-Jean): Restaurant Le St.-Jean; Menüs 15, 20, 32, 41 Euro. Das billige Ambiente und die simple Präsentation der (ebenfalls simplen) Speisen passt nicht wirklich zu den Preisen. 7/7 (Okt.–April DO zu); 03 85 75 55 11

Restaurant La Taverne: unter den Arkaden (Nr 124); einfache, aber urige Atmosphäre; was Whisky-Liebhaber begeistern wird: die Bar verfügt über 20 unterschiedliche Sorten! Menüs 15, 18, 23 und 26 Euro; Mai–Sept. 7/7, sonst MO abends und DI geschlossen; 03 85 75 02 34

„L'Hutau" (so nennt man das Wohnzimmer in den Bauernhöfen der Bresse) erwartet Sie in der Rue des Bordes Nr. 9 (sie führt Richtung Cuiseau). Obwohl es vom Anleger keine 10 Fußminuten sind, holt man Sie gerne vom Boot ab. Einfache regionale Gastronomie, aber recht gemütlich. Menüs 15, 26 und 33 Euro. MI abends und DO zu, 03 85 75 35 94

Im Zentrum von Louhans finden Sie insgesamt rund 15 Restaurants, Pizzerien und Schnellimbisse

Markttag MO (sh. Sehenswürdigkeiten)

Taxi Bonnin: 03 85 76 03 03

Wäscherei in der Grande Rue, gleich am Anfang

OT am Place St.-Jean (oberes Ende der Hauptstraße), MO–SA 9.30–12 und 14–19 Uhr, im Juli und August auch SO 10.15–12.15 Uhr; 03 85 75 05 02

Logbuch

Name oder Typ des Bootes ....

Abfahrtsort ....

Route ....

Rückgabeort ....

Beginn der Reise ....

Ende der Reise ....

Besatzung

Kapitän ....

Küchenchef ....

Mannschaft ....

....

....

....

....

....

1. Tag:

2. Tag:

3. Tag:

4. Tag:

5. Tag:

6. Tag:

7. Tag:

8. Tag:

9. Tag:

10. Tag:

11. Tag:

12. Tag:

13. Tag:

14. Tag:

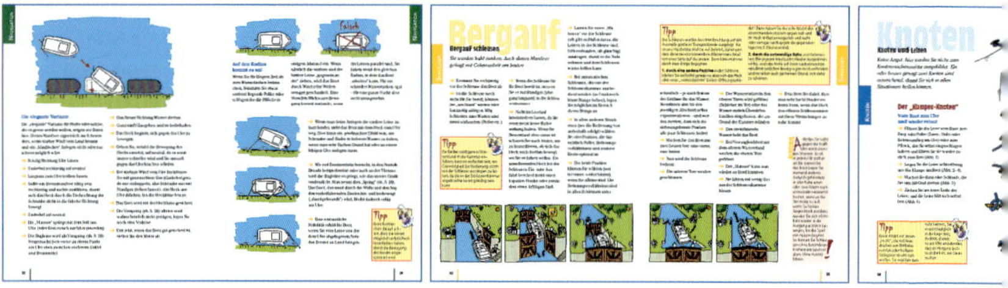

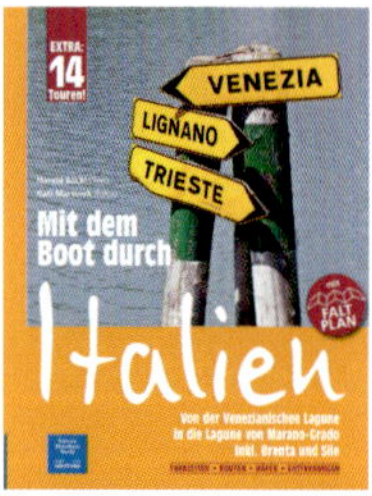

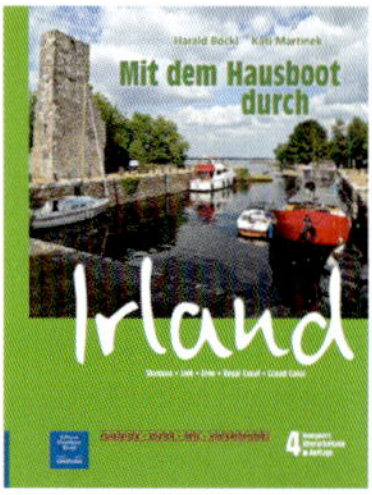

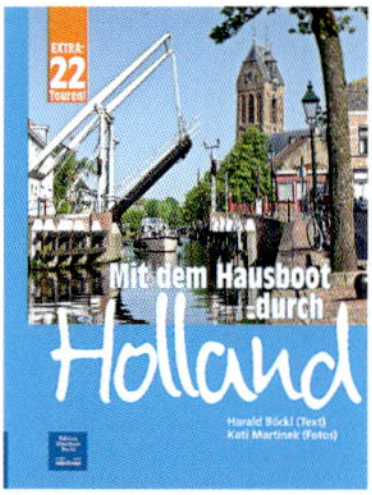

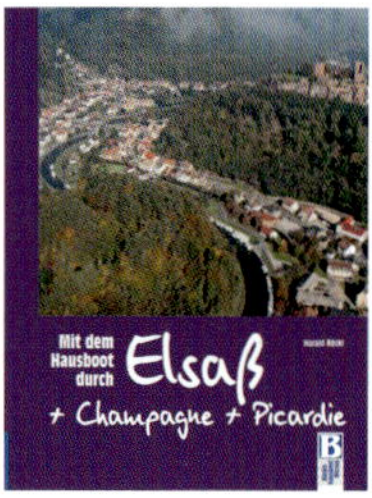

Mit dem Hausboot durch ...

- Italien
- Irland
- Elsaß, Champagne, Picardie
- Holland
- Südfrankreich

Fahrzeiten, Häfen und Entfernungen, Tourentipps, Schleusen und Brücken, Restaurants und Sehenswürdigkeiten, navigatorische Hinweise: Dieses Buch hilft bei der Planung UND unterwegs. **Stets aktuell durch das ONLINE-UPDATE.**
Von Harald Böckl

mit Online-Update

Böckls Bücher bestellen auf:

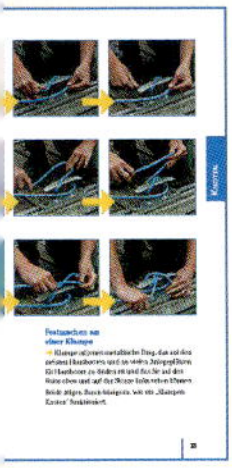

Tipps und Tricks fürs Hausboot

„Hausboot-Fahren leicht gemacht" ist der Ratgeber für alle Belange rund ums Hausboot: vom Anlegemanöver bis zum Schleusenfahren, von der Bilgepumpe über die Wartung des Motors bis hin zu den wichtigsten Knoten. Tipps und Tricks aus der Praxis helfen, einen unbeschwerten Urlaub zu verbringen . . .

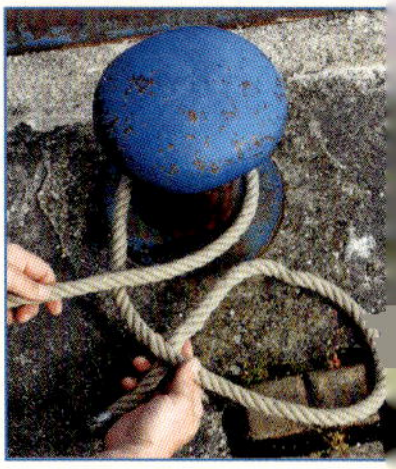

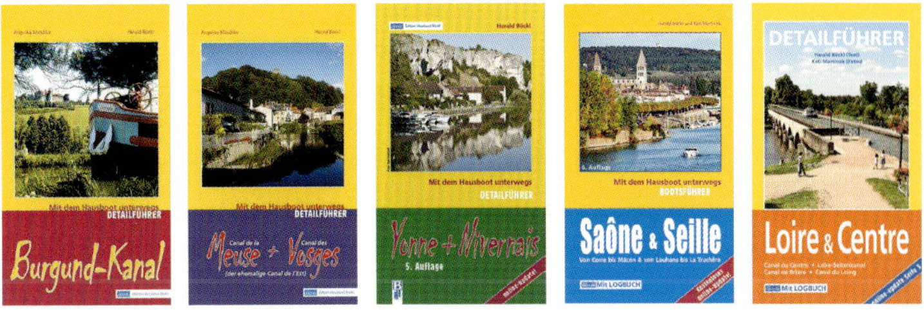

Bootsführer für unterwegs

- **Burgund-Kanal**
- **Meuse + Vosges**
- **Nivernais + Yonne**
- **Saône + Seille**
- **Loire + Centre**

Liegeplätze, Schleusen, Entfernungen, Sehenswürdigkeiten, Restaurants, Einkaufsmöglichkeiten, Kurioses, Unbekanntes, Neues, Tipps, Tricks, Empfehlungen und Kommentare. Im handlichen Format zum Mitnehmen beim Landgang.
Stets aktuell durch das ONLINE-UPDATE.
Von Harald Böckl

mit Online-Update

www.hausboot-boeckl.com

Index

Aisey 26
Allerey-sur-Saône 80
Apremont 53
Aroz 37
Athée 58
Autet 45
Auvillars 70
Auxonne 59
Bantanges 116
Baulay 29
Beaujeu 45
Betaucourt 26
Branges 116
Brienne 114
Broye 54
Canal entre Champagne et Bourgogne 55
Canal du Rhône au Rhin 63
Cendrecourt 26
Chalon-sur-Saône 83
Chamblanc 69
Chantes 39
Charentenay 41
Chargey 30
Charnay 76
Chassey-les-Scey 36
Château l'Arvalot 90
Châtenoy-en-Bresse 81
Chauvort 80
Chaux-lès-Port 31
Chazelle 76
Chemilly 33
Ciel 79
Conflandey 29
Corre 23
Cubry-les-Soing 39
Cuisery 112
Dampierre-sur-Salon 45
Dole 63
Doubs 78
Ecuelles 76
Esserten 53
Fédry 39
Ferrières-lès-Ray 43
Ferrières-lès-Scey 34
Flammerans 61
Fleurville 96
Fouchécourt 28
Fuissé 105
Gergy 80
Gigny-sur-Saône 89
Glanon 70
Gray 49
Heuilley 54
Huilly 115
Jallanges 76
Jonvelle 24
Jussey 27
Labruyère 69
Lacrost 94
La Genète 114
Lamarche-sur-Saône 57
La Truchère 110
Lechâtelet 71
l'Epervière 89
Les Maillys 62
Le Villars 95
Loisy 114
Louhans 117
Mâcon 100
Mantoche 52
Marnay 89
Marne-Saône-Kanal 55
Maxilly 55
Membrey 43
Mercey-sur-Saône 45
Montureux-lès-Baulay 28
Ormoy 25
Ouroux 88
Pagny-la-Ville 69
Pagny-le-Château 69
Passavant-la-Rochère 24
Pesmes 52
Pierrejux 45
Poncey-lès-Athée 58
Pontailler-sur-Saône 56
Pont de Vaux 99
Pontoux 78
Pont Seille 111
Port d'Allériot 81
Port d'Atelier 29
Port de Chevreuse 115
Port de Farges 95
Port d'Ouroux 88
Port d'Uchizy 95
Port St.-Nicolas 97
Port St.-Pierre 54
Port-sur-Saône 31
Pouilly-Fuissé 105
Pouilly-sur-Saône 70
Prantigny 46
Préty 94
Quitteur 45
Rancy 115
Ranzevelle 25
Ratenelle 111
Ray-sur-Saône 41
Recologne-lès-Ray 43
Rigny 46
Rupt-sur-Saône 38
Saint-Jean-de-Losne 65
Sassenay 81
Saunières 78
Savoyeux 44
Scey-sur-Saône 34
Sermesse 78
Seurre 72
Seveux 43
Soing 40
Solutré 105
Souterrain sh. Tunnel
St.-Albain 97
St.-Laurent 97
St.-Loup-de-Varennes 87
St.-Marcel 81
St.-Oyen-Montbellet 95
St.-Rémy 87
St.-Symphorien 62
Talmay 55
Tournus 90
Traves 36
Trugny 76
Tunnel von St.-Albain 36
Tunnel von Savoyeux 44
Vanne 40
Vauchoux 33
Velet 52
Verdun-sur-le-Doubs 76
Vereux 45
Verjux 81
Vésines 97
Villers 58
Vonges 57

Harald Böckl (Text), Kati Martinek (Fotos): **Saône + Seille: Mit dem Hausboot unterwegs. 6. Auflage**
ISBN: 978-3-901309-39-7; Edition Hausboot Böckl